中国特色社会主义制度认同教育研究

郭莉 著

中国社会科学出版社

图书在版编目(CIP)数据

中国特色社会主义制度认同教育研究／郭莉著．—北京：中国社会科学出版社，2016.5

ISBN 978-7-5161-8433-2

Ⅰ.①中… Ⅱ.①郭… Ⅲ.①中国特色社会主义—社会主义制度—研究 Ⅳ.①D621

中国版本图书馆 CIP 数据核字(2016)第 138256 号

出 版 人	赵剑英
责任编辑	朱华彬
责任校对	胡新芳
责任印制	张雪娇

出　　版	中国社会科学出版社
社　　址	北京鼓楼西大街甲 158 号
邮　　编	100720
网　　址	http://www.csspw.cn
发 行 部	010-84083685
门 市 部	010-84029450
经　　销	新华书店及其他书店
印　　刷	北京君升印刷有限公司
装　　订	廊坊市广阳区广增装订厂
版　　次	2016 年 5 月第 1 版
印　　次	2016 年 5 月第 1 次印刷

开　本	710×1000　1/16
印　张	19.25
插　页	2
字　数	286 千字
定　价	69.00 元

凡购买中国社会科学出版社图书，如有质量问题请与本社营销中心联系调换
电话：010-84083683
版权所有　侵权必究

序

  中国特色社会主义制度认同教育是思想政治教育的一个重大课题，是增强制度自信乃至道路自信的重要前提。随着中国社会的深刻变革，原有的制度认同环境发生了巨变，经济全球化、世界多极化、社会信息化、文化多样化和价值多元化，使得国家制度的认同成为一个突出而又复杂的政治问题。当前，由于受各种主客观因素的影响，在中国特色社会主义制度认同上存在各种思想分歧，这些思想分歧，以观念的碰撞、行为的折冲和利益的博弈等各种形式表现出来，深刻影响中国特色社会主义制度的思想基础，影响制度自觉、制度自信的形成，影响中国特色社会主义的认同、坚持、发展和完善，乃至影响我国改革开放和社会主义现代化的进程和方向。德国公法学者赫尔曼·赫勒指出："为了保护社会秩序的基础和维护政府的权力，任何政府都不能只依靠它所拥有的强制工具。政府必须始终追求合法化，即它必须设法把公民结合在尊重政府对权力的要求的价值和意志的共同体中；它必须通过对理想的信奉来努力证明它对权力要求的正当性，并且努力使国民以承认规范性义务的方式在内心认可这种要求。"① 为了巩固党的执政基础、夯实社会发展的制度基础和筑牢全国人民团结奋斗的思想基础，增强道路自信、制度自信、理论自信，迫切需要我们大力加强对中国特色社会主义制度认同教育的研究，这是时代发展提出的重大课题。本书的研究正是对于这一重大时代课题的热切回应。中国特色社会主义实

---

① Staatslehre（Leiden，1934），转引自［美］E. 博登海默《法理学——法律哲学与法律方法》，邓正来译，中国政法大学出版社 2004 年版，第 221 页。

践所取得的巨大成就，离不开强有力的制度支撑和保障，离不开有深度的制度认同研究与教育。中国特色社会主义制度认同教育，可有效地凝聚中国特色社会主义思想共识，增强中国特色社会主义制度自信，坚定中国特色社会主义政治信念。

本书以马克思主义科学的世界观和方法论做指导，以中国特色社会主义实践为基础，以社会认同理论为借鉴，聚焦中国特色社会主义制度认同教育这一重大主题，紧扣中国特色社会主义制度认同教育的内容、方式等核心要素，遵循为什么要进行中国特色社会主义制度认同教育，中国特色社会主义制度何以能够被认同，如何实现对中国特色社会主义制度认同这个基本思路，深入分析和探究了中国特色社会主义制度认同的基本特点、阻抗因素、内在机制、有效内容及实施方式等，深化了中国特色社会主义制度认同研究，形成了一些独到观点和创新见解，主要有以下几点。

第一，对于中国特色社会主义制度认同本质的见解颇为深刻和独具创意。中国特色社会主义制度认同是人们在一定时期内关于制度的一种积极的认知评价、情感体验和现实行动总和。制度认同经由制度意识、制度情感、制度动机和制度行为而有序产生。人们认不认同一种社会制度，与其说是取决于对这种社会制度的主观认知，不如说是取决于对这种社会制度的利益认同，取决于这种社会制度能不能有效地维护和实现人们的切身利益。本书认为，制度认同的本质是一种利益认同，中国特色社会主义制度认同的本质是多数人利益的认同，中国特色社会主义制度之所以能被广泛认同，在于其对多数人利益的确认、维护、保障和实现。这种见解是很深刻的。中国特色社会主义制度要能始终得到人民群众的广泛认同和衷心拥护，就要始终代表、维护、保障和实现最广大人民群众的根本利益。

第二，关于中国特色社会主义制度认同教育内容的结构分析不乏新意。大家都认为中国特色社会主义制度认同教育至关重要，但对认同教育应当从哪些方面展开，却又较为模糊。作者首次提出，中国特色社会主义制度认同教育主要包括科学认同、特色认同、价值认同和情感认同。科学认同，主要是认同中国特色社会主义制度的科学依据和科学实质；特色认同主要是认同中国特色社会主义制度符合中国的实际、特点和需要，认同中国特色社会主义制度的独特性、创造性、契合性；价值认同说到底是一种利益认同，主要是认同中国特色社会主义制度代表、满足和维护最广大人民群众根本需要和利益的本质，认同中国特色社会主义制度的共同富裕的根本价值取向；情感认同主要是认同中国特色社会主义制度凝聚、形成和加深人们制度情感的功能，发自内心地赞同、拥护和支持中国特色社会主义制度。作者提出的这四大认同，构建了中国特色社会主义制度认同教育的内容体系，为人们展开中国特色社会主义制度认同教育提供了参考。其实，在科学认同、特色认同、价值认同和情感认同中，价值认同是核心，要紧紧围绕价值认同来推进和深化科学认同、特色认同和情感认同，进而加深对中国特色社会主义制度的真正认同。

第三，提出的中国特色社会主义制度认同教育实施对策具有可操作性。作者强调要通过历史发展教育、科学理论教育、实践成效教育、比较优势教育、舆论引导教育，来多维度、多方位、多渠道、多形式地推进和深化中国特色社会主义制度认同教育。实际上，这几种教育各有侧重，相辅相成，切实可行。其中，历史发展教育主要是增强认同教育的纵深感；科学理论教育主要是提高认同教育的科学性；实践成效教育主要是提高认同教育的客观性；比较优势教育是提高认同教育的可比性；舆论引导教育主要是提高认同教育的引导力。只有把这几种教育有机结合起来，才能不断提高中国特色社会主义制度认同教育的针对性、现实性和有效性。

第四，强调自我与他者双维关系交融的认同建构思维不无启迪。认同既是与自我的关系，也是与他者的关系。制度认同是自我与他者双维关系相互作用的结果。在整个世界处于普遍交往的情况下，中国特色社会主义制度认同的视野不可局限于孤立的自我，而是置于他者关系中的自我。因此，将与他者的关系融入制度的自我认同教育中，尤其是与资本主义制度之间相互开放、相互作用、相互竞争的特定关系，始终是中国特色社会主义制度认同教育的重要一维。作者从方法论上探讨自我与他者双维关系交融的认同建构，强调制度认同过程中自我与他者的双维关系与互动作用。对于提高中国特色社会主义认同教育过程的有效性，予人以新的视角、见解和启发。

该书系统开展中国特色社会主义制度认同教育的研究虽取得了不少新的进展和成果，但还存在一些有待深化之处，如对制度认同主体和制度认同结果的内在联系和差异分析不足，停留在制度认同主体的一般分析上，忽略了制度认同主体的特殊分析，忽略了特殊群体的制度认同差异。在一定意义上，特殊群体的认同比较及差异分析更为重要。不同的群体在制度认同方面产生的问题必然有所不同，尤其是大学生、农民等特殊群体的制度认同问题，这些特殊群体的制度认同问题及其教育引导需要作者结合中国特色社会主义制度实践进一步加以关注和认真研究，以拓展制度认同教育研究的视域和空间。尽管存在些许不足，但仍瑕不掩瑜，是一部值得关注和研读的中国特色社会主义制度认同教育研究的专著。

作为导师和同事，看到郭莉博士的研究成果即将付梓，甚感欣慰，希望该书出版后，能获得更多专家、学者的指教与帮助，也希望作者在学术之路上继续潜心求索，将中国特色社会主义制度认同教育等问题的研究进一步深化，不断取得新的学术成就。

是为序。

骆郁廷

2015 年 12 月 30 日于珞珈山

目 录

导 论 …………………………………………………………（1）
　第一节　问题的缘起 ………………………………………（2）
　　一　中国特色社会主义制度新命题的提出 ………………（2）
　　二　中国特色社会主义制度认同存在的各种分歧 ………（3）
　　三　教育对中国特色社会主义制度认同的建构作用 ……（4）
　第二节　研究的意义 ………………………………………（6）
　　一　凝聚中国特色社会主义思想共识 ……………………（6）
　　二　增强中国特色社会主义制度自信 ……………………（8）
　　三　坚定中国特色社会主义政治信念 ……………………（9）

第一章　基本概念解析 ……………………………………（12）
　第一节　中国特色社会主义制度 …………………………（12）
　　一　具有社会主义性质的制度 ……………………………（13）
　　二　具有中国特色的社会制度 ……………………………（16）
　　三　具有内在层次的制度体系 ……………………………（19）
　　四　具有自我完善能力的制度 ……………………………（25）
　第二节　中国特色社会主义制度认同 ……………………（33）
　　一　制度认同的内在结构 …………………………………（34）
　　二　制度认同的利益本质 …………………………………（43）
　　三　制度认同的差异性和变化性 …………………………（51）
　第三节　中国特色社会主义制度认同教育 ………………（56）
　　一　制度认同教育的内涵 …………………………………（57）
　　二　制度认同教育的本质 …………………………………（60）

三　制度认同教育的目的 …………………………………（73）

第二章　中国特色社会主义制度认同教育思想梳理 ………（76）
　第一节　毛泽东时代中国社会主义制度认同教育思想 ……（76）
　　一　社会主义制度的具体发展不可能千篇一律…………（77）
　　二　用具体化的马克思主义来教育人民…………………（82）
　　三　走群众路线式的教育方式……………………………（85）
　第二节　邓小平时期中国特色社会主义制度
　　　　　认同教育思想 ……………………………………（90）
　　一　强化中国特色的制度意识教育………………………（91）
　　二　注重制度经济绩效的认同动力………………………（95）
　　三　注重辩证的制度认同教育思想………………………（100）
　第三节　当今中国特色社会主义制度认同教育思想 ………（103）
　　一　制度特色的系统性认同教育指向……………………（104）
　　二　制度特色的民族性认同教育指向……………………（106）
　　三　制度特色的时代性认同教育指向……………………（110）

第三章　中国特色社会主义制度认同教育的阻抗因素 ……（116）
　第一节　西方资本主义的阻抗 ………………………………（116）
　　一　西方的舆论误导………………………………………（117）
　　二　西方的行为干扰………………………………………（122）
　　三　西方的自我掩饰………………………………………（125）
　第二节　社会错误思潮的干扰 ………………………………（129）
　　一　历史虚无主义思潮的干扰……………………………（130）
　　二　民主社会主义思潮的干扰……………………………（133）
　　三　新自由主义思潮的干扰………………………………（136）
　第三节　制度内在张力的制衡 ………………………………（139）
　　一　先富带共富的艰难转换………………………………（140）
　　二　公平与效率位序的艰难抉择…………………………（144）
　　三　工具理性与价值理性的艰难平衡……………………（149）

第四章　中国特色社会主义制度认同教育内容 (155)

第一节　中国特色社会主义制度的科学认同 (155)
　一　理论依据的科学性认同 (156)
　二　制度形成的科学性认同 (159)
　三　制度检验标准的科学性认同 (162)
　四　科学认识两种性质制度的关系 (164)

第二节　中国特色社会主义制度的价值认同 (170)
　一　中国特色社会主义制度价值的内涵 (170)
　二　中国特色社会主义制度价值认同的层次性 (177)
　三　与社会主义核心价值观认同的内在关系 (180)

第三节　中国特色社会主义制度的情感认同 (185)
　一　制度情感认同是对制度的情感悦纳 (185)
　二　对合乎人性的本质存在方式的情感认同 (189)
　三　制度情感认同产生制度信仰"红利" (194)

第四节　中国特色社会主义制度的特色认同 (197)
　一　经济制度特色认同 (198)
　二　政治制度特色认同 (203)
　三　文化制度特色认同 (211)

第五章　中国特色社会主义制度认同教育的有效实施 (216)

第一节　中国特色社会主义制度的历史发展教育 (216)
　一　历史是制度认同的动因之一 (217)
　二　制度的选择性与必然性关系 (219)
　三　改革前与改革后的制度关系 (224)

第二节　中国特色社会主义制度的科学理论教育 (227)
　一　理论是制度认同的观念基础 (228)
　二　坚持理论联系实际的教育方法 (231)
　三　坚持整体性思维的认识方式 (235)

第三节　中国特色社会主义制度的实践成效教育 (245)
　一　实践成效是制度认同的现实基础 (246)
　二　实践成效是以经济为基础的综合成效 (248)

三　辩证地看待制度的实践成效 …………………………（252）
第四节　中国特色社会主义制度的比较优势教育 …………（255）
　　一　比较是认同形成的重要过程 …………………………（255）
　　二　在科学比较中把握制度优势 …………………………（257）
　　三　阐明制度优势彰显的长期性 …………………………（264）
第五节　中国特色社会主义制度的舆论引导教育 …………（268）
　　一　舆论建构制度认同 ……………………………………（269）
　　二　重视制度的舆论交锋 …………………………………（272）
　　三　增强制度的话语优势 …………………………………（276）
　　四　创新制度大众传播手段 ………………………………（283）

主要参考文献 ………………………………………………（287）

后　记 ………………………………………………………（298）

导　论

　　制度认同是人们在一定时期内关于制度的一种积极的认知评价、价值评价、情感体验和现实行动的总和。在当代社会中，人们遭遇到各种认同问题，因而认同问题成为许多学科研究的重要内容。查尔斯·泰勒认为认同和方向感之间有本质联系，"我们的认同，是某种给予我们根本方向感的东西所规定的"[①]，所以，人们为确定自己身在何处，要到哪儿去，总是需要某种认同，认同赋予人们以行动的意义和方向。制度认同是人们制度化生活不可回避的问题，也是一个有凝聚力社会的表现。随着全球化、信息化和价值的多元化，原有的制度认同的环境发生了变化，使得国家制度的认同成为一个突出的政治问题。制度的力量在于人们发自内心的认同，制度认同状况体现了一个国家凝聚思想共识能力的大小。辅佐齐桓公实现霸业的管仲曾说："夫争天下者，必先争人……得天下之众者王。"[②] 制度之争归根结底是人的认同之争，中国特色社会主义制度作为一个与资本主义制度意识形态相对立的新命题，如何建立自己的表达逻辑体系，形成自己的话语优势和保持自身的话语领导权，并通过恰当的方式传播，实现广泛的制度认同就成为一个现实问题。

[①] ［加］查尔斯·泰勒：《自我的根源：现代认同的形成》，韩震等译，译林出版社2001年版，第40页、42页。
[②] 转引自鲲水《制度之争与制度认同——信息制度论·话语优势·制度绩效》，人民出版社2009年版，第154页。

第一节　问题的缘起

一　中国特色社会主义制度新命题的提出

2011年，胡锦涛在庆祝中国共产党成立90周年大会上明确提出了中国特色社会主义制度。中国特色社会主义制度这一新命题的提出，反映了中国特色社会主义建设的规律，完善和丰富了中国特色社会主义的内涵，形成了道路、理论与制度三位一体的中国特色社会主义内容体系。可以说中国特色社会主义制度概念的提出，意味着一个命题的新鲜出炉，它打开了人们理解中国特色社会主义的一扇新窗口，打开了理解中国特色社会主义的新视野。在中国特色社会主义制度提出之前，人们对中国特色社会主义更多是从中国特色社会主义道路和中国特色社会主义理论体系两个维度进行理解，没有将中国特色社会主义制度作为一个独立的命题置于中国特色社会主义之中。西方社会在谈到中国崛起、中国所取得的巨大成就时，就更少提及制度因素，他们往往有意无意地忽视或回避中国特色社会主义制度的作用，这与制度是根本性的东西有关。中国特色社会主义所取得的巨大成就，离不开制度因素，中国特色社会主义制度的提出丰富了中国特色社会主义的内涵，完善了中国特色社会主义的话语逻辑体系，增强了中国特色社会主义的话语表达能力。

人们总是从某种话语体系所表达的意义中获得某种理解，中国特色社会主义制度的提出意味着建构了与资本主义制度相对应的话语体系，这将改变人们常以西方制度话语体系来解读中国社会制度，以西方制度立场来审视中国社会制度的现状。中国特色社会主义建设离不开制度的话语体系，中国特色社会主义制度的提出为人们提供了一套区别于西方资本主义制度的逻辑思维体系和话语体系。政治学家安德鲁·海伍德认为："政治问题的争论往往归结为关于'术语'真正意义的争辩。"① 中国特色社会主义制度集中体现中国特色社会主义的优越性和特点，它的提出意味着建立了可与资本主义制度争辩、交锋的话语体系。因此，中国特色社会主义制度的提出不仅体现了中国共产党人在制度意识形态上的进一步成熟和制度本土化建设的自觉，也是自觉掌握制度意识形态主动权和领导权的重要步骤；是积极改变社会主义制度话语劣势，努力构建新的话语形式，以应对改革进程中国内外各种社会思潮对中国制度的误导和误解，甚至故意曲解和污蔑的重要举措。

二 中国特色社会主义制度认同存在的各种分歧

制度认同是人们制度化生活不可回避的问题，当前，由于受各种主客观因素的影响，在中国特色社会主义制度认同上存在各种思想分歧，这些思想分歧，以观念、行为等各种形式表现出来。这些思想分歧的存在将影响中国特色社会主义制度的思想基础，妨碍制度自信的形成，最终也会影响对党所领导的中国特色社会主义的认同。当前，制度认同思想分歧的存在，一方面是因为中国特色社会主义制度是社会主义制度在中国的制度创新，人们对这一制度从感性认识到理性认同需要一个过程，在这个过程中，有的接受得快，有的接受得慢，产生分歧是一件很自然、很正常的事。毛泽东就曾说过："我们的社会主义制度还需要有一个继续建立和巩固的过程，人民群众对于这个新制度还需要有一个习惯的过程，国家工作人员也需要一个学习和取得经验的过程。"② 中国特色社会主义制度作为一个较新的概念，受人们认识规律的支配，人们对制度的认识和理解常常需要经历由感性的、片面的、不完全的认识向理性的、全面的、完整的认识这样逐步深入的过程，在这一过程中如果加以引导，就可以帮助人们克服自发认同所带来的盲目性，减少错误思想对制度认同的干扰，助推制度认同的形成。另一方面，中国特色社

---

① ［英］安德鲁·海伍德：《政治学核心概念》，天津人民出版社第2008版，第3页。转引自张西山《中国特色社会主义的制度文化分析》，博士学位论文，湖南师范大学，2011年，第4页。
② 《毛泽东文集》第7卷，人民出版社1999年版，第216页。

会主义制度自身还不完善，还未定型，制度本身还存在很多值得进一步认识和探索的空间，制度在自身发展和完善过程中带来的一些社会问题影响了人们对制度的正确认识，影响对中国特色社会主义制度的自信，对此也需要加以教育引导，帮助人们分清哪些问题是可以通过人的主观努力来解决的，哪些是需要通过大力发展社会生产力才能解决的，引导人们客观地、辩证地、发展地看待中国特色社会主义制度完善和发展中存在的问题。此外，社会主义与资本主义两种不同性质的制度之争，还表现为意识形态领域的激烈斗争，资本主义制度与社会主义制度代表着不同社会性质的意识形态，中国特色社会主义制度与资本主义制度之争，在一定意义上就是两种不同性质的制度意识形态之争，是两种制度在意识形态领域通过争夺思想实现争夺群众的斗争。西方资本主义发动其所有的宣传机器，加大了其意识形态的宣传和渗透，试图通过制度意识形态的改变来颠覆中国特色社会主义制度。西方资本主义制度意识形态的欺骗性及对社会主义制度的抹黑和攻击，客观上影响人们对中国特色社会主义制度的正确理解，不断地考验着社会主义意识形态的智慧和人们对中国特色社会主义制度的定力。习近平曾说，一个政权的瓦解往往是从思想领域开始的，思想防线被攻破了，其他防线就很难守住。因此，为了筑牢人们的思想防线，为中国特色社会主义制度认同奠定思想基础，针对中国特色社会主义制度认同中存在的思想问题，迫切需要进行正确的教育和引导，引导人们用马克思主义理论揭示资本主义制度的真实面貌及其衰败的历史必然性，引导人们从历史的、发展的角度来看待资本主义制度的兴衰，看清资本主义制度在社会生产力发展规律的自然作用下从其内部削弱的必然性，同时用中国特色社会主义制度已显示出来的优越性及应有优越性来阐明中国特色社会主义制度的现有优势和发展优势，阐明社会主义制度替代资本主义制度的客观必然性。

三 教育对中国特色社会主义制度认同的建构作用

制度认同的可建构性决定了其需要教育的视野。教育是实现思想变革的重要方式，坚持制度认同教育在制度认同中的主导地位，提升制度认同主体的主体性，是制度认同教育发挥其认同建构作用的表现。黑格尔认为，"主体性"，即自我意识，是人从可能主体转变为现实主体的必要条件。人的主体性的产生是以对客观事物的认识为基础的，人们只有在对社会主义制度充分认识的基础上，才能产生制度的主体性表现，从而形成制度的自觉认同。自觉认同作为一种主体性的表现，这种认同更为持久，更为有效。制度认同的自觉形成，常常需要借助教育来实现，教育与国家制度都是意识形态的再生产，但二者运行的方式不同。制度是具有强制性的思想体系和规则体系，在制度的强制威吓下，人们也可以表现出对制度的认同，但这种基于威吓而产生的认同，不是一种真正的认同，而是一种虚假的或被称之为消极的认同，这种认同是迫于外力而表现出的一种顺从行为。"顺从可能是个人或整个群体纯粹出自机会主义的原因，是一种虚情假意的奉承，也可能出自自己的物质利益而实际上言听计从，也可能由于个人的软弱和束手无策，不可避免地加以忍受。"[①] 因此，顺从不同于认同，没有人们对中国特色社会主义制度发自内心的真正认同，制度只能是国家单方面意志和行为的体现，只能是人们共同社会生活不得不接受的一种存在物。昂格尔认为："法律被遵守的主要原因在于集团成员从信念上接受并在行为中体现法律所表达的价值。人们效忠规则是因为规则能够表达人们参与其中的共同目的，而不是靠强制实施规则所必然伴随的威胁。"[②] 认同是制度发挥作用的重要维度，社会主体能否接受、支持和遵守国家制度体系，达成观念上的、行为上的与国家制度体系要求的同一，是制度认同的核心问题。制度只有被社会主体从内心接受，才能激发主体的内生动力，表现出制度主体的主体性，形成制度自信和制度自觉状态；才能得到较好的执行；才能发挥其凝聚社会共识的社会功能。制度认同教育对于制度认同的意义就在于认同主体性的获得，从而实现制度认同的功能。教育是一项说服人的工

---

① [德] 马克斯·韦伯：《经济与社会》上，林荣远译，商务印书馆1997年版，第240页。

② [美] 昂格尔：《现代社会中的法律》，吴玉章等译，中国政法大学出版社1994年版，第27页。

作，它能够弥补制度自身强制特性所带来的不足，它通过说服、引导、灌输等社会实践活动，帮助和引导人们消除制度认同中存在的各种错误观念，引导人们对制度隐含的思想、价值等从内心接受，从而使人们对制度的认同从强制的、消极的认同转为自觉的、积极的认同。制度认同教育有助于人们从消极的认同向积极的认同转化。消极的认同是在受到异己的或"外在的"作用影响下的认同，而积极的认同则是遵从其内心的认同，认同强度和持久性更高。制度认同教育旨在通过教化使得主体的意义与制度的有效性之间建立起内在的联系，通过主体的非压制性的思维和认知模式消除主体与制度强制之间的对立，引导人们获得对中国特色社会主义制度积极的认知评价、情感体验和支持行为。因此，制度认同教育在制度认同建构中的主导性作用不能忽视。"一种真正的人的教育就在于按照社会境况的种种可能性和必然性给天生自发的活动以一种理智的指导。"[1] 中国特色社会主义制度认同教育就是要对制度自发认同中产生的问题给予一种理智的指导，要对制度认同中存在的问题做出主动响应，有针对性地解决制度认同中存在的各种思想问题，发挥制度教育对制度认同的建构作用，实现制度认同的功能。

第二节 研究的意义

一 凝聚中国特色社会主义思想共识

中国特色社会主义是我国社会主义建设高高举起的一面旗帜，中国特色社会主义制度是中国特色社会主义的根本保障，中国特色社会主义制度与中国特色社会主义的内在关系决定了对中国特色社会主义制度的认同，有助于为中国特色社会主义凝聚思想共识。建设中国特色社会主义，需要以一定的思想共识为基础，凝聚一切可以凝聚的力量。邓小平指出："中国不能乱哄哄的，只有在安定团

---

[1] John Dewey, *Human Nature and Conduct*。转引自朱祥海《走出法律教育的"囚徒困境"》，《现代教育科学》2011年第5期。

结的局面下搞建设才有出路。一切反对、妨碍我们走社会主义道路的东西都要排除，一切导致中国混乱甚至动乱的因素都要排除。"①中国特色社会主义共同理想的实现，离不开社会思想共识的内在驱动力。社会主义是一项社会实践运动，"要想使一项社会运动顺利开始，首要的工作是让参加运动的人们团结起来"。② 制度认同的力量是思想共识的力量、社会团结的力量，也是社会凝聚力的来源。戴维·米勒指出，共识是指"在一定的时代生活，一定的地理环境中的个人所共享的一系列信念、价值观念和规范"③。制度为形成有共识的社会生活提供了一套共享的信念、价值观念和规范，它能够直接对人们的思想观念、行为规范产生影响。任何一个国家的制度都是在社会居主导地位的思想体系和行为规范，这套思想体系和行为规范作为社会共识具有整合社会思想、进行社会教化和规范社会行为的功能，这种功能所产生的凝聚效果是其他凝聚力所不能相比的。一方面，制度能够确认、分配、维护和保障人们的利益，人们对制度的积极认同是基于对自身利益权衡后发自内心的认同；另一方面，制度对社会认同的整合具有广泛性，它能够形成认同的叠加效应，这是因为制度对社会规范具有全面性，涉及社会的方方面面，这种全面性意味着制度认同必然是辐射性的，它涵盖、整合了多种社会内容的认同，包括政治的、经济的、文化的、社会的等各方面的认同。因此，制度认同所产生的认同效应必然是多种内容认同效应的叠加。此外，制度的规范性特征决定了制度认同能够有效减少由于认知标准上的不同，以及不同认同内容之间不相融所产生的认同冲突，制度认同能够建立起社会共同的认知取向、情感取向、评价取向和行为取向等。制度认同是一个有凝聚力的社会的基本前提，制度只有被社会主体从内心接受，形成制度自觉和制度自

---

① 《邓小平文选》第3卷，人民出版社1993年版，第212页。
② ［澳］迈克尔·A. 豪格（Michael A. Hogg）、［英］多米尼克·阿布拉姆斯（Dominic Abrams）：《社会认同过程》，高明华译，中国人民大学出版社2011年版，第114页。
③ ［英］戴维·米勒、韦农·波格丹诺编：《布莱克维尔政治学百科全书》修订版，邓正来译，中国政法大学出版社2002年版，第106页。

信,才能激发主体的内生动力,制度认同也才能显示其凝聚社会共识的力量。这就需要我们从社会多元多变的思想实际出发,在正确把握国内外形势的新变化、新特点的基础上,运用各种手段,通过制度认同教育,激发全社会团结奋进的强大力量,夯实中国特色社会主义建设的思想基础。

二 增强中国特色社会主义制度自信

制度自信是对中国特色社会主义制度特色和优势所持的一种肯定态度以及由此表现出来的一种坚定的制度信任和期待。制度自信是一种制度心理反应,也是制度行为的心理动力因素,这种心理动力因素会转化为人们对制度理想的强大的思想定力和自觉的制度行为。制度自信的前提是制度认同,只有认同后才会产生自信的心理状态,这是制度认同对于制度自信的意义。中国特色社会主义制度自信的形成是多种因素相互作用的结果,制度自信能否形成不仅受人的认识能力的限制、受作为认同客体制度本身因素制约,还受制度认同环境的影响和制约,这些因素相互作用的结果不同,形成制度认同状态也有所不同。人们的制度认同状态不同,与之相对应的制度自信状态也不同。当前,除了由于制度本身不完善这一客观因素在一定程度上影响了人们的制度自信程度外,还存在一些由于人们自身主观认识的局限性导致对中国特色社会主义制度认识模糊甚至错误认识问题,这些问题也影响了制度自信。此外,中国特色社会主义制度还面临一些影响制度认同、干扰制度自信的内外环境因素。在国内,社会转型、结构调整、利益分化和贫富分化加大,由此引发的各种社会矛盾日益凸显,各种质疑中国社会主义制度的声音不断出现。在国际上,苏联解体、东欧剧变后,一些社会主义国家的解体与资本主义制度在世界范围内的兴起,客观上对中国特色社会主义制度认同造成了一定的不利影响。而且,随着我国作为社会主义性质国家的崛起,以及对外开放和国际交往广度和深度的增强,西方发达资本主义国家将中国作为资本主义制度的主要威胁,加强了对中国的资本主义制度意识形态的渗透。西方资本主义强国利用其主导的话语权,利用所谓的信息自由,针对中国社会变革所带来的社会思想困惑，大力推行自己的价值观，进行社会舆论的误导。在内外各种不利的主客观因素的相互作用下，有的想回到老路，有的想走"邪路"，不管是想回到老路，还是想走"邪路"，在一定意义上就是对中国特色社会主义制度的不自信。中国特色社会主义制度自信不是自发产生的，尤其在中国特色社会主义制度优越性尚未完全显现之前，制度自信的自觉意识的形成需要加强教育引导，通过加强中国特色社会主义制度认同教育，消除制度认同存在的思想认识问题，激发制度认同主体的内生动力，增强中国特色社会主义制度自信，壮大中国特色社会主义制度的肯定性力量，从而为中国特色社会主义奠定良好的社会心理条件。

三 坚定中国特色社会主义政治信念

信念能够给人们带来方向感和稳定感，美国哲学家豪尔（Howe）的研究表明，人类的原始意愿是一束没有方向的力量，它必须依赖信念给它导航并赋予内容；意愿的对象是什么，意愿采取何种路径，达到何种程度，既非与生俱来，亦非由意愿本身所规定，而在大多数情况下由信念所界定。[①] 人们作为一种政治动物离不开政治信念的导航，马克思在《〈政治经济学批判〉导言》中指出："人是最名副其实的政治动物，不仅是一种合群的动物，而且是只有在社会中才能独立的动物。"[②] 制度是人们社会交往活动的产物，也是人们政治生活的产物，制度内含了政治的要求，它承载着一定社会的政治理想和价值追求。因此，中国特色社会主义制度认同教育不仅是一个制度意识培养和法治权威树立的问题，也是一个现实的政治认同问题。制度认同是政治认同形成的一种方式，人们需要通过制度认同来确立政治信念为自己的政治生活导航，中国特色社会主义政治也需要制度认同形成一种集体认同意识来使它具有合法性和获得正当性。哈贝马斯认为，合法性是政治秩序存在的根

---

① R. B. K. Howe, *The Cognitive Nature of Desire*。转引自封永平《大国崛起困境的超越：认同建构与变迁》，中国社会科学出版社 2009 年版，第 126 页。
② 《马克思恩格斯选集》第 2 卷，人民出版社 1995 年版，第 2 页。

据，一个统治秩序的稳定依赖于自身在事实上被承认。① 在现代社会，人们对某一政治的信念不是基于宗教和神权而自然生成，而是基于人们对自身利益权衡后发自内心的认同。因此，某一政治秩序要想获得承认，就必然能够满足人们的政治情感和利益等方面的需要。泰弗尔将社会认同定义为："个体认识到他（或她）属于特定的社会群体，同时也认识到作为群体成员带给他的情感和价值意义。"② 这种情感和价值意义的满足是人们认同的动因所在。中国特色社会主义制度内含了社会主义的政治理想和价值追求，是社会主义政治理想和价值追求的具体化，是对党领导下的中国特色社会主义政治的确认和保障，中国共产党的人民性决定了其所领导下的政治制度必然能够满足人们政治生活所需要的情感和价值意义。因此，中国特色社会主义制度认同与坚定中国特色社会主义政治信念具有不可分割的关系。

当前，由于受各种主客观因素的影响，人们对中国特色社会主义政治制度的认识存在着不同意见，甚至还有一些质疑和否定党的领导、质疑和否定中国特色社会主义政治制度的声音。与此同时，西方资本主义不断抛出针对中国特色社会主义政治制度的各种议题，利用自身的宣传优势及其培植的政治代言人，大肆攻击中国特色社会主义政治制度，对人们进行各种思想误导。列宁指出："只要人们还没有学会透过任何有关道德、宗教、政治和社会的言论、声明、诺言，揭示出这些或那些阶级的利益，那他们始终是而且会永远是政治上受人欺骗和自己欺骗自己的愚蠢的牺牲品。"③ 列宁认为，要开展全面的政治揭露，"不进行这样的揭露，就不能培养群众的政治意识和革命积极性"④。因此，中国特色社会主义制度认同教育对于实现制度认同的政治功能意义重大。目前，民主参与已成

---

① 参见［德］哈贝马斯《交往与社会进化》，张博树译，重庆出版社1989年版，第184页。
② Taifel H., *Differentiation between Social Groups: Studies in the Social Psychology of Intergroup Relations* (chapters 1–3). 转引自李灿金《认同理论研究多学科流变》，《贵州大学学报》2014年第1期。
③ 《列宁选集》第2卷，人民出版社1995年版，第314页。
④ 《列宁选集》第1卷，人民出版社1995年版，第354页。

为我国政治文明的重要表现,而作为一个公民通过民主方式参与国家政治生活,就必须具有一定的政治素养。"一个具有政治素养的人,不仅能高度理解所给定事件的环境及形势,而且能在此环境中通过高效的行动产生实际效果。……政治素养不单是一种追逐自我利益的能力,而是能够综合理解他人的意见及建议,并以道德的方式作出响应。"[①] 中国特色社会主义制度认同教育要培养公民过硬的政治素养,培养人们的政治辨识能力,要用中国特色政治制度的独特性与优越性来揭示和反驳西方资本主义的谬论,引导人们正确认识政治制度形成规律,深刻认识西方资本主义政治制度的本质及其虚伪性,从而坚定对中国特色社会主义政治共同体的认同感,坚定对中国特色社会主义的政治信念。

---

① Crick, Bernard & Porter, Alex (eds.), *Political Education & Political Literacy*. 转引自刘丹《全球化时代的认同问题与公民教育研究:基于公民身份的视角》,北京师范大学出版社2013年版,第39页。

第一章

基本概念解析

对中国特色社会主义制度认同教育展开研究之前，需要说明三个层次的概念：一是中国特色社会主义制度；二是中国特色社会主义制度认同；三是中国特色社会主义制度认同教育。这三个基本概念有着内在紧密的联系，在中国特色社会主义制度认同教育关系中，中国特色社会主义制度既是制度认同教育的内容，又是制度认同的客体。中国特色社会主义制度认同既是中国特色社会主义制度认同教育建构的对象，又是制度认同教育所追求的结果。中国特色社会主义制度认同教育的目的在于实现制度认同的功能，这也意味着中国特色社会主义制度认同教育相对于制度认同而言，它又是实现制度认同的路径和方式。通过对这三个关系紧密的基本概念的内涵的解析，为后续研究和展开论述奠定基础。

第一节 中国特色社会主义制度

中国特色社会主义制度是体现中国国情、反映中国实践、具有中国特点的制度。中国特色社会主义制度是中国特色社会主义制度认同教育中的一个核心概念，在中国特色社会主义制度认同教育关系中，它既是制度认同的客体，也是制度认同教育的内容。中国特色社会主义制度这一概念提出后，中国特色社会主义制度的基本内涵的研究就成为学术界的热点。基于当前学界的现有研究成果，本书对其基本内涵从制度性质、制度结构、制度特色和制度完善能力四个方面进行解析。

一 具有社会主义性质的制度

中国特色社会主义制度是一种什么性质的制度,这是科学认识和把握中国特色社会主义制度内涵首先要明确的问题。制度性质决定了制度的本质及其发展方向,对中国特色社会主义制度性质的分析,有助于消除人们在制度性质认识上存在的思想困惑。

(一)中国特色社会主义制度是社会主义制度

中国特色社会主义制度是社会主义性质的制度,既然中国特色社会主义制度是社会主义性质的,就必须先从理论上回答什么是社会主义、社会主义本质及其判断标准问题。马克思和恩格斯所讲的经典社会主义是替代生产力高度发达的资本主义的社会形态,与之相对应的社会主义制度也是建立在高度发达的生产力基础之上的,而中国的社会主义是建立在经济和文化都比较落后的生产力基础之上的,没有经历生产力高度发达的资本主义社会,这就决定了中国建设社会主义必然具有其自身的特殊性,一切只能靠自身的实践探索。对于什么是社会主义,我们一开始的认识并不清晰,邓小平指出:"我们建立的社会主义制度是个好制度,必须坚持。……但问题是什么是社会主义,如何建设社会主义。我们的经验教训有许多条,最重要的一条,就是要搞清楚这个问题。"[①] 邓小平把"什么是社会主义、怎样建设社会主义"的问题鲜明地提出来,要求真正弄明白这个根本的问题,认为只有弄明白什么是社会主义,才能建设社会主义。改革开放前,中国曾借鉴苏联的经验,但事实证明苏联对什么是社会主义也没完全弄清楚,正如邓小平所言,"社会主义究竟是个什么样子,苏联搞了很多年,也并没有完全搞清楚"[②]。关于什么是社会主义,邓小平作为改革的总设计师,对这个问题的认识也经历了从否定思维认识到肯定思维认识,从现象认识到本质认

[①] 《邓小平文选》第3卷,人民出版社1993年版,第116页。
[②] 同上书,第139页。

识这样一个逐步深化的过程。他从科学社会主义的基本原则出发，针对人们对社会主义的一些错误和模糊的认识，通过排除法指出，贫穷不是社会主义，发展太慢不是社会主义，平均主义不是社会主义，两极分化也不是社会主义，进而用肯定描述法指出社会主义的本质在于解放生产力和发展生产力，消除两极分化，实现共同富裕。邓小平认为："社会主义与资本主义不同的特点就是共同富裕，不搞两极分化。"① 社会主义制度改革的最终目的，是为了解放和发展生产力，解决社会主义社会的基本矛盾，实现共同富裕，从而更好地体现社会主义的本质。在邓小平看来，发展生产力只是一种手段，最终目的在于实现共同富裕，揭示了社会主义的本质在于共同富裕。他指出："如果我们的政策导致两极分化，我们就失败了；如果产生了什么新的资产阶级，那我们就真是走了邪路了。"② 在经济、文化都还比较落后的基础上建设社会主义，首先是个理论问题，然后才是个实践问题，邓小平通过一系列讲话，从理论上初步回答了什么是社会主义这一基本问题，并揭示了社会主义的本质，进而开创了中国特色社会主义，创新地发展了社会主义制度，乃至形成了中国特色社会主义制度。

（二）制度的实践逻辑证明了制度的运行没有偏离社会主义轨道

社会主义的性质决定了中国特色社会主义制度运动的方向和改革的指向，如果改革不是指向社会主义方向的，就意味着改革失败。中国特色社会主义制度实践只有始终坚持社会主义的基本原则和价值，才能实现中国特色社会主义制度的完善与人民群众对其价值认同的辩证统一。满足人民群众日益增长的物质文化需求是中国特色社会主义制度实践的内在动力，促进人的全面发展和实现共同富裕是中国特色社会主义制度实践的价值目标，这一实践逻辑决定了中国特色社会主义制度的性质一定是社会主义，这一逻辑也可以从中国的改革实践中得以验证。在改革过程中，怎样认识改革与社

---

① 《邓小平文选》第3卷，人民出版社1993年版，第123页。
② 同上书，第111页。

会主义制度的关系问题始终是困扰人们的思想问题,由此邓小平明确提出了"改革是社会主义制度的自我完善"①的论断。这一论断实际上明确指出了改革是社会主义方向的改革,而不是向其他方向发展的改革。对于改革方向的重要性,早在1985年,邓小平就强调:"在改革中坚持社会主义方向,这是一个很重要的问题。"②邓小平把改革是社会主义制度的自我完善作为改革的本质属性提了出来,在改革中毫不动摇地坚持社会主义根本原则,这是改革一直坚持的底线。邓小平曾指出:"一个公有制占主体,一个共同富裕,这是我们所必须坚持的社会主义的根本原则。"③中国特色社会主义制度实践的过程,就是通过改革对严重阻碍社会主义生产力发展的体制和机制进行变革的过程。为了推进国家治理体系和治理能力的现代化,党的十八大将全面深化改革的总目标再次指向中国特色社会主义制度的完善和发展。因此,中国社会主义制度的变革符合马克思主义的基本原理和方法要求,"没有丢马克思,没有丢列宁,也没有丢毛泽东"④。因为马克思主义提供的是一种方法,而不是一劳永逸的现成方案,社会主义不是僵化的理论,而是现实的运动,这一运动随时以当时的历史条件为转移。中国特色社会主义制度是在社会主义现实的运动中产生的,它符合中国的现实历史条件,符合中国实际,也没有偏离马克思主义对社会主义的基本设想,坚持了社会主义的基本制度。社会主义基本制度体现了社会主义本质规定性,决定着社会主义制度的性质,只有对社会主义基本制度的改变,才会改变社会主义的性质,因为对"社会主义基本制度的改变,必然会引起社会主义性质的改变"⑤。中国特色社会主义制度是对传统社会主义制度的创新,但这种创新并没有改变社会主义基本制度,没有改变社会主义的本质和属性。中国特色社会主义制度虽然允许并鼓励多种经济成分并存和发展,但保持了公有制的主体地

---

① 《邓小平文选》第3卷,人民出版社1993年版,第142页。
② 同上书,第138页。
③ 同上书,第111页。
④ 同上书,第369页。
⑤ 秦宣:《中国特色社会主义制度的多层次解读》,《教学与研究》2013年第1期。

位，公有制的主体地位为实现共同富裕提供了保证。改革开放以来，随着社会主义生产力的发展，党由过去更注重做大"蛋糕"，同时开始更加注重"蛋糕"的公平分配，目的在于让改革的成果更多地惠及普通老百姓，更多地服务于共同富裕这一价值目标。

二 具有中国特色的社会制度

中国改革开放30多年来所形成的道路、理论、制度三大成果，概括起来均离不开"中国特色"。中国特色社会主义制度是根据中国的具体国情对传统社会主义制度的创新，它扎根于中国现实，由此形成"中国特色"。"中国特色"是中国制度区别于其他制度的"标签"，是中国特色社会主义制度之所以是中国制度而不是他国制度的独特性标志。如果说中国特色社会主义制度的社会主义性质体现的是制度的本质特性的话，那么"中国特色"则体现了制度的国情特色与社会形态的更替特色，国情特色决定制度形态更替的特色，中国独特的国情决定了中国特色社会主义制度独特的形成历史、文化心理和制度内容。概言之，中国特色社会主义制度所具有的独特性从整体上表现出它既不同于西方任何国家的制度，也不完全是马克思、恩格斯当年所设想条件基础之上的社会主义制度，它借鉴了发达资本主义国家的一些制度文明成果，但它不是资本主义或别的什么主义的制度，也不是国外学者所理解的"几种西方社会制度的杂糅"[1]，而是一种新型的社会主义制度形态，是马克思主义中国化的制度成果。当前学界对中国特色社会主义制度所具特色的理解主要立足于我国社会主义初级阶段这一现实国情，以及马克思列宁主义关于普遍性与特殊性关系的理论。

（一）与社会主义初级阶段这一特定历史时期相适应

中国跨越资本主义充分发展阶段建设社会主义，这一历史发展演进的特殊性，决定了中国的社会主义制度建设必然要从这一特殊性出发，反映这一特殊性的要求。邓小平指出："社会主义本身是

---

[1] 郑云天：《中国特色社会主义制度研究评析》，《中国特色社会主义研究》2011年第6期。

共产主义的初级阶段，而我们中国又处在社会主义的初级阶段，就是不发达的阶段。一切都要从这个实际出发，根据这个实际来制订规划。"[1] 也就是说我国还处于共产主义初级阶段的初级阶段，邓小平对我国所处历史阶段的科学判断为正确解读中国特色社会主义制度提供了明确的思路和可靠的依据。恩格斯指出："一切宗教制度和法律制度，一切理论观点，只有理解了每一个与之相应的时代的物质生活条件，并且从这些物质条件中被引申出来的时候，才能理解。"[2] 法律制度受其所处时代的物质生产条件的制约。我国现阶段的物质和生产条件，不可能产生马克思主义所设想的对资本主义制度顺序替代的社会主义制度，这意味着中国的社会主义制度必然是一种特殊的社会制度形态。马克思从物质生活条件出发，指出法的本质、内容、价值等均受制于社会生产力，制度只不过是对现存生产力与生产关系的客观呈现。社会发展的客观规律决定了，我们虽然能根据社会发展规律预见到社会主义制度必然取代资本主义制度，但不能通过揠苗助长的方式来实现它，诚如恩格斯在回答能不能一下子把私有制废除的问题时所言："不，不能，正像不能一下子就把现有的生产力扩大到为实行财产公有所必要的程度一样。因此，很可能就要来临的无产阶级革命，只能逐步改造现今社会，只有创造了所必需的大量生产资料之后，才能废除私有制。"[3] 由于受社会生产力条件的制约，虽然我们能够认识到私有制的罪恶，但不能凭主观来废除它。私有制的废除是有物质条件的，只有达到一定的物质条件，它才能够灭亡。社会主义初级阶段的基本国情决定了在中国还不能完全废除私有制，理想的社会主义制度形态的实现是随着生产力发展而渐进的过程。根据马克思主义关于生产力决定生产关系的论断，社会主义制度的建设受生产力发展水平等因素的制约，生产力对生产关系的决定作用，表明制度选择的主观能动性是有限的，超过了一定的限度，生产力就会体现其不以人的主观意志为

---

[1] 《邓小平文选》第3卷，人民出版社1993年版，第252页。
[2] 《马克思恩格斯文集》第2卷，人民出版社2009年版，第597页。
[3] 《马克思恩格斯文集》第1卷，人民出版社2009年版，第685页。

转移的决定作用。我国社会主义初级阶段的物质基础还没有达到马克思主义所设想的理想社会主义制度所需要的物质基础和条件。当前中国特色社会主义面临着与资本主义社会一些既相同又不同的课题和任务,这种独特的现实决定了我国一方面要借鉴资本主义某些生产方式发展生产力,另一方面又要保证制度的社会主义方向,并由此形成全面反映我国社会主义初级阶段基本要求的经济制度、政治制度、文化制度、社会制度等各项特色制度。

(二)体现了对社会主义发展过程的普遍性与特殊性关系的深刻把握

中国特色社会主义制度体现了对社会主义发展过程的普遍性与特殊性关系的深刻把握。科学社会主义强调不能教条地对待马克思主义,强调与具体的实际相结合的重要性。由于中国不具备建设理想社会主义制度的物质基础,因此,必然会存在一个过渡时期。不同的社会主义国家,不同的过渡条件,具体制度形态会存在一定的差异。列宁指出:"由于开始向建立社会主义前进时所处的条件不同,这种过渡的具体条件和形式必然是而且应当是多种多样的。"[1]中国特色社会主义制度反映了过渡制度形式的多样性。马克思主义理论对社会制度形态发展的统一性认识中包含着多样性认识,"统一性并不意味着他们的历史过程是按照固定模式整齐划一地发展而没有多样性"[2]。由于不同的国家,在经济、政治、文化和历史等方面有着不同特点,决定了各国制度的自身特色。毛泽东指出:"任何运动形式,其内部都包含着本身特殊的矛盾。这种特殊的矛盾,就构成一事物区别于他事物的特殊的本质。"[3] 每一事物运动的形式,都有其特殊本质,这是事物运动存在差别的根据。中国建设社会主义所处的特殊的时空特点,决定了这一时期矛盾的特殊性,决定了中国社会主义制度必然是基于社会主义普遍性之上的特殊性。

---

[1] 《列宁全集》第34卷,人民出版社1985年版,第140页。

[2] 马耀鹏:《制度与路径——社会主义经济制度变迁的历史与现实》,人民出版社2010年版,第40页。

[3] 《毛泽东选集》第1卷,人民出版社1991年版,第308—309页。

我国社会主义制度有着自身发展的独特的时空特性。[①] 从时间性特点来看,"就是许多应该发生在不同历史阶段的事情,被压缩和重叠在同一个时间段内"[②]。从空间上看,我国幅员辽阔,不同的地区其地理状况各不相同,由此导致经济、人口、文化状况也不相同。我国制度发展的独特的时空性,决定制度结构和内容的独特性,由此形成了"一元主导与多样共存"的中国特色社会主义制度结构特点。"'一元主导'是指坚持社会主义因素的一元化主导地位……'多样共存'是指允许和鼓励多种非社会主义因素与社会主义因素多样共存、健康互动、共同发展,使社会更加富于活力。"[③] 当前,无论多民族的单一制国家结构形式,人民代表大会制度、中国共产党领导的多党合作和政治协商制度、民族区域自治制度和基层群众自治制度的政治制度结构,还是以公有制为主体的多种所有制经济共同发展的基本经济制度结构,甚至是"一国两制"的构想和实践,无不体现了我国社会主义制度的时空特色。因此,对中国特色社会主义制度的认识,必然要立足于中国历史与现实,从中国建设社会主义制度所处的特殊时空特色出发,才能获得对中国特色社会主义制度的科学理解。

三 具有内在层次的制度体系

中国特色社会主义制度不是单一的制度,而是在内容上有着清晰层次划分和内在逻辑相关性的制度体系。对中国特色社会主义制度体系层次性的认识可以从体系内在层次结构及其逻辑相关性上获

[①] 美国当代社会理论家伊曼纽尔·沃勒认为,在以往的社会理论中,时空被看作一种自然的常态、一种外生变量,而并非连续性的社会创造。然而,事实上,"时空"不仅是纯内生变量,而且还是我们理解社会结构和历史变迁的关键所在。(参见[英]德雷克·格利高里、[美]约翰·厄里编《社会关系与空间结构》,谢礼圣、吕增奎等译,北京师范大学出版社2013年版,总序第1页。)对于时空与社会之间的关系,莱布尼茨有一句著名的表述,即"空间是一种共存的秩序,而时间则是一种连续的秩序"(同上书,第20页)。

[②] [英]德雷克·格利高里、[美]约翰·厄里编:《社会关系与空间结构》,谢礼圣、吕增奎等译,北京师范大学出版社2013年版,总序第3页。

[③] 杜志章、欧阳康:《论中国"一元主导与多样共存"制度结构的逻辑依据和历史根源》,《理论月刊》2013年第8期。

得理解。对中国特色社会主义制度内容层次的分析有利于说明为什么有些制度能改，而有些制度过了多久也不能改的问题；有利于在进行制度认同教育时，引导人们树立制度改革的限度和底线思维意识。

（一）中国特色社会主义制度体系的内在层次结构及其逻辑相关性分析

中国特色社会主义制度是由多层次内容构成的具有内在逻辑相关性的制度体系。当前，我国学界对中国特色社会主义制度体系的内在层次结构的认识并不完全一致，从现有的研究成果来看，"多数学者认为中国特色社会主义制度有三个层面，也有学者认为有四个或五个不同的层面"[①]的内容。不管将制度体系分为多少个层面，只是分层角度的不同，不影响对制度体系的理解。中国特色社会主义制度体系结构在总体上表现为纵横交错的较为复杂的结构。横向为并列关系或确认关系。并列关系反映的是不同性质或相对应的两个不同范畴内容的制度，比如政治制度与经济制度就是两个不同范畴内容的制度。确认关系反映的是一种转化关系，比如由非立法程序确定的制度内容，在一定条件下可以转化为由立法程序确定的制度内容。制度体系在纵向上表现为层级性，并分为政治和经济两个不同的子体系。政治制度子体系由根本政治制度、基本政治制度和具体政治制度（包括制度化的体制和机制）构成。经济制度子体系由基本经济制度和具体经济制度（包括制度化的体制和机制）构成。这两个子体系功能、地位虽不同，但相互协调，共同作用于中国特色社会主义制度这一总体系。

中国特色社会主义制度体系内部不同的制度所在的层次地位不同，发挥的作用也不相同。在中国特色社会主义制度体系中，公有制为元制度，处于制度体系结构的顶端，具有本原性、原始性、唯一性特点，其他制度均由它决定和派生。也就是说，中国特色社会主义制度体系结构受公有制经济关系的制约，并由公有制经济基础来说明。恩格斯指出："每一时代的社会经济结构形成现实基础，

[①] 王勇：《中国特色社会主义制度研究综述》，《南方论丛》2013年第3期。

每一个历史时期的由法的设施和政治设施以及宗教的、哲学的和其他的观念形式所构成的全部上层建筑，归根到底都应由这个基础来说明。"① 在制度体系结构中，公有制作为中国特色社会主义制度的本原，规定着整个制度体系的性质和运动方向，最能反映制度的本质。国家的根本政治制度、基本政治制度和基本经济制度是公有制经济基础之上的上层建筑形式，这些制度处于制度核心的地位，反映了制度体系的根本规定性。如果改变了这些制度，必将使公有制经济基础失去上层建筑的支持，失去上层建筑支持的公有制经济，意味着没有了政治的保障，其基本经济制度的地位也将不保，基本经济制度不保最终将改变整个制度的社会主义性质。具体制度是根本制度和基本制度的运行方式，具有相对的灵活性，具体制度一般具有工具性，不具有特定的社会属性，不能独立决定制度体系的性质。当它与根本制度、基本制度相结合时，才表现它的社会性质。比如，市场经济体制既可以是资本主义的，也可以是社会主义的，只有当市场经济与社会主义制度相结合时，它才具有社会主义的性质。具体制度的恰当与否，对于根本制度和基本制度的生命力甚至整个制度体系的生命力均具有影响。当前，中国特色社会主义制度改革主要是针对制度运行的机制与体制的改革，对决定和影响社会主义制度性质的制度是不能动摇和改变的。邓小平曾指出："过去行之有效的东西，我们必须坚持，特别是根本制度，社会主义制度，社会主义公有制，那是不能动摇的。"② 不能动摇的制度是反映社会主义本质的制度内容，它决定了制度的运行方向，标明了制度改革的限度和底线。守住制度改革底线，不突破制度改革应有的限度，就不会在根本性问题上出现颠覆性错误。

中国特色社会主义制度体系内容不仅具有层次性，还具有内在的逻辑相关性。相关性是制度体系系统性的表现，制度的相关性状态决定制度体系整体的运行效果，决定制度体系内各个制度运行合力的大小。因此，制度体系能否产生良好的制度运行绩效与制度体

---

① 《马克思恩格斯选集》第3卷，人民出版社1995年版，第365页。
② 《邓小平文选》第2卷，人民出版社1994年版，第133页。

系内各制度层次之间、各制度内容之间的耦合状态有关，它们只有处于耦合状态，而不是排斥或相互独立的关系状态，才能构成一个相互支持的统一制度整体。制度体系的结构关系状态对制度运行具有能动作用，制度结构及其内在关系决定了制度体系的运行方向和实践逻辑。当前，全面深化改革要求制度的改革和创新，不仅仅是个别具体制度及制度体制、机制的改革，还是整个制度体系内在关联性的调整。制度体系内在结构的关联性要求突出中国特色社会主义制度完善的整体性、全面性、系统性，强调制度完善的统筹兼顾、整体协调推进意识，要求在丰富制度体系内容的同时，更加注重制度系统的内在协调性。

分析制度体系的内在层次性及其逻辑关联性具有很强的现实意义。制度体系的层次性和内在关系不仅能够反映出当前制度改革深度和进程，还有助于弄清什么样的制度是可以变的，什么样的制度是改革的底线必须坚持不能变的，而且从制度认同的角度而言，它能反映出人们的制度认同程度，是分析制度认同状态的一个依据。制度体系的层次性能够区分制度认同的完整性和不完整性，完整的制度认同是对整个制度体系的完全接纳，不完整的制度认同表现为只对制度体系中某一部分制度的认同，比如，有的认同经济制度，而不认同政治制度；有的则正好相反，只认同政治制度，不认同经济制度等。由于制度对人们需要满足程度不同、状态不同，决定了认同主体对制度的认同程度不同，完整的制度认同是最理想的认同状态，但它往往不是制度认同的常态，而不完整的制度认同不是认同的理想状态，却是制度认同的常态。

（二）如何理解中国特色社会主义法律体系与制度体系的内在逻辑关系

关于中国特色社会主义法律体系与中国特色社会主义制度体系的内在逻辑关系，有学者指出中国特色社会主义法律体系"是中国特色社会主义制度的文本体现和规范表达"[1]，这种观点较为准确地

---

[1] 肖贵清等：《中国特色社会主义制度基本问题研究》，人民出版社2013年版，第112页。

阐明了中国特色社会主义法律体系与中国特色社会主义制度整个大体系之间的内在关系。但学界多数认识仅限于中国特色社会主义法律体系与中国特色社会主义制度这个大体系之间内在关系,似乎忽略了中国特色社会主义法律体系与其他制度内容,如根本制度、基本制度和具体制度之间的关系分析,这在逻辑关系分析上显然存在不完整性。制度体系的相关性,不仅表现为部分与整体的关系,还表现为部分与部分的关系。对中国特色社会主义制度体系的分析,缺少了中国特色社会主义法律体系与体系内其他制度的内容关系的比较分析,即当前学界多数限于中国特色社会主义法律体系作为子体系(部分)与其所隶属的中国特色社会主义制度这一大体系(整体)关系的探讨,而相对缺乏中国特色社会主义法律体系作为子体系(部分)与中国特色社会主义制度体系内其他制度内容(部分)关系的深入探讨。

中国特色社会主义法律体系与其他制度内容并非简单的并列关系,中国特色社会主义法律体系是由立法机关按照立法程序制定的,"以宪法为统帅,以宪法相关法、民法、商法等多个法律部门的法律为主干,由法律、行政法规、地方性法规等多个层次法律规范"[1]组成的制度体系,它在中国特色社会主义制度体系中的地位具有独特性。正如著名学者江必新所言:"中国特色社会主义法律体系是中国特色社会主义制度的组成部分,但它与经济制度、政治制度之间不是一种并列关系,而是一种交互关系。法律体系中内含了政治、经济制度,也内含了文化、社会制度,但它既不是制度的全部内容,其内容也不限于制度。"[2] 因此,对中国特色社会主义法律体系地位的理解不仅要从中国特色社会主义法律体系作为子体系(部分)与中国特色社会主义制度这个大体系(整体)的关系进行分析,还要与大制度体系内的其他制度之间的关系(部分与部分的关系)进行分析,即不仅要进行部分与整体的关系分析,还要进行

---

[1] 《中国特色社会主义法律体系白皮书》(http://www.gov.cn/zwgk/2011-10/27/content_1979526.htm)。

[2] 江必新:《关于中国特色社会主义制度体系的若干思考》,《红旗文稿》2011年第17期。

制度体系内部分与部分的关系的分析。

在中国特色社会主义制度体系内，既有中国特色社会主义法律体系这样经过严格立法程序，由具有立法权的国家机关制定的制度，也有由国家机关根据自身所具有的权限，无须经过严格的立法程度所制定的不是严格意义上的"法律"。中国特色社会主义法律内容体系是由特定立法形式所确定的内容体系，构成中国特色社会主义法律体系内容的，一定是具有立法权的机关按照严格的立法程序确立的制度。中国特色社会主义法律体系内不同形式的制度等级层次明晰，不同等级的制度反映了其不同的效力等级。我国是多元主体立法，由于不同的立法机关所具有的立法权限不同，它们制定出来的制度效力等级也不同，并由此形成以宪法为根本大法，并由其统领下的效力等级由高到低依次为法律、行政法规、地方性法规等各种法律形式组成的中国特色社会主义法律体系。因此，中国特色社会主义制度体系并不等同于中国特色社会主义法律体系，二者具有包含关系，属于中国特色社会主义制度体系内容的，并不一定属于中国特色社会主义法律体系，但属于中国特色社会主义法律体系的内容，一定属于中国特色社会主义制度体系的内容。中国特色社会主义法律体系以宪法最高效力等级的立法形式规定了国家的根本政治制度、基本经济制度，并以各种法律形式从各方面对中国特色社会主义建设中形成的、实践证明是好的各种具体制度予以立法确认，使得国家在经济建设、政治建设、文化建设、社会建设以及生态文明建设的各个方面逐渐实现了有法可依，为全面落实依法治国方略、构建社会主义和谐社会、实现全面建成小康社会的宏伟目标，奠定了坚实的制度根基。当然，在中国特色社会主义建设过程中并非所有的制度内容均会被立法予以确认，只有重要的、带有一定全局性的内容，国家立法机关才按照立法规定的程序予以确认，不具有全局性或特别具体的问题，一般由国家机关以具有普遍约束力规范性文件的形式规定。但这些规范性文件由于不是由立法机关按照严格的立法程序形成的，不属于中国特色社会主义法律体系的内容，但属于中国特色社会主义制度的内容。

四 具有自我完善能力的制度

中国特色社会主义制度体系的自我完善能力体现了制度适应社会变化的自我调适能力和自我纠错能力，这种调适能力和自我纠错能力是制度获得竞争优势的重要因素，也是制度动态认同形成的基础。中国特色社会主义制度体系是社会主义制度在中国的创新和发展，它的形成过程及其表现出来的制度活力在一定意义上就已表明了它的自我完善能力。中国特色社会主义制度自我完善能力是在与实践的互动中获得的，也是在实践中彰显的。中国特色社会主义制度自我完善能力由内生性自我完善能力与建构性自我完善能力构成，二者具有相互制约性和内在统一性。制度内生性与建构性相统一的特点决定了对中国特色社会主义制度自我完善能力，可以分成内生性自我完善能力与建构性自我完善能力来理解，二者相结合构成对中国特色社会主义制度自我完善能力的科学理解。中国特色社会主义制度自我完善能力具体表现在三个方面。

（一）能够根据发展变化的客观形势进行制度改革和创新

制度能够根据发展变化的客观形势进行制度改革和创新，体现了制度自我革新和发展的能力，这种能力既是制度内生性自我完善能力的体现，也是制度主体自觉的结果。首先分析制度的内生性自我完善能力。中国特色社会主义制度内生性完善能力是制度随着生产力发展所表现出来的不受人的主观意志制约的自我完善能力，制度的这种内生性特点构成中国特色社会主义制度自我完善的客观内在驱动力，这种客观内在驱动力是制度自我完善受规律性支配的表现。制度有其存在的物质生产基础，这种物质生产基础使得制度具有了客观属性，制度内生性完善能力反映了制度的客观属性。恩格斯指出，"生产以及随生产而来的产品交换是一切社会制度的基础"[①]，"一切社会变迁和政治变革的终极原因，不应当到人们的头脑中，到人们对永恒的真理和正义的日益增进的认识中去寻找，而

---

① 《马克思恩格斯选集》第3卷，人民出版社1995年版，第740页。

应当到生产方式和交换方式的变更中去寻找"①。制度自我完善受生产力与生产关系变更的客观规律支配,马克思主义关于生产力决定生产关系的社会客观规律告诉我们,制度有其内在运动规律。从历史维度看,任何制度都不是固定不变的,时代发生变化,制度也必然随之发生变化,不管这种变化是主动的还是被动的。任何一个成功的制度体系都是顺应时代要求的结果,有生命力的制度必然是能够与时俱进的、具有较强适应性和自我纠错能力的制度,中国特色社会主义制度也不例外。中国特色社会主义制度是根据社会实践不断发展和完善的制度体系,中国特色社会主义制度体系的确立并不意味着这一制度体系只需要巩固不需要变化,它只是社会主义发展历史的某一阶段的产物,它反映的是这个历史阶段的需要,随着生产力的发展,发展了的生产力必然会对中国特色社会主义制度提出新的变革要求,因此,中国特色社会主义制度的稳定和完善是相对的。毛泽东指出:"一定的社会制度,在一定的时期内需要巩固它,但是这种巩固必须有一定的限度,不能永远地巩固下去。认识不到这一点,反映这种制度的意识形态就僵化起来,人们的思想就不能适应新的变化。"②当前,中国特色社会主义制度还不完善,还没有定型,制度的改革与创新仍是进行时,制度体系的稳定必然是相对的。恩格斯指出:"所谓'社会主义社会'不是一种一成不变的东西,而应当和任何其他社会制度一样,把它看成是经常变化和改革的社会。"③毛泽东和恩格斯用历史唯物主义观点说明了社会制度变革的必然性,他们反对把社会制度看成一种僵死的、凝固的、一成不变的东西,认为这不符合制度运行的内在规律。中国特色社会主义制度作为上层建筑,也不是僵死的、凝固的、一成不变的,它必然要体现社会生产力与生产关系、经济基础与上层建筑基本矛盾运动规律。当制度与生产力相适应时,就表现出相对的稳定性;与生产力不相适应时,就会提出变革要求,从而使制度呈现出不稳定的

---

① 《马克思恩格斯选集》第 3 卷,人民出版社 1995 年版,第 741 页。
② 转引自曹力铁《毛泽东现代化思想论稿》,江西高校出版社 2004 年版,第 63 页。
③ 《马克思恩格斯选集》第 4 卷,人民出版社 1995 年版,第 693 页。

状态，直至恢复与生产力发展相适应后的相对稳定状态。由此，从社会发展历史看，制度呈现出稳定—不稳定—稳定这样一个动态运动状态。制度运动规律体现了制度自我完善的内在客观规律，揭示了制度在生产力与生产关系矛盾运动规律支配下的制度内生性特点，是制度自我完善受规律性支配的表现。其次，中国特色社会主义能够根据发展变化的客观形势进行制度改革和创新，这体现了中国共产党及中国人民基于对中国现实国情深刻把握基础上的制度自觉，这种制度自觉是在充分认识中国特色社会主义制度运行规律基础上的自觉，是推动中国特色社会主义制度自我完善的主观驱动力，是制度建构性自我完善能力的体现。中国特色社会主义制度建构性自我完善能力，是制度主体的主观能动性对制度进行积极建构而使制度呈现出来的一种自我完善能力，是制度自觉的表现。制度作为人们社会交往活动的产物，具有社会属性，这种社会属性使得制度具有基于人的主观能动性而形成的建构性自我完善能力。制度不仅表现为一种客观法，还表现为一种主观法，马克思、恩格斯在强调社会物质生活条件对国家制度起决定作用的同时，也承认作为主体的人对国家制度的能动作用。如果说制度的内生性自我完善能力体现了制度的客观属性的话，制度建构性自我完善能力则体现了制度的主观属性。按照马克思主义的认识论，意识是对客观存在的反映，人们的制度意识受制于客观制度现象，但制度意识并不是被动地反映制度现象，它具有相对的主观能动性，因而可以能动地作用于制度现象，形成制度意识与制度现象的双向互动。恩格斯指出："社会力量完全像自然力一样，在我们还没有认识和考虑到它们的时候，起着盲目的、强制的和破坏的作用。但是，一旦我们认识了它们，理解了它们的活动、方向和作用，那么，要使它们越来越服从我们的意志并利用它们来达到我们的目的，就完全取决于我们了。这一点特别适用于今天的强大的生产力。"[①] 中国特色社会主义制度的创新与发展不仅是生产力发展的结果，也是制度自觉的结果，它凝结着党和人民的智慧，充分体现了党和人民在制度自我完

---

① 《马克思恩格斯选集》第3卷，人民出版社1995年版，第754页。

善中的主体能动性。中国特色社会主义制度经过 30 多年的改革发展，经受住了我国发展所面临的一系列矛盾、困难和挑战的考验，极大地推动社会生产力的发展，用实践证明了中国特色社会主义制度是具有"强大制度供给能力、捕捉机遇能力、发现和化解风险能力、包容发展能力"[①]的好制度。当前新一届领导人提出了"四个全面"战略布局，这"四个全面"对中国特色社会主义制度自我完善提出许多新的要求，也是对中国特色社会主义制度建构性自我完善能力的再次考验。制度自我完善特点要求在深刻认识制度内生性规律的基础上，深入研究中国当前发展的现状和特点，充分发挥制度建构性自我完善的能力，在克服由于认识不足产生的制度问题的同时，为制度内生性自我完善创造积极的条件。

（二）能够正确处理好制度自主与制度借鉴的关系

能够坚持制度完善的自主性，能够正确处理制度自主与制度借鉴的关系是制度自我完善能力的另一种表现。制度的内生性自我完善能力，不仅体现为受生产力与生产关系变化规律的支配，还受一国历史、文化、历史等因素的制约，这些因素对制度而言在一定条件下也具有不以人的意志为转移的特点。正确处理制度自主与制度借鉴的关系一方面要遵循制度内生性完善能力，另一方面也要发挥制度建构性自我完善能力的作用，体现制度主体的自觉性。制度借鉴是现代制度自我完善的一种重要方式，对于建立在落后生产力基础之上的中国特色社会主义制度而言，制度借鉴无疑尤为重要。处于社会主义初级阶段的中国特色社会主义制度要成为先进的社会制度体系，必须以开放和包容的心态借鉴一切人类的文明成果，才能在现代化的进程中缩短摸索的历程，才能体现自身优势。这不仅是因为制度移植可以节约制度变迁成本，更重要的是制度借鉴可以解决制度变迁过程中存在的"路径依赖"所产生的路径闭锁问题。当前学界的普遍观点认为，借鉴其他文明成果，是完善中国特色社会主义制度的重要途径，在全球化的时代背景下，关起门来搞制度建

[①] 辛向阳：《中国特色社会主义制度的三个基本问题探析》，《理论探讨》2012 年第 2 期。

设已经不可能，因此，制度的借鉴是必要的，但也要注意"水土不服"问题。习近平曾在对外演讲中说，中华民族历来注重学习，强调"博观而约取，厚积而薄发"，强调"三人行，必有我师焉。择其善者而从之，其不善者而改之"，提倡"博学之，审问之，慎思之，明辨之，笃行之"。中华民族之所以历经数千年而生生不息，正是得益于这种见贤思齐、海纳百川的学习精神。[1] 能否正确处理好制度自我完善与制度借鉴的关系，不仅涉及制度自我完善能力的问题，而且也是体现正确的制度自我完善的态度问题。我们反对以制度的普适性为逻辑的法律帝国主义，同时也反对由民族情结而产生的法律保守主义。

制度移植或借鉴看似是一个主观建构性问题，实质是制度建构性与内生性如何相协调的问题。制度移植或借鉴不仅需要与之相适应的物质条件，也受一国的传统文化、现实政治意识形态等多重因素的影响，尤其是一个民族的传统文化潜在地制约着制度变迁和政治发展过程。国情包括了文化的国情，文化的国情决定了制度移植或借鉴能否被认同所需要的心理和思想条件，是制约制度移植或借鉴成功与否的重要影响因素。"文化为制度之母"，[2] 如果制度移植或借鉴不考虑本国文化生态，不进行本土化转化，那么制度移植所带来的后果可能是灾难性的。"橘生淮南则为橘，生于淮北则为枳，叶徒相似，其实味不同。所以然者何？水土异也。"文化与制度有着内在逻辑关系，文化基因对民族的影响是弥久的，文化基因这一独特的标志将全国各族人民纳入同一话语叙述系统中，当然也会纳入人们共同生活的制度话语规则体系中，成为制度认同的动因之一。文化能够对制度认同产生非常深刻的甚至是决定性的影响，制度只有契合了人们的思维模式和文化心理，才有可能被认同。

人们基于文化形成的思想模式和文化心理构成制度有效实施的社会心理和思想条件，如果制度移植或借鉴没有满足应有的社会心

---

[1] 习近平：《携手追寻民族复兴之梦——在印度世界事务委员会的演讲》，《人民日报》2014年9月19日第3版。

[2] ［美］塞缪尔·亨廷顿、劳伦斯·哈里森：《文化的重要作用：价值观如何影响人类进步》，新华出版社2002年版，第119页。

理和思想条件，移植或借鉴来的只能是制度的形式，而不是制度的实质内容，不能真正形成移植或借鉴所预期的效果。制度移植或借鉴需要与之相适应的心理和思想条件决定了制度移植或借鉴必须与本土文化相结合，防止无视自身实际情况的无原则的"拿来主义"。毛泽东用"织帽子"做形象比喻来阐明学习借鉴的根本目的在于提升自主性，体现自身的独特性，强调在借鉴的过程中要实现借鉴的创造性转化，他指出："我们接受外国的长处，会使我们自己的东西有一个跃进。中国的和外国的要有机地结合，而不是套用外国的东西。学外国织帽子的方法，要织中国的帽子。外国有用的东西，都要学到，用来改进和发扬中国的东西，创造中国独特的新东西。"[①] 由于制度的内生性特点，决定一国制度不可能完全适应另一国，一个国家独特的历史、文化传统及其现实国情的独特性决定了制度的独特性。因此，制度移植或借鉴必然要考虑本国的现实条件能否与之相匹配的问题。2014年4月1日，习近平《在布鲁日欧洲学院的讲演》中说："中国不能全盘照搬别国的政治制度和发展模式，否则的话不仅会水土不服，而且会带来灾难性后果……"习近平的讲话表明了制度移植或借鉴的立场和原则，事实上，制度建构性自我完善能力中隐含了制度的政治辨识能力。在全球化与现代化的进程中，制度完善不仅要考虑制度移植的"水土"问题，还要警惕制度背后的政治问题，尤其是对于涉及制度背后的价值和立场问题，要格外谨慎和小心。因此，如何处理社会主义与资本主义两制长期并存环境下的制度移植或借鉴问题，也考验着中国特色社会主义制度自我完善能力。

全球化使得任何一个国家都不再是一个孤立的地理国家，每个国家都不可避免地打破疆域界限处于世界交往结构之中。因此，制度共享与借鉴不可避免，但这种共享与借鉴绝不可以牺牲中国自身的核心利益。改革开放以来，中国对制度的借鉴就没有停止过，在借鉴的必要性成为共识的前提下，借鉴的限度则一直是一个有争议的话题。中国制度经受了各种异质思潮的考验，并在各种思潮的争

[①]《毛泽东文集》第7卷，人民出版社1999年版，第82页。

议中守住了关乎中国未来命运的制度底线，制度的移植与借鉴绝不是用西方制度来解构中国制度的一场狂欢或盛宴，在复杂的全球化背景下，我们不能不警惕西方的制度陷阱，更不能脱离中国语境而一味地追求西方制度范式，用西方的制度思维来审视和评价中国的制度。"人们自己创造着自己的历史，但是他们是在制约着他们的特定的环境中，是在既有的现实关系的基础上进行创造的。在这些现实关系中，无论其他什么关系——政治的和意识形态的关系——对于经济关系有多大的影响，经济关系归根到底仍是具有决定性意义的关系，它们构成了一条贯穿于全部发展进程并仅依据其自身便能使我们理解这个发展进程的红线。"[1] 中国特色社会主义制度是在借鉴世界优秀文明成果的基础上，从中国自己的历史、文化和现实经济条件出发探索出来的。中国制度受中国现实关系的制约，并由中国现实的经济关系决定，制度的主观建构不能脱离制度内生性特点的规约，中国独特的国情规定了中国特色社会主义制度借鉴西方资本主义制度的底线和限度。在一个弱肉强食的国际竞争法则中，树立正确的制度借鉴观非常重要，在世界国家关系结构中，各国地位并不平等这一客观现实，导致制度现代化的进程事实上变为由某些国家根据自己的利益需要进行制度主宰的进程，发展中国家始终处于被支配地位，新自由主义在世界的推进并未给世界各国人民带来福音，而是"世界经济结构的不平衡性更加突出"、"国与国之间的贫富差距进一步拉大"[2]。坚持制度的自主性，保持对自身制度的主导权、话语权，不仅是因为制度具有内生性特点，而且因为制度背后的利益问题，因此，为了形成自身的制度优势，在世界国家关系结构中形成一个"主体性中国"意义重大，中国制度主体性问题关乎中国特色社会主义制度"向何处去"的问题。在今后的制度完善中仍需处理好制度自主发展与移植或借鉴的关系，只有处理好两者之间的关系，不断彰显中国特色社会主义制度的优越性，才能真

---

[1] "Letter of Engels to C. Schnidt Dated October 27, 1890", in Karl Marx and Frederick Engels, *Selected Works*, Moscow, 1955, p. 505。转引自［美］E. 博登海默《法理学——法律哲学与法律方法》，邓正来译，中国政法大学出版社2004年版，第103页。

[2] 王永贵：《新自由主义困境重重》，《红旗文稿》2015年第5期。

正提升中国特色社会主义制度的认同度,彰显其对世界的意义,最终也才有可能赢得主动、赢得优势、赢得未来。

(三) 如何理解制度不完善与制度自我完善能力的关系

正确认识制度不完善与制度自我完善能力之间的关系,对于形成正确的制度认同非常重要。制度自我完善能力强弱与制度的完善性具有正相关,但不同的自我完善能力所要解决的制度完善问题并不相同。一般而言,对于认识问题造成的制度不完善,人的主观能动性发挥的空间较大,制度建构性自我完善能力表现力强。对于社会生产力制约所造成的制度不完善,则需要通过生产力的发展、制度的自我成长来解决,这是一个制度内生性自我完善能力的问题。中国特色社会主义制度内生性自我完善能力与建构性自我完善能力作为性质不同的两种制度完善能力,将二者区别开来有助于帮助人们分清哪些问题可以通过人的主观努力来解决,哪些则需要通过大力发展社会生产力才能解决,引导人们客观地、辩证地、发展地看待中国特色社会主义制度完善和发展中存在的问题,正确认识不同性质的制度自我完善能力对制度完善的意义。

制度不完善产生的原因是复杂的,既有主观的原因,又有客观的原因。我们反对将制度的完善单纯地看成一个自我演化的过程,也反对将制度完善单纯地看作主观建构的过程,建构理性主义和进化理性主义均有其理论观点的局限性。根据马克思主义的观点,制度完善既不能脱离生产力的客观实际,也不能忽视人的主观能动性。制度的自我完善,既是一个生产力客观发展的过程,也是一个主观能动性发挥的过程,制度的自我完善既不能脱离生产力现实而忽视制度的自我成长性,也不能脱离主体的制度自觉建构性而完全依赖制度的自发成长。当前中国特色社会主义制度还不完善,还未定型,一些体制机制的弊端制约着中国特色社会主义制度优越性的发挥,旧的问题没解决,新问题又出现,各种问题的叠加效应影响了制度体系朝着一个既定目标的整体推进,也影响了人们对中国特色社会主义制度的认同。中国特色社会主义制度作为一个在目标价值引领下不断朝着理想制度状态运动着的系统,制度运动的方向是否指向人们所期望的价值,能否满足人们的利益需求,将决定人们对制度的认同度。我国制度体系完善和发展所面临的问题，对中国特色社会主义制度自我完善的能力提出了更高的要求。邓小平曾指出："我们今天再不健全社会主义制度，人们就会说，为什么资本主义制度所能解决的一些问题，社会主义制度反而不能解决呢？这种比较方法虽然不全面，但是我们不能因此而不加以重视。"[1] 邓小平的这段话表明制度健全和完善对制度认同的重要性。中国特色社会主义制度的完善和发展是个艰巨的任务，制度建构性自我完善能力与内生性自我完善能力之间的相互规约关系，要求中国特色社会主义制度在深刻认识制度内生性规律的基础上，一方面要深入研究中国当前发展的现状和特点，加强对社会主义建设规律的认识，通过发展生产力，增加制度内生性自我完善能力，解决只有通过发展才能解决的问题；另一方面要充分发挥制度建构性自我完善的能力，继续坚持以改革为动力，充分发挥制度主体的自觉能动性，破除一切妨碍科学发展的思想观念和体制机制弊端，不断赋予中国特色社会主义制度新的活力，不断增强制度解决社会问题的能力，尤其要解决由于人的主观认识不足产生的问题，通过满足更多人的更多需要，最终实现最大多数人的认同。

第二节　中国特色社会主义制度认同

中国特色社会主义制度认同是人们在一定时期内关于制度的一种积极的认知评价、价值认同、情感体验和现实行动的总和。制度认同既是人们与制度要求趋同的过程，也是趋同的结果，是制度意识、制度情感和制度行为的综合反映，制度认同反映了社会主体对制度的支持和拥护状态。制度认同是中国特色社会主义制度教育所求的结果，也是制度教育有效性的体现，之所以将中国特色社会主义制度认同作为一个独立的概念予以探讨，是因为中国特色社会主义制度认同尚未形成约定俗成、被人们所熟知的具有特定内涵的概

---

[1] 《邓小平文选》第2卷，人民出版社1994年版，第333页。

念，对这一概念的理解可从其内在结构、本质和差异性与变化性三个方面进行解读。

一 制度认同的内在结构

制度认同的内涵可以从多个角度解读，制度认同既可以看作一种过程，也可以视为一种结果。制度认同作为一种发生过程看，主要由四个环节构成：制度意识、制度情感、制度动机和制度行为。制度认同结果经由制度意识—制度情感—制度动机—制度行为递进产生。前者为后者的条件，前者越充分、越协调，指向就越同一，制度认同的结果就越稳定，反之就会产生制度认同的变化，甚至出现制度认同危机或制度不认同。制度认同过程的各环节并不总是按照同一方向顺序发生，比如制度行为对制度情感的背离等。也就是说认同结果产生，意味着各个环节之间表现出正相关关系，反之，则说明它们之间表现出负相关关系。制度认同作为一种结果看，制度意识、制度情感、制度动机、制度行为则构成制度认同的四个要素，这四个要素相互作用形成制度认同的内在机制。其中制度意识是制度认同产生的前提，制度情感是制度认同的心理基础，制度动机是制度认同的内在动力，而制度行为是制度认同的外在现实表现。

（一）制度意识

按照马克思主义的认识论，意识是对客观存在的反映，中国特色社会主义制度意识就是对中国特色社会主义制度这一客观社会现象的反映，是关于中国特色社会主义制度思想、观念、价值、功能等一系列意识的总和。中国特色社会主义制度意识是主客观因素相互作用形成的，制度意识具有如下特征。

首先，制度意识具有客观性。制度意识的客观性是由制度的客观性决定的，生产力决定生产关系的社会客观规律，决定了制度具有不以人的意志为转移的客观性。马克思指出："人们在自己生活的社会生产中发生一定的、必然的、不以他们的意志为转移的关系，即同他们的物质生产力的一定发展阶段相适合的生产关系。"①制度作为上层建筑属于生产关系的范畴，它必然具有不以人的意志为转移的特征，制度意识是对制度这一客观社会现象的反映，只要有制度现象，就会存在制度意识，制度现象与制度意识不可分割。制度是人社会化存在的产物，人的社会化存在决定了"人不可能没有法律意识；每一个意识到世界上除他之外还有其他人存在的人，都具有法律意识。人具有法律意识并不取决于他是否知道这一点，也不取决于他是珍视还是漠视这一优点。人的整个生活整个命运都形成于法律意识的参与之中并在其主导之下，而且，对于人来说，生活就意味着按照法律意识去生活，在法律意识的功能和术语中生活；因为法律意识永远都是人类伟大而必要的生活方式之一"②。法律制度意识的客观性来自于人的制度化生存状态，制度意识与制度现象的不可分割性表现为制度意识对制度现象这一客观存在的依赖性。制度的客观性对制度意识具有决定作用，它制约着制度意识，并表现为不受人的主观意志影响，"不论法的某个主体偶然地知道与否，同意与否，甚至系统地服从与否"③，制度客观性总是存在，法律意识也总是客观存在，"法的这种对个人心理状态的既约性，法的意义的这种不受不相干的'不知'、'不同意'以及相干的'违法'的影响的独立性，每个人都必须加以体验，并最终通过个人的真实经验加以尽可能直接和清晰地证实"④。制度意识总是希望能够准确反映这种客观性存在，并尽可能地呈现自身的客观属性。当然，制度意识虽然受制度客观性的制约，但制度意识有时并不能完全反映制度的客观性，并不能形成制度意识与制度客观性的同一，有时只是部分反映制度的客观要求，甚至由于错误认识而与制度的客观要求相排斥。因此，制度意识不仅具有客观性，还受制于人对制度现象的认知能力，呈现出个体主观认知差异。由于人的认

---

① 《马克思恩格斯选集》第 2 卷，人民出版社 1995 年版，第 32 页。
② [俄] 伊·亚·伊林：《法律意识的实质》，徐晓晴译，清华大学出版社 2005 年版，第 5 页。
③ 同上书，第 23 页。
④ 同上书，第 24 页。

知能力不同,对同一制度现象,不同的人所产生的体验感不同,形成的制度意识也可能不同。人总是在实践中不断修改自己错误的制度意识,不断地趋于客观性,实现制度意识与制度客观内容的同一,因为,最终具有决定意义的还是制度意识的客观性,它是形成科学制度的思想前提。制度的客观性对制度意识的制约性要求人们的制度预期合理,这种合理预期应建立在与社会发展水平相适应的基础上,与社会发展水平相脱离的制度意识,不仅会由于超越现实而变得不切实际,而且还可能成为制度认同的制约因素。因此,只有遵循制度的这种客观性,才能不断获得制度意识的客观性和正确性,制度认同意识才能真正成为推动社会前进的力量。

其次,制度意识具有主观能动性。制度意识受制于客观制度现象,但制度意识并不是被动地反映制度现象,它具有相对的主观能动性,因而可以能动地作用于制度现象,形成制度意识与制度现象的双向互动。制度意识的主观能动性体现为它既可以促进制度作用的发挥,与制度形成正向合力,又可以阻碍制度,成为制度发挥作用的阻抗力量。比如,在社会主义建设初期,制度意识主观能动性就曾极大地促进社会主义制度的建设和发展,但与此同时,由于制度意识中存在着不能正确反映客观现实的错误意识,也导致制度建设过程中产生了种种问题。制度意识的主观能动性还表现为制度意识具有超越现实的相对独立性,制度意识是人的意识的一种表现,人的意识的相对独立性可以说明制度意识的相对独立性。马克思主义认为,社会存在决定社会意识,但社会意识并不总是被动地反映社会存在,社会意识对社会存在的能动性说明了社会意识的相对独立性。社会意识来源于社会存在,产生于社会实践,并能超越社会存在而按照自身的规律运行。从社会意识的产生而言,毛泽东关于人的知识可以从间接经验获得,也说明了人的意识形成的相对独立性。"一切真知都是从直接经验发源的。但人不能事事直接经验,事实上多数的知识都是间接经验的东西,这就是一切古代的和外域的知识。"[1] 前人的思想资源成为后人的意识,就是一种间接经验产

---

[1] 《毛泽东选集》第 1 卷,人民出版社 1991 年版,第 288 页。

生的意识，这种间接经验产生的意识充分说明意识在一定条件下可以独立于现实存在。但人的意识归根结底来自于直接经验，来自于现实的实践，人的意识归根结底是社会存在决定的。意识的相对独立性以及意识对现实的反映受主体自身认识的制约，决定了人的意识常常跟不上社会现实的变化。人的意识落后于社会变化体现了意识的相对稳定性，这种稳定性有时会成为制约社会变革的桎梏，成为教条主义和经验主义产生的意识根源。改革初期，邓小平之所以发动"实践是检验真理的唯一标准"大讨论，目的在于突破旧的思想禁锢，打破由于意识的稳定性所带来的思想固化。制度意识具有社会意识的一切特征，制度意识只有及时反映社会生产力的发展变化，才能充分发挥制度意识的主观能动性积极的一面，促进制度的进步与发展，才不会成为阻碍社会发展的社会意识。

（二）制度情感

作为与制度紧密相关的一种自我感受，制度情感可以从两个方面进行理解：一是制度自身包含了情感因素，这种情感可称为制度化的情感，它内含了人们理性的情感社会共识；二是人们在制度生活实践中对制度产生的情绪体验，它具有个体的差异性和主观性。在这里，制度情感作为制度主体的一种情感，是人们基于制度实践产生的一种情绪体验。中国特色社会主义制度情感反映了人们对中国特色社会主义制度的情绪体验。由于制度对人的情感要求的满足和人的情感体验的差异性，决定了人们在制度实践中所产生的情感并不完全一致，呈现出个体的主观感受特性，但人的制度情感形成离不开制度所蕴含的社会共同情感要求，制度所蕴含的情感因素是制度情感形成的前提。由于制度自身所蕴含的情感是一种社会共同情感，它对个体情感的主观性具有社会规约性，制度所传递的情感要求往往是人社会化所共同需要的情感，也就是说人的制度情感受制度情感理性的规约，但主体的制度情感并不总是表现为理性，更多是以一种感性的东西呈现出来。因此，人们的制度情感往往影响人们对制度的客观评价、制度行为的选择等。主体的制度情感经常以喜欢与否、满意与否、愉悦与否等方式呈现，并在行为上表现为对制度的接受与否定。作为制度认同结构中的情感因素，制度情感表现为一种积极的情绪体验，这种情感体验来自于制度对人们需要的满足。虽然制度情感作为主体的一种主观感受，因社会主体的差异而有所差异，但对真、善、美的追求，对公平、正义的渴盼是人类共同的情感，这些情感是人们幸福感的来源。追求幸福是人类的本性，能够获得幸福是制度被承认的内在动因之一，也是制度被认同的情感基础，因此，制度必须能够满足人们这些情感的共同需要，才有可能被认同，也才能激发人们对制度的内在情感。

制度情感对制度认同的稳定与否具有很大的作用。认同是主客体同一的过程，制度情感认同实现了主客体情感的同一。基于这种同一的情感，制度就不会给人们带来压迫的、强制的、负向的情感体验，而是一种自由的、有尊严的体验。基于这种自由和尊严感，人们获得一种情感上的归属，并回馈制度予尊重、信任和自觉维护，制度才能变成强大的现实力量。如果制度没有获得这种情感上的归属，制度与人之间就剩下冷冰冰的工具关系，对于人们来说，制度只是一种不得不存在的必要的"恶"了。对于制度而言，人们也仅仅是其奴役和暴力征服的对象。没有积极的制度情感，制度意识也只能是冷漠的意识，制度必然不被信仰，法治也只能是一句空话。也就是说，中国特色社会主义制度只有得到人民发自内心的情感认同和自觉拥护，法治的力量才能为中国特色社会主义建设注入新的活力，中国特色社会主义法治才能成为中国特色社会主义建设除改革之外的新动力，才能避免因人们对法律制度的被动和消极的服从而导致的法律工具主义盛行，中国也才有可能实现良法之下的善治。

（三）制度动机

制度认同需要有发生的动因，这就是制度认同动机。需求是人们追求目的活动的动因所在，恩格斯指出："就单个人来说，他的行动的一切动力，都一定要通过他的头脑，一定要转变为他的意志的动机，才能使他行动起来。"[①] 制度认同的发生同样需要动机，关于制度认同的动机，人们的认识并不一致。恩格斯认为，人的意志

---

① 《马克思恩格斯选集》第4卷，人民出版社1995年版，第251页。

的动机来自于人的不断发展变化的需要，制度认同的动机来自于人们对制度的需要，及制度对人们需要的满足。马克思认为："制度只不过是个人之间迄今所存在的交往的产物。"① 在马克思看来，制度是人们交往需要的产物。恩格斯认为，制度的发生过程阐明了法律制度是如何在人们的经济交往关系中产生的："在社会发展某个很早的阶段，产生了这样一种需要：把每天重复着的产品生产、分配和交换用一个共同规则约束起来，借以使个人服从生产和交换的共同条件。这个规则首先表现为习惯，不久便成了法律。"② 恩格斯从法律制度产生的实践和经济根源说明了法律制度的产生源于人们在实践中基于生产、分配和交换对共同规则的需要，这种需要能够满足人们交易稳定和安全心理预期的需要。在格劳秀斯看来，人的特性中有一种"按照自己的智识标准跟那些与他们自己同属一类的人过和平而有组织的生活"③。在霍布斯看来，人们之所以要选择一种和平的生活，是因为人们具有这些情感需要："①对死亡的强烈恐惧；②想得到便利生活的必需品的欲望；③想通过组织起来劳动而得到这些物品的希望。"④ 人们守法的动机具有功利性，"我们之所以遵守规则与法，是因为我们个人的力量对捍卫自己的权利往往显得势单力薄，而通过让渡一部分权利形成整体的力量才更能保障我们的权利和利益"⑤。卢梭认为，社会契约所要解决的根本问题是"创建一种能以全部共同的力量来维护和保障每个结合者的人身和财产的结合形式，使每一个在这种结合形式下与全体相联合的人所服从的只不过是他本人，而且同以往一样的自由"⑥。从以上论述中，我们可以看出制度认同的动机从其本质上来说在于获得更好的生活保障，在于保障自己的既得利益或者获得的利益的相对最大

---

① 《马克思恩格斯全集》第3卷，人民出版社1960年版，第79页。
② 《马克思恩格斯选集》第3卷，人民出版社1995年版，第211页。
③ ［美］E. 博登海默：《法理学——法律哲学与法律方法》，邓正来译，中国政法大学出版社2004年版，第43—44页。
④ 同上书，第50页。
⑤ 林振林、马皑：《从规则到行为：试论我们为何守法》，《政法学刊》2010年第4期。
⑥ ［法］卢梭：《社会契约论》，何兆武译，商务印书馆2011年版，第18—19页。

化。古希腊哲学家普罗泰戈拉也提出人的主观功利需求是其行动的唯一动因，而康德认为将守法的动机建立在功利的基础上，会导致意志的强迫。他认为人守法的动机来自于人的意志的自律，这样，人就超脱了动物性的被迫守法，过上了一种主动守法的有尊严的生活。"假如一个有理性的被造物有朝一日能够做到完全乐意地去执行一切道德律，那么这将不过是意味着，在他内心里甚至连诱惑他偏离这些道德律的某种欲望的可能性都不会存在。"① "意志的自律性使得意志摆脱了其对象的属性的干扰……使一切他律成为不可能。"② 康德纯粹的无功利的制度认同，更多的是一种唯心的理想状态。从社会契约论关于制度的起源看，制度具有消除现实生活中不确定性因素和防止冲突的社会保障功能，制度认同能够满足人们社会交往安全的需要。人的本质是社会关系的总和，人的本质决定人必然是社会关系中的人，制度是人们获得社会认同的一种方式，泰弗尔将社会认同定义为："个体认识到他（或她）属于特定的社会群体，同时也认识到作为群体成员带给他的情感和价值意义。"③ 制度认同能够满足人们的情感和某些价值的需要，能够实现人的社会化需求。根据马克思主义的观点，人的动机来自于需要，"没有需要，就没有生产"④。人的需要是人实践活动的动因和内在驱动力，没有了需要，自然也就没有了有目的的活动和实践的动力，因为"人们总是从一定的需要出发，形成反映一定需要的目的性意识，指导和推动人们从事一定的实践活动，最终满足一定的需要或实现一定的目的"⑤。马斯洛的需求层次理论告诉我们，人的需求是发展的，并具有多样性和层次性。因此，人的认同动机也呈现出多样性和层次性，其中经济利益是最根本的动机。列宁指出，经济利益是

---

① ［德］康德：《实践理性批判》，邓晓芒译，人民出版社 2003 年版，第 114 页。
② 汪雄：《论康德的守法观——从被迫守法到自律守法》，《武汉大学学报（人文科学版）》2010 年第 4 期。
③ Tajfel H., *Differentiation between Social Groups: Studies in the Social Psychology of Intergroup Relations* (chapters 1-3)，转引自张莹瑞、佐斌《社会认同理论及其发展》，《心理科学进展》2006 年第 3 期。
④ 《马克思恩格斯选集》第 2 卷，人民出版社 1995 年版，第 9 页。
⑤ 骆郁廷：《精神动力论》，武汉大学出版社 2003 年版，第 210 页。

"人民生活中最敏感的神经"①，中国特色社会主义制度本质决定了它以多数人利益需要的满足为价值目标取向，人们只有认识到中国特色社会主义制度在于争取多数人的利益，感受到自身利益获得公平的对待和满足，才会产生认同的自觉动机。

（四）制度行为

制度行为在法律上一般是指能够产生法律效果的行为。作为制度认同的构成要素的制度行为，是制度认同主体自愿服从制度规则治理的行为表现，是制度意识和制度情感的外在表现形式。制度认同，不仅意味着人们在意识和情感上没有被强迫的感觉，而且还表现为一种外在的积极的自觉自愿的行为。认同意识、情感和动机是抽象的，它们只有通过外在的具体的制度行为才能表现出来。人是社会关系的存在物，人与人、人与社会之间意识与情感的交流，离不开一定的社会行为，无论是制度意识、制度情感还是制度认同动机，终端都在制度行为上，都要靠制度行为落实，否则制度意识、制度情感、制度认同动机就没有了存在的意义。只有通过制度行为才能建立起相应的制度关系和制度秩序，社会才能按照法律制度的预期运行。制度行为构筑起人们与制度内容之间相互协调一致的情境，通过制度行为呈现和确认制度认同的事实和结果。社会认同控制理论学者伯克认为："人们确认认同的行为构筑了当下意义与内在认同标准之间相互协调一致的情境。"② 人们的制度意识构成人们认同的内在标准，而制度赋予当下以意义，当人们自觉实施制度行为时，就意味着人们制度意识与制度意义之间是协调的，人们的制度行为实际上就是对这一协调关系或协调情境的确认。行为是主观见之于客观的活动，毛泽东曾指出，一切事情是要人做的，"做就必须先有人根据客观事实，引出思想、道理、意见，提出计划、方针、政策、战略、战术，方能做得好。思想等等是主观的东西，做或行动是主观见之于客观的东西，都是人类特殊的能动性。这种能

---

① 《列宁全集》第13卷，人民出版社1959年版，第113页。
② 转引自吴作富《社会心理学视野下的两种认同理论：整合抑或分立？》，《南京师大学报（社会科学版）》2010年第5期。

动性，我们名之曰'自觉的能动性'，是人之所以区别于物的特点。"① 制度认同行为是人的主观意识见之于制度这一客观事物的自觉能动性的表现，这种自觉能动性不仅表现为一种自我的心理调适，还表现为行为的调适，即自觉地将制度规则作为自己行为规范的标准。因此，制度认同的根本意义在于制度行为。美国法学家、斯坦福大学法学院教授劳伦斯·弗里德曼指出："在任何法律系统中，关键的因素是行为，即人们实际上做什么。否则，规则仅仅是词句而已，结构也不过是一座被遗弃的空城——没有生命存在的城堡。除非我们的注意力放在我们称之为'法律行为'的问题上，否则就无法理解任何法律系统，包括我们自己的法律系统。"② 因此，符合法律制度的行为才是制度认同的真正关注，虽然制度认同行为并不能完全等同于法律行为，但制度认同的最终目的在于让人们以制度希望的行为方式出现，从而实现人的行为与法律行为的同一。行为是人的存在方式，对于人、人的行为与法律制度的关系，马克思有过这样的论述："对于法律来说，除了我的行为以外，我是根本不存在的，我根本不是法律的对象。我的行为就是我同法律打交道的唯一领域，因为行为就是我为之要求生存权利、要求现实权利的唯一东西，而且因此我才受到现行法的支配。"③ 在人、行为、制度三者的关系中，马克思将行为作为制度调整的直接对象，通过对行为的规范来实现对人的规范，行为是人存在的方式，人是通过行为来呈现自身。"人的整个一生就是一系列的行为。"④ 黑格尔也认为："主体就等于它的一连串的行为。"⑤ 行为是人的现实呈现，人的行为对人如此重要，那么制度必然要通过对行为的规范来实现对

---

① 《毛泽东选集》第 2 卷，人民出版社 1991 年版，第 477 页。
② Laurence M. Friedman, *American Law*, New York: W. W. Norton & Company Inc., 1984, p. 199. 转引自姚建宗《法律行为本体论论纲》，《中央检察官管理学院学报》1996 年第 4 期。
③ 《马克思恩格斯全集》第 1 卷，人民出版社 1956 年版，第 16—17 页。
④ ［法］皮埃尔·勒鲁：《论平等》，转引自姚建宗《法律行为本体论论纲》，《中央检察官管理学院学报》1996 年第 4 期。
⑤ ［德］黑格尔：《法哲学原理》，转引自姚建宗《法律行为本体论论纲》，《中央检察官管理学院学报》1996 年第 4 期。

人的规范、对人与人之间关系的规范。制度认同经由认同行为所确认，才能够真正实现制度认同的意义。制度认同行为一般能够真实地反映人们的制度意识和制度情感，在中国特色社会主义制度实践的过程中，人们通过守法、合作、支持或对违法行为的自觉抵制等方式表达对制度的认同，通过违法、抵抗、不合作等行为来表达对制度的不满情绪或不认同。因此，制度认同行为在一定意义上代表了制度运行的晴雨表，它反映了人们与制度之间的一种关系状态，人们认同制度，在行为上就表现为与制度所肯定和所支持行为的同一，能够主动追求人与制度的和谐情境，对于制度体系本身否定的价值及行为，能够予以排斥或抵制。在这种认同状况下，制度意味着自由，反之，制度就变成了一种压迫与强制，表现在行为上就是对制度的反抗或破坏。

二 制度认同的利益本质

利益是制度认同的逻辑起点。制度的利益本质，决定了利益构成制度认同的最根本动因，决定了制度认同的本质是利益认同。中国特色社会主义制度之所以能被认同，从根本上而言在于其对多数人利益的确认、维护和保障。如何理解中国特色社会主义制度认同的本质是多数人的利益认同，需要从四个方面阐述：首先，制度本质在于利益；其次，中国特色社会主义制度确认、维护和保障多数人的利益；再次，中国特色社会主义制度能够代表并实现多数人的利益；最后，多数人利益本质决定了中国特色社会主义制度认同的利益本质。

（一）制度的本质在于利益

探讨国家制度的本质在于解决国家制度何以被认同的问题，制度认同与制度本质之间的内在联系，使得对国家制度本质的探讨具有了实践意义。关于国家制度的本质，学术界存在多种观点，至今尚无定论。国家制度本质的复杂性，使得对国家制度本质的探索成为社会科学永恒的课题。马克思主义的唯物史观为我们提供了探究国家制度本质的世界观和方法论，根据马克思主义唯物史观，国家制度作为统治阶级意志的反映，扎根于现存的物质生活条件，表现为一定社会的阶级利益关系。制度是利益关系的表达，利益构成制度内在的客观内容。"法的利益只有当它是利益的法时才能说话……"①利益与法的内在一致关系揭示了国家制度的利益本质。

从制度的发生机制上看，利益构成制度存在的客观基础，利益分化和利益冲突是制度产生、发展、变化的客观依据，国家制度是人们协调利益关系、调节利益冲突，规范利益秩序的理性选择。马克思主义唯物史观告诉我们，国家制度产生于生产交换过程中主体利益维护和实现的需要。制度作为人的社会化存在的理性产物，在阶级社会，首先是阶级利益不可调和的产物。国家是阶级矛盾不可调和的产物，国家制度作为国家意志的体现，自然也是阶级矛盾不可调和的产物，而阶级矛盾从根本上而言就是利益矛盾。利益是人们形成社会集团、建立政治组织的根本动因。不同的利益集团代表不同主体的利益，多元主体利益的分化，必然导致利益冲突。统治阶级利益集团则利用国家这一政治组织调节利益关系，维护和实现自身的利益。马克思主义认为国家是"为了使这些对立面，这些经济利益互相冲突的阶级，不致在无谓的斗争中把自己和社会消灭"而形成的"从社会中产生但又自居于社会之上并且日益同社会相异化的力量"②。在阶级社会，作为国家意志体现的制度所确认和保护的利益具有阶级性，不同阶级性质的社会制度代表了不同阶级的利益和立场。制度具有阶级利益的局限性。为了让社会各主体利益关系符合统治阶级的需要和意志，代表统治阶级利益的国家制度往往对社会客观存在的多元利益进行有目的的调整。因此，制度作为利益关系的表征，必然是现实社会利益关系的反映，离开利益，就无法从根本上理解制度的发生根源，也无法理解制度的本质。其次，国家制度除了具有阶级属性，还有社会属性。国家制度不仅是阶级利益冲突的产物，还是非阶级利益冲突的产物。因为即使是同一阶级内部，也有利益冲突。为了实现有序的社会生活，制度通过明确利益归属、确立利益分配机制等方式来实现对社会利益冲突的调节

---

① 《马克思恩格斯全集》第1卷，人民出版社1995年版，第287页。
② 《马克思恩格斯文集》第4卷，人民出版社2009年版，第189页。

和平衡，防止利益的自私与任性。国家制度从其社会功能而言，它作为人们实现利益的重要方式，能够满足人们利益预期、利益实现、利益协调和利益维护的需要，具有消除现实生活中不确定性因素和防止利益冲突、实现利益平衡的社会功能。马克思指出："法律应该是社会共同的、由一定物质生产方式所产生的利益和需要的表现，而不是单个的个人恣意横行。"① 国家制度所确认的利益应该是由社会共同意志决定的，不是代表社会个别成员的意志，即使统治阶级内部也是这样，国家意志反映的必然是统治阶级整个阶级的利益，而且这种共同意志受制于利益的客观属性，这种客观属性表现为利益关系的内容及实现程度由当时所处的生产力状态决定。制度作为利益冲突的产物，与人们的需要和社会生产方式有关，利益的相对有限性与人需要的无限性之间的矛盾推动制度的发展变化，制度总是随着社会生产力的发展，在不断调整和满足人们利益需要的过程中发展着自身。因此，无论是从制度的发生机制上看，还是从制度产生的社会根源上看，制度都是利益关系的体现，离开利益，就无法理解制度的本质，也就无法从根本上认同制度。

（二）中国特色社会主义制度确认、维护和保障多数人的利益

中国特色社会主义制度具有维护和实现多数人利益的本质，这是由中国特色社会主义制度所有制经济关系决定的。恩格斯认为："每一既定社会的经济关系首先表现为利益。"② 不同的经济关系反映的利益关系不同，表现在制度上所确定和保护的所有制关系及其利益主体的利益关系也不同。生产资料公有制是社会主义制度与资本主义制度的本质区别，以公有制为主体的经济关系决定了中国特色社会主义制度所代表的利益必然是公有制主体的利益，即多数人的利益。

中国特色社会主义制度的公有制本质决定了它必然要确认、体现和满足多数人的利益需要，以满足多数人的最大利益为最高宗旨，并在满足多数人利益需要的过程中，将个人的、民族的、国家

---

① 《马克思恩格斯全集》第 6 卷，人民出版社 1961 年版，第 292 页。
② 《马克思恩格斯选集》第 3 卷，人民出版社 1995 年版，第 209 页。

的利益有效统一起来，从而充分彰显中国特色社会主义制度的优势。满足多数人的利益需要构成中国特色社会主义制度的本质，也是中国特色社会主义制度最根本的价值取向。社会主义制度与以往社会制度最大的不同在于，"过去的一切运动都是少数人的或者为少数人谋利益的运动。无产阶级的运动是绝大多数人的、为绝大多数人谋利益的独立的运动"①。马克思、恩格斯认为资本主义社会以特殊的社会阶级对生产资料和产品的占有为生产目的，而社会主义的生产以所有人的富裕为目的，即以共同富裕为目的。中国特色社会主义制度是为了多数人的幸福和利益而确立的，也是在维护和实现多数人的利益中彰显其价值的。有什么样的经济关系，就有什么样的建立在其上的价值取向，公有制是中国特色社会主义经济制度的主体，以公有制为主体的经济关系决定了人们的集体主义利益认同观，决定了广大人民群众是中国特色社会主义制度的价值主体。社会主义制度的价值意蕴具有多样性和丰富性，但核心价值是集体主义，集体主义的核心在于追求多数人利益的最大化，防止个体自我逐利的最大化。集体主义体现了中国特色社会主义制度解决利益冲突时所秉持的价值取向。集体主义价值取向，能够为中国特色社会主义制度实现多数人利益提供思想保障和精神动力，能够在社会利益发生冲突时，以集体利益为重，通过发扬集体主义精神，实现和维护大家共同的利益，实现多数人利益的最大化，最终推动共同富裕的制度价值目标的实现。

（三）人民民主专政的政权能够保障制度代表并实现多数人的利益

中国特色社会主义制度公有制本原之所以能够确立、能够代表多数人的利益，不仅是由我国社会生产力的发展为其产生提供了决定性的客观物质基础所决定，也是由我国政权性质所决定和保障的。我国人民民主专政的政权性质是社会主义公有制的保障，无产阶级获得领导权，这是社会主义制度建立的根本政治前提，也是自身利益实现的政治保障。马克思和恩格斯认为，无产阶级只有上升

---

① 《马克思恩格斯选集》第1卷，人民出版社1995年版，第283页。

为统治阶级，才能把资产阶级的全部资本、一切生产工具集中到无产阶级手中。中国共产党领导人民通过新民主主义革命和社会主义革命使得工人阶级获得了领导权，在政治上建立自己的政权，即人民民主专政的政权，并通过社会主义三大改造，建立社会主义公有制，因此，我国的人民民主专政的政权是社会主义公有制的保障。人民民主专政准确地反映了我国的阶级状况和政权的广泛社会基础。我国宪法明确规定了社会各阶级在国家中所处的地位，即我国是工人阶级领导的、以工农联盟为基础的人民民主专政的社会主义国家，工人阶级和农民阶级占我国人口的绝大多数，工农联盟构成我国政权的阶级基础，也构成中国特色社会主义制度的坚实的阶级基础。人民民主专政的政权性质决定了中国特色社会主义制度具有人民性，能够代表和反映广大人民的利益和意志。在我国，工人、农民及拥护祖国统一的爱国者和拥护社会主义的爱国者均构成人民的范畴，人民的广泛性决定了我国社会主义制度代表人民利益的广泛性和一致性。我国政权主体的多元化反映在经济上必然是利益主体的多元化，反映在我国当前的基本经济制度上必然是以公有制为主体、多种所有制经济共同发展，反映在经济运行机制上必然是市场对资源配置的决定作用和政府的宏观调控作用相结合，反映在分配制度上必然要坚持以按劳分配为主体、多种分配方式并存的分配方式。这种基本经济制度、运行机制和分配制度，能有效地实现和维护绝大多数人民的利益。我国利益主体的多元化反映了我国当前生产关系的复杂性，这种复杂的生产关系是由生产力发展水平决定的。在我国，阶级状况虽然发生了很大的变化，但各阶级的利益在本质上具有一致性，这是因为我国制度的阶级性和人民性不是对立关系，而是一致关系。我国制度的阶级性与人民性之所以是一致的，就在于工人、农民及拥护祖国统一的爱国者和拥护社会主义的爱国者均构成人民的范畴，他们虽然分属于不同的阶级，但这种阶级性并不意味着一个阶级对另一个阶级的压迫，他们都是国家政权的主体，都属于人民这一共同体，因而在利益上具有一致性。而且工人阶级夺取政权建立社会主义的目的就在于消除阶级剥削和阶级压迫，消灭私有制，这种历史使命决定了工人阶级与其他多数人民的利益的一致性。

此外,我国人民民主专政的政权性质还决定了国家组织机构制度设计和国家治国理念均以实现广大人民的意志和利益为目的。在我国,人民是否同意、是否满意构成制度的有效性条件,如果中国特色社会主义制度不能从立法上确保和实现广大人民的意志,不能满足广大人民的利益需求,中国特色社会主义制度就失去它存在的根本,失去了其存在的合法性基础。中国特色社会主义制度的理论基础是马克思主义的人民主权思想,马克思主义的人民主权思想旨在建立一个符合人民共同利益和意志的国家制度。马克思认为,国家制度应当服从于人民的利益和意志,这样才能保证制度能够创造符合人民本质存在的条件。按照马克思主义的认同理论逻辑,人民主权构成中国特色社会主义制度实质的正当性,而人民民主则构成制度的形式正当性,二者内在的逻辑关系决定了认同的发生机制,即制度是人民意志的体现,而且是由人民通过民主的程序确定的。因此,人民必然会认同自己的制度规定。马克思在《黑格尔法哲学批判》中提到:"在民主制中,国家制度本身就是一个规定,即人民的自我规定。""国家制度不仅就其本质说来是自在的,而且就其存在、就其现实性说来也日益趋向于自己的现实的基础、现实的人、现实的人民,并确定为人民自己的事情。"① 之所以说中国特色社会主义制度本质上是人民意志和利益的反映,是因为中国特色社会主义制度的人民自我规定性隐含了认同的实践生成机制。中国特色社会主义制度不仅以宪法的形式宣示了人民的国家主体地位,还规定了人民实现其主体地位的国家组织形式,保障了人民意志和利益的实现。人民代表大会制是与人民民主专政政权相适应的政权组织形式,是保障人民意志得以实现的组织形式。人民代表大会代表的广泛性及民主的立法程序保障了中国特色社会主义的立法成果是多数人共同意志的反映,而不是少数人意志的反映。多数人的共同意志必然反映多数人的利益。中国这种独具特色的立法逻辑保障了

---

① 《马克思恩格斯全集》第1卷,人民出版社1956年版,第281页。

"法律的承受者就是法律的创制者"①，也就是说，制度本身经由人们自己同意产生，人们服从的是人们为自己制定的反映自身利益的制度。制度的这种形成逻辑本身就内含了人们对制度的认同逻辑，谁掌握了立法话语权，谁就掌握了制度的利益取向。广大人民群众是中国特色社会主义制度的立法主体，他们通过民主立法程序制定反映自己利益需求的制度，因此，从逻辑上而言，这种经由人民制定的制度必然是反映广大人民利益的制度。

（四）多数人利益本质决定了中国特色社会主义制度认同的本质

制度的利益本质，决定了利益构成制度认同的最根本动因，决定了制度认同的本质是利益认同。对中国特色社会主义制度的认同，说到底就是对制度确认、维护多数人利益的认同。利益关系是社会关系的基础，共同的利益关系是社会和谐和制度认同的共同物质基础。制度对人们利益的实现程度决定人们对制度的认同程度，因此，中国特色社会主义制度对多数人利益的满足的实践逻辑构成制度最大的认同力量。人们只有认识到中国特色社会主义制度是在争取和保障多数人的利益，能感受到自身利益获得公平的对待和满足，才会产生认同意识和行为。

制度认同有其发生的动机，制度认同的动机来自对人们需要的满足，人们的需要具有多样性和层次性，物质利益满足是人们的第一需要，而且最具根本性，是人存在的第一前提，人们从事物质生产劳动的根本动力就在于满足自身利益需要。因此，利益是制度认同的终极动因。马克思指出："人们奋斗所争取的一切，都同他们的利益有关。"② 利益与认同的关系决定了对制度的认同，从根本而言就是对制度所确认和保护的利益的认同。利益是制度认同的物质力量，"没有这种物质力量，甚至最深刻的意识也还是没有力量

---

① 肖小芳、曾特清：《"合法律性的正当性"何以可能——哈贝马斯对哈特法哲学的批判与修缮》，《道德与文明》2011年第4期。
② 《马克思恩格斯全集》第1卷，人民出版社1956年版，第82页。

的"①。制度的利益本质廓清了制度认同的根本动因，抽去了利益这一根本动因，其他动因所产生的认同就成为无源之水，无本之木。虽然有时制度对利益的满足并不必然产生认同，但没有利益做支撑，制度认同就无从谈起。也就是说，利益虽然不是制度认同的充分条件，但一定是必要条件。

不断满足人民群众日益增长的物质文化需求是中国特色社会主义制度主体实践的内在动力，一个国家的制度如果不能持续地发展经济和有效地改善人民的生活，必将会失去人们的认同和支持。中国特色社会主义制度只有不断解放和发展生产力，通过利益实现机制让人们感受到中国特色社会主义制度对多数人利益的确认、维护和保障，制度认同才能获得持久的动力，制度认同也才能转化为现实的制度实践的主体力量。中国特色社会主义制度是以保障和实现多数人的利益为价值取向建立起来的，也是在保障和实现多数人利益的过程中不断发展完善的。因此，中国特色社会主义制度不仅能够代表和反映广大人民的利益，还能够不断满足和实现广大人民的利益。改革开放以来，广大人民的物质和文化生活水平得到很大的提高，制度的经济成效为制度认同提供了强大的物质力量。当前，中国特色社会主义制度优越性得到很大的体现，人们对中国特色社会主义制度表现出越来越强的自信心。与此同时，由于中国特色社会主义制度受制于生产力的发展水平，以及受制于人的认识有限性等，还存在不完善的地方，还没有完全消除社会不公、消除贫富差距，这些问题的存在影响了人们对中国特色社会主义制度的认同。当然，我们也要教育人们理性看待这些问题。虽然谁掌握了制度话语权，制度就维护谁的利益，但并不是说制度主体想怎么立法就怎么立法，由于制度的有效性受社会发展客观规律的制约，对于超越当前社会生产力的利益要求，制度即使确认了，也无法保证实现，这种利益最终只能停留在纸上，甚至还可能导致制度由于不能反映社会客观现实而失去应有的效力。因此，对于多数人共同利益实现

---

① ［美］赫伯特·马尔库塞：《单向度的人——发达工业社会意识形态研究》，刘继译，上海世纪出版集团2012年版，第200页。

中存在的问题，有些在短时间内通过主观努力可以解决，但有些问题受生产力发展客观规律的制约，需要通过不断发展生产力，在条件成熟时才能解决。我国将长期处于社会主义初级阶段的现实，意味着有些问题不能按照人们美好的主观愿望在当下予以解决，需要依靠发展来解决。当前，满足人们不断增长的物质利益需要仍然是发展的首要任务。邓小平充分认识到物质利益对人的思想的决定作用，将大力发展生产力、满足人们的物质需要放在了第一位，他深刻地认识到，如果不能首先满足人们的物质需要，就无法体现与资本主义制度的比较优势，也就无法获得人们对社会主义制度的普遍认同。因此，中国特色社会主义制度的完善和发展一方面要坚持最广大人民群众的根本利益立场，坚持以人为本，人民利益至上，将人民的幸福作为制度不懈追求的目标，以人民是否满意作为制度改革成效的标准；另一方面，坚持马克思主义关于人民是历史创造者的历史唯物主义观点，尊重人民群众的主体地位，发挥人民在制度完善和发展过程中的主体作用，调动人民群众在制度改革中的积极性、主动性和创造性，坚持立法民主，完善人民参与立法的程序，扩大民主参与立法的广度和深度，最大限度地激发制度认同的活力，使中国特色社会主义制度的完善和发展源源不断地获得新动力。

三　制度认同的差异性和变化性

认同是一种关系性认同，既涉及与自我的关系，也涉及与他者的关系。认同的关系性特征决定了中国特色社会主义制度认同也是一种关系性认同。制度认同受自我与他者双重关系因素的影响，这些因素的影响使得制度认同呈现出差异性与变化性特点。

（一）制度认同的差异性

制度认同是一种差异性认同，这种差异性认同，首先，从与他者关系而言，既体现出差异性的同一，即通过差异获得对自身独特性的认同，又体现为差异性的对立和斗争，即"他者"独特性对自我独特性认同的挑战，这种挑战构成了对自我独特性认同的潜在威胁和破坏。英国学者戴维·莫利在《认同的空间——全球媒介、电子世界景观与文化边界》中认为:"差异构成了认同。"[①] 社会认同理论认为,认同首先是从分类开始的,然后基于分类进行不同类之间的比较区分,通过这种分类、比较、区分,最终形成对自我或对他者的认同。从社会认同的机制和过程来看,认同基于差异性的区分,从而实现同一与排斥的对立统一。认同通过区分,发现差异,形成此类与彼类的概念,对此类或彼类的接纳,就是同一,没被接纳的,就是排斥,从而形成认同与他者的关系。根据这一认同机制,对某一制度客体的接纳实际上意味着对所接纳客体相异东西的排斥。资本主义制度是与社会主义制度相异的制度,对社会主义制度的认同,实际上意味着对资本主义制度的排斥。

其次,从制度与自我关系而言,制度认同的差异性表现为制度主体对制度认同程度的差异性。制度认同不仅受制度这一客观因素的制约,也受制度认同主体自身存在的影响,人的需要不同,制度对人需要的满足也不同,由此产生的认同结果也不同,有的对制度整体认同,有的只是对整体制度中的经济制度、政治制度、文化制度等部分制度认同;有的只认同制度的工具价值,有的则认同制度的实质价值。人们对中国特色社会主义制度体系内不同层次制度内容的认同状态也反映了制度认同的这种差异性。中国特色社会主义制度从层次上有根本制度、基本制度、具体制度,这种层次性信息必然会以不同的方式进入主体意识的自我建构中,制度认同意识建构的个性差异体现出人需求内容的差异性和层次性。马斯洛的需求层次理论告诉我们,人的需要具有层次性。马克思也谈到人需要的层次性问题,马克思认为:"人们为了能够'创造历史',必须能够生活。但是为了生活,首先就需要吃喝住穿以及其他一些东西。因此第一个历史活动就是生产满足这些需要的资料,即生产物质生活本身";"已经得到满足的第一个需要本身、满足需要的活动和已经获得的为满足需要而用的工具又引起新的需要,而这种新的需要的

[①] [英]戴维·莫利:《认同的空间——全球媒介、电子世界景观与文化边界》,转引自李冰《当代中国政治社会化中的公民认同研究》,博士学位论文,河北师范大学,2012年,第9页。

产生是第一个历史活动"①。制度对人需求满足的层次性必然会产生认同的层次或认同程度差异性的结果，比如有的人认同根本制度，但不一定认同具体制度。从制度内容上看，有政治的、经济的、文化的、社会的、生态的，国家制度涉及国家和社会生活的方方面面的内容，不同的主体对这些制度内容的认知和评价也会不同。因此，制度内容的层次性和多样性对制度主体需要满足的不同，制度认同主体对制度认同的广度、深度也就不同。

制度认同的这种差异性不仅是由制度满足人的需要的差异性决定的，还由制度认同主体的个体认知能力的差异所决定。由于人的认知能力不同，同一制度对人产生的影响也是不同的，由此呈现出来的制度自我也不同，制度自我形态的存在具有多样性。所谓制度自我，是指人们对制度与自身关系的认识和同一。制度自我体现了制度与自我的关系，制度认同的过程就是制度自我形成的过程，它体现了人们在自我创造过程中对制度的认识以及与制度之间的关系。人是制度化的人，人们通过制度自我来实践自我，表现自我的存在。制度自我的形成取决于制度对社会主体角色的定位和利益的分配，也取决于人们对自我与制度关系的预期或实际关系的认识。制度自我与人们自我意识的发展水平密切相关，这是因为制度认同主体具有个体差异性。每个人的经历、所受的教育、社会经济地位的不同决定了人们认识水平的差异，用心理学概念表达的话，就是不同的主体有不同的心理图式。认同心理图式在主体认同中具有重要的意义，认同图式是主体对客观世界的理解方式，认同主体总是从自己的心理图式出发来认识客体。鲁迅指出："《红楼梦》……单是命意，就因读者的眼光而有种种，经学家看见《易》，道学家看见淫，才子看见缠绵，革命家看见排满，流言家看见宫闱秘事……"②主体认知图式的不同，对客体的解读也会不同，从而赋予客体的意义也不同。海德格尔提出的"前结构"，就是一种图式，他认为：

---

① 《马克思恩格斯选集》第 1 卷，人民出版社 1995 年版，第 79 页。
② 《鲁迅全集》第 7 卷，转引自童庆炳《经典的解构与重建——〈红楼梦〉、"红学"与文学经典化问题》，《中国比较文学》2005 年第 4 期。

"解释总是根植于我们预先已有的东西——前结构中。"① 制度认同是制度主体能动建构的过程，主体认知图式和"前结构"影响人们对制度的评价和认同。马克思指出："只有音乐才激起人的音乐感；对于没有音乐感的耳朵来说，最美的音乐毫无意义，不是对象，因为我的对象只能是我的一种本质力量的确证，就是说，它只能像我的本质力量作为一种主体能力自为地存在着那样才对我而存在，因为任何一个对象对我的意义（它只是对那个与它相适应的感觉来说才有意义）恰好都以我的感觉所及的程度为限。"② 马克思认为人的认知不仅来自于对外界客观对象的反映，还受制于人自身的认识和感受能力，因为，"观察者在观看物体或景色时看到的东西，他们体验的主观经验，不仅决定于他们视网膜上的映射，而且也依赖于观察者的经验、知识、期望和观察者一般的内心状态"。③ 因此不同的人表现出不同的本质力量，"每一种本质力量的独特性，恰好就是这种本质力量的独特的本质，因而也是它的对象化的独特方式"。④ 制度认同同样也受制于人自身的认识所及的程度，每个人都是独特的，因此，对制度的认知就可能是有差异的、迥然不同的。在对认知图式的研究中，皮亚杰曾提出过著名的"同化—顺应"理论。刺激输入的过滤或改变叫同化，内部图式的改变以适应现实叫作顺应。"同化—顺应"理论很好地阐述了外部环境信息与人的认识图式是如何相互调整适应的，"同化"、"顺应"说明了主客体之间相互影响所产生的不同结果。人认识的发生和调整必然受制于认知的客观对象，制度的客观状态构成影响主体主观认知的外在因素，对于这个外在因素，由于人的认知图式不同，制度信息对人产生的影响也是不同的。

（二）制度认同的动态变化性

制度认同的动态变化性是制度认同的另一特点，这一特点是由

---

① 转引自周文彰《狡黠的心灵——主体认识图式概论》，中国人民大学出版社1991年版，第32页。
② [德] 马克思：《1844年经济学哲学手稿》，人民出版社2000年版，第87页。
③ [英] A. F. 查尔默斯：《科学究竟是什么》，查汝强、江枫等译，商务印书馆1982年版，第35页。
④ 《马克思恩格斯文集》第1卷，人民出版社2009年版，第191页。

制度不断发展变化的特征及认同主体心理图式不断变化的特征所决定的，它体现了阶段性认同与发展性认同的辩证统一。制度认同是一个矛盾统一体，制度认同的稳定性与动态变化性这对矛盾构成制度认同的内在运动规律，使得制度认同总是表现为"认同—不认同—认同"的动态的反复变化的特点，这种变化特点反映了制度认同主客体之间始终处于动态的和不断建构的过程。吉登斯认为，认同是由人类自己创造的一个动态的、没有终点的过程。① 制度认同动态平衡性表明制度认同既是一种过程，也是一种结果，在一定意义上讲，制度认同是一个不断重新诞生的过程和结果。简金斯也指出："认同事实上只能理解为过程，理解为'成为'或'变成'。"②

作为一种过程的制度认同，首先，制度认同变化源于中国特色社会主义制度体系动态变化的特性。制度的稳定性具有相对性，制度的实践性决定了它总是随着实践状态的变化而处于变化之中。当制度变化引发人们利益需求的变化时，人们对制度认同也会产生变化，即制度的变化会引发认同主体对制度认同感受的变化。其次，制度认同的变化包含了认同主体认知结构变化的影响。主体认知结构不是固化不变的，它总是处于调整和变动之中。认知结构的变化，使得主体对制度的认识和理解有了变化的可能。人总是处于一定社会关系中的人，社会政治、经济、文化等各种因素变化影响人们的心理图式，这种受影响的心理图式反过来又会影响人们对制度这一客体的认识，从而影响制度认同的稳定性。也就是说，即使在制度相对稳定的时期，人们思想、认识水平的变化也会引发对制度认同的变化，因此，制度主体认同的变化，往往是推动制度变迁的动因。哈贝马斯认为："同一性的形成是一个持续的学习过程。"③不管是作为客体的变化，还是认同主体自身的变化，都会引起制度

---

① 参见 Barker Chris, *Culture Studies: Theory and Practice*, 转引自方旭光《政治认同的基础理论研究》，博士学位论文，复旦大学，2006年，第37页。

② Jenkins, Richard, Opcit, 转引自方旭光《政治认同的基础理论研究》，博士学位论文，复旦大学，2006年，第37页。

③ [德]尤尔根·哈贝马斯:《重建历史唯物主义》，郭官义译，社会科学文献出版社2000年版，第113页。

认同的变化，因此，制度认同是一个没有终点的学习建构过程，制度认同的变化性决定了认同总是在学习的路上，决定了认同总是处于正在进行时。

　　作为一种结果的制度认同，受制度过程运动方向的影响。制度认同的动态变化具有方向性，既可以是正向变化，也可以是负向变化。不同的运动方向产生不同的认同结果。当制度认同出现变化、处于不稳定状态时，如果能够通过制度完善或加强制度教育提高人们的认识水平，及时消除导致制度认同不稳定的因素，那么制度认同又会恢复其相对稳定状态。当人们的认同变化呈现一个正向运动方向时，制度处于一个相对良性的运动状态，意味着认同层次、认同程度、认同高低转换和变迁，均处于制度所预期的正常的变化状态，比如从被动到主动、从自发到自觉、从感性到理性的认同变化，都属于制度认同的正向变化。制度认同的变化，也可能出现负向运动，即从认同到不认同，甚至出现对制度根本属性的不认同，从而出现制度认同从量变到质变的转化，这是最致命的不认同结果。制度认同的量变表现为对中国特色社会主义制度中某些不涉及根本性质制度的认同变化，如对经济体制、社会体制等的不认同。但如果量变不能及时消除，累积到一定程度，就可能引发质变，即对中国特色社会主义制度根本性质的否定，从而产生制度认同危机，进而产生政治危机和社会危机，最终由制度的一般性变迁转变为制度的根本性变迁。比如，苏联社会主义制度改革的失败。

第三节　中国特色社会主义制度认同教育

　　制度认同的可建构性决定了教育是实现制度认同的重要途径和手段。"治天下，莫不以教化为大务。"① 教育是国家进行教化不可缺少的手段，制度认同教育旨在引导人们正确认识中国特色社会主义制度的优越性，辩证地看待与资本主义制度的共存关系，增强人

---

① 《汉书·董仲舒传》。

们的制度自信，激发人们制度实践的自觉性，为中国特色社会主义制度奠定思想基础。

一　制度认同教育的内涵

中国特色社会主义制度认同教育是引导人们获得对中国特色社会主义制度积极的认知评价、情感体验和支持行为的活动。它具有如下特征。

（一）制度认同教育关系的复合性

制度认同教育关系的复合性主要体现为制度认同关系与制度认同教育关系的复合，这种复合性反映了中国特色社会主义制度、制度认同、制度认同教育之间的内在关联性。这种关联性，可以从主体、客体、内容三个方面进行分析。首先，主客体身份的交叉重合性。中国特色社会主义制度认同的主体，也是中国特色社会主义制度认同教育关系中的客体。作为主体，是说明"谁"之认同的问题；作为客体，说明的是教育"谁"的问题。其次，内容与客体的交叉重合性。中国特色社会主义制度是制度认同的客体，也是制度认同教育的内容。在制度认同关系中，制度是主体直接认知和把握的对象，体现的是主客体二元关系；而在制度认同教育关系中，教育主体与教育客体关系的形成是基于教育内容而发生的关系，是主体、客体、内容三种要素共同作用的结果，没有教育内容，教育的主客体只是一种理论上的抽象关系，无法形成实际的具体关系。此外，就制度认同与制度认同教育的整体关系而言，中国特色社会主义制度认同既是中国特色社会主义制度认同教育建构的对象，又是制度认同教育所追求的教育结果。中国特色社会主义制度认同教育相对于制度认同而言，则是实现制度认同的路径和方式。制度认同教育关系的复合性决定了制度认同结果的形成必然是教育机制与认同机制共同发生作用的结果，当然制度认同作为认同教育成效所追求的结果，决定了制度认同教育的意义服务于制度认同的意义。制度认同教育的最终目的在于通过建构制度认同，最终实现制度认同的功能。

(二）制度认同教育内容的观念性

中国特色社会主义制度认同教育不同于一般的普法教育。普法教育在内容上主要集中在法律制度的具体条文和规则上，目的是让人们知法、懂法、守法。普法教育实质上是一种知识性教育，这种教育常常要求人们知道怎么做就可以，至于为什么这么做不是普法教育的主要内容，因此，这种教育具有工具性，产生的制度认同也是一种工具性认同，这种工具性认同是一种较低层次的认同。而中国特色社会主义制度认同教育在内容上强调对制度显性规则背后的思想、价值等观念性东西的认同，这种认同更具深刻性。制度的观念性东西构成中国特色社会主义制度认同教育的内容，这些内容主要体现为制度思想、制度价值等观念性的东西，制度思想和价值等观念性的东西赋予制度以意义，对这些观念性东西的认同较之对制度的具体规定的认同是更深层的认同问题。正确的制度观念是形成制度认同的前提条件，观念对于制度具有涵摄作用，它具有终极人文关怀，对制度背后所隐含的思想、精神、价值的认同，具有一定的超现实性，这种教育区别于普法教育的工具性特征，它更关注为什么这么做的问题，因此，这种教育实质上是一种价值教育，由此教育形成的制度认同更具稳定性。"法律是人类的作品，并且像其他的人类作品一样，只有从它的理念出发，才可能被理解。"[①] 马克思也曾深刻地指出："法的关系正像国家的形式一样，既不能从它们本身来理解，也不能从所谓人类精神的一般发展来理解，相反，它们根源于物质的生活关系，这种物质的生活关系的总和。"[②] 制度理念根植于现实的物质生活关系，它是物质生活关系在制度关系中的观念体现，对中国特色社会主义制度认同教育只有从制度背后所蕴含的反映物质生活关系的制度理念出发，才能获得对制度本质的深层次理解和较为稳定的认同。制度是主体认知和行为的对象，制度体系总是以一定的制度思想、制度价值来整合社会主体的思想意识和社会行为。中国特色社会主义制度内含了一套价值体系和思想

---

① ［德］拉德布鲁赫：《法哲学》，转引自朱祥海《走出法律教育的"囚徒困境"》，《现代教育科学》2011 年第 5 期。

② 《马克思恩格斯选集》第 2 卷，人民出版社 1995 年版，第 32 页。

体系，它以马列主义、毛泽东思想和中国特色社会主义理论体系为指导，阐明了中国特色社会主义制度合规律性和合目的性，阐明了中国特色社会主义制度的价值取向。中国特色社会主义制度思想和价值在规范人们行为、化解社会冲突、确立国家合法性方面具有不可替代的作用。对中国特色社会主义制度的认同，不应只是制度文本规则的认同，更应该是对制度具体规定背后意义的认同，制度的思想性、制度的价值性等内容相对于具体的制度规则，具有较强的稳定性，对这些内容的认同有助于形成稳定的制度认同。因此，制度认同教育不仅要实现对人的外在行为的规范，更要改造人的思想观念。

（三）制度认同教育的意识形态性

制度是意识形态有形的实践载体，作为国家的制度必然是统治阶级意识形态的反映。美国学者乔治·洛奇指出："每一个社会都有一个思想框架或者一种意识形态，用于确定价值观念，并赋予它们的制度以生产力。"[1] 制度与意识形态的不可分割性，及意识形态对制度内容的决定作用，决定了制度认同教育的意识形态性。强调中国特色社会主义制度的意识形态特性，不仅因为制度与意识形态的不可分割性，还在于制度认同教育有一个重要的任务，就是与资本主义制度争夺思想阵地。意识形态是不同性质制度之争的思想武器，是一种能够对社会和人的行为产生重大影响的精神力量，意识形态的斗争能够改变阶级力量的对比。马克思指出："如果从观念上来考察，那么一定的意识形式的解体足以使整个时代覆灭。"[2] 列宁也在《怎么办》中指出："社会主义意识则是保障我们获得胜利的唯一基础。"[3] 两位无产阶级革命导师均强调了意识形态在政治斗争中不可忽视的作用，这些论述告诉我们，对于人的认同形成而言，尽管物质始终是始因、基础的东西，但在关注经济作为社会最终决定力量的同时，绝对不能忽视来自思想领域的各种思想观念有

---

[1] ［美］乔治·洛奇：《全球化的管理——相互依存时代的全球化趋势》，胡延泓译，上海译文出版社1998年版，第107—108页。

[2] 《马克思恩格斯文集》第8卷，人民出版社2009年版，第170页。

[3] 《列宁选集》第1卷，人民出版社1995年版，第296页。

时对社会产生的决定作用。也就是说,社会认同没有良好的经济基础是绝对不行的,但有了良好的经济基础并不必然产生稳定的社会认同。随着我国作为社会主义性质国家的崛起,国际和国内围绕两种性质不同的制度争议日益激烈,各种思潮的交流、交融和交锋更加频繁,特别是互联网的无国界性,为制度之争提供了新的、别具特色的"疆域"。在这个新"疆域"中,资本主义强国利用其主导的话语权,利用所谓的信息自由,大力推行自己的价值观,试图通过观念的改变来颠覆中国的社会主义制度。因此,中国特色社会主义制度与资本主义制度之争,实质上就是两种不同性质的制度意识形态之争。制度意识形态是人们对制度获得理解的思想和理念依据,是人们认同意义的来源。因此,制度意识形态的批判就成为争夺制度认同者的必用方式了。对资本主义意识形态的批判,是马克思主义理论的重要方面,无论是无产阶级革命时期,还是在社会主义建设时期,只要资本主义还存在、资本主义制度还存在,就不能放松对资本主义意识形态的批判。资产阶级常常通过包括法律、文化和意识形态教化等方式向人们灌输和强化其意识形态的合法性。认同是一种同一与排斥的对立统一,对某一客体的接纳实际上意味着对与接纳客体相异东西的排斥。对资本主义制度的认同,意味着就是对社会主义制度的排斥,列宁说过,除了资本主义与社会主义之外,没有第三种思想体系,我们不去占领人们的思想,资本主义思想就会占领。意识形态具有正面的塑造人的力量,制度之争实质是关于意识形态的思想斗争,控制了思想,就控制了一切。因此,我们必须充分认识制度背后的意识形态属性,在思想复杂多变的社会认同主体和变动不居的局势中如何建构制度意识形态认同,是维护和巩固中国特色社会主义制度必须认真对待的课题。

二 制度认同教育的本质

制度具有塑造国家认同的能力,中国特色社会主义制度认同教育的本质是国家认同。国家"是一个共同体能够藉以产生共同意志和共同行动的条件"①。马克思认为，国家是统治阶级借以实现其意志的工具，而法律又是国家意志的体现，有什么样阶级性质的国家，就有什么阶级性质的法律，法律是对国家意志和利益的确认、维护和保障，如果不认同凝集国家意志的法律制度，那么对法律制度所代表的国家也不会认同。中国特色社会主义国家是人民民主专政的国家，其所代表的是广大人民的意志，体现和确认的是广大人民的利益，法与国家的内在逻辑关系决定了对中国特色社会主义制度的认同本质上就是对代表广大人民意志和利益的中国特色社会主义国家的认同。对于中国特色社会主义国家的认同，在实践中常常分解为对中国特色社会主义国家的政治、经济、文化身份的认同，因此，对中国特色社会主义国家的认同可以从国家多维身份切入，国家身份为国家认同提供了一个具体框架和视界。国家身份具有标识性和区分性，"国家身份是国家本质或属性的反映"②。詹姆斯·费伦（James D. Fearon）指出："国家身份是这样一组属性，它使一个国家成为一种而非另一种事物。"③ 国家身份具有识别功能，是由一个国家的政治、经济、文化所决定的，经济、政治、文化等各种因素相互作用，共同形成了国家身份的独特标识，并由国家制度所确认和保障。中国特色社会主义制度集中体现了中国特色的社会主义国家的政治身份、正在崛起的发展中国家的经济身份和统一的多民族国家的文化身份，这三种身份相互影响，相互作用，共同影响人们对国家认同的形成。当然人们对这三种身份的认同既可能是一种完整的身份认同，也可能是一种不完整的身份认同，即只对其中一种或两种身份认同，对国家身份认同的完整与否会影响人们对国家认同的程度。国家制度对国家身份规定是否明确，也直接影响人们对国家的认知和认同的形成。

---

① ［美］伊格尔斯：《德国的历史观》，彭刚、顾杭译，译林出版社2006年版，第321页。
② 李开盛、胡贵生：《民族复兴背景下当代中国的国家身份选择》，《国际社会科学杂志（中文版）》2010年第1期。
③ James D. Fearon, "What Is Identity?" 转引自李开盛、胡贵生《民族复兴背景下当代中国的国家身份选择》，《国际社会科学杂志（中文版）》2010年第1期。

（一）中国特色社会主义的政治身份认同

对于中国特色社会主义的政治身份的认同，既有自我视野，也有他者的视野。首先，从自我视野上看，中国特色社会主义国家政治身份是由自我确认的。中国特色社会主义的政治身份的自我认知是由宪法确认的，我国宪法在序言中明确向世人宣示："中华人民共和国成立以后，我国社会逐步实现了由新民主主义到社会主义的过渡。生产资料私有制的社会主义改造已经完成，人剥削人的制度已经消灭，社会主义制度已经确立。"《宪法》第1条规定了我国社会主义国家的性质："中华人民共和国是工人阶级领导的、以工农联盟为基础的人民民主专政的社会主义国家。"社会主义标识了国家的政治身份。所谓政治身份是指"一个国家对自己在政治道路、意识形态方面特性的认识，如社会主义和资本主义、法西斯国家与自由民主国家等。这里的政治身份具有强烈的价值判断色彩，代表一个国家对自己发展道路的最高认识"[①]。我国以根本大法的形式向世人宣示了自己的政治身份，表明了自身政治道路、意识形态方面的立场。《宪法》第1条规定实际上涉及两个相关认同问题：人民主权的自我认同以及由此拓展到社会主义国家的集体认同。认同与类别、角色等概论相关，埃里克森（Erikson）指出"认同"实际上是关于"我（我们）是谁"问题的回答，个体身份的认同关注的是"我是谁"，国家身份认同关注的是"我们是谁"。中国特色社会主义制度确认"我们"是国家主人的身份，规定了国家的一切权利属于"我们"。中国特色社会主义制度是以马克思主义为指导的，马克思主义认为，人民是国家的主人，人民是国家权力的真正享有者，国家制度是人民的自我规定。也就是说，在人民与国家制度的关系中，人民规定和决定国家制度，人民是主体化的国家，国家是人民的共同体。"只有当法律是人民意志的自觉表现，因而是同人民的意志一起产生并由人民的意志所创立的时候，才会有确实的把握，正确而毫无成见地确定某种伦理关系的存在已不再符合其本质

[①] 李开盛、胡贵生：《民族复兴背景下当代中国的国家身份选择》，《国际社会科学杂志（中文版）》2010年第1期。

的那些条件，做到既符合科学所达到的水平，又符合社会上已形成的观点。"① 在马克思看来，当法律（制度）由人民创立并成为人民意志的自觉表现时，法律（制度）才不会成为人们异己的力量而存在，"因为国家制度如果不再真正表现人民的意志，那它就变成有名无实的东西了"②。按照马克思主义的人民主权和人民民主思想，一个国家只有代表最广大人民的根本利益，才能由制度强制形成的虚假认同或消极认同向自觉的、积极的认同转化。中国特色社会主义制度是对马克思主义人民主权思想的实践，以宪法的形式明确了我国的国体是人民民主专政，人民民主专政实现的形式是人民代表大会制，中国特色社会主义制度不仅以宪法的形式宣示了人民的国家主体地位，还规定了人民实现其主体地位的国家组织形式，保障了人民意志的实现。人民民主专政国体和人民代表大会制的政体能够保障国家制度反映人民的意志，并通过民主程序得到人民的确认，按照马克思主义的制度认同逻辑，这种制度形成机制隐含了认同的生成机制，即制度的人民自我规定性决定了人民必然会认同自己制定的制度，对制度的认同，必然包括对制度所规定的人民主体身份的认同和人民共同体国家身份的认同。

其次，从他者的视野上看，还存在中国特色社会主义国家政治身份的他者认同。在世界处于普遍交往的情况下，国家政治身份不仅要获得自我的认同，还要获得他者的认同。宪法关于国家政治身份的规定为他者的认同提供了一个具体认同对象，规定了他者认同的根本立场，也体现了制度认同的同一性要求和整合性功能。加拿大当代哲学家查尔斯·泰勒认为："我的认同是由提供框架或视界的承诺和身份规定的，在这种框架和视界内我能够尝试在不同的情况下决定什么是好的或有价值的，或者什么应当做，或者我应当赞同或反对什么。换句话说，这是我能够在其中采取一种立场的视界。"③ 宪法为国家身份的识别和认同提供了统摄性资源，他者的认

---

① 《马克思恩格斯全集》第 1 卷，人民出版社 1995 年版，第 349 页。
② 《马克思恩格斯全集》第 1 卷，人民出版社 1960 年版，第 316 页。
③ [加] 查尔斯·泰勒：《自我的根源：现代认同的形成》，韩震等译，译林出版社 2001 年版，第 37 页。

同不能脱离这一统摄性资源的规定性,认同与否、认同程度如何,均以宪法所确立的视界和框架为标准。国家的政治身份对内为人们提供政治归属,满足人们作为政治人的需求,对外宣示"我"与"他者"政治身份的区别,界定自我和他者之间的界限。中国特色社会主义这一政治身份标识表征着一定的政治意义:一是它表征着与资本主义本质的不同,它强调与资本主义身份的对立。这种对立主要表现在与资本主义制度意识形态的对立。意识形态是自我身份界定的依据,也是他者是否认同的主要依据,资本主义与社会主义两大阵营的形成就是以意识形态作为自我身份界定依据的结果。当前,社会主义与资本主义的对立仍主要表现在意识形态领域,这种对立强化了人们对中国社会主义政治身份的认知。二是表征了中国特色社会主义。自新中国成立起,社会主义国家这一身份的自我认同立场就从来没有改变过,尽管在改革开放进程中,出现了一些针对中国的社会主义身份的不同声音,人们对国家政治身份产生了认知上的模糊和认同上的焦虑。针对人们由传统社会主义认同向中国特色社会主义认同转变过程中的困惑,以及对国家政治身份存在的一些错误观点和认识,习近平指出"中国特色社会主义是社会主义而不是其他什么主义"。党的十八大也强调不能用改革开放后的历史否定改革开放前的历史,也不能用改革开放前的历史否定改革开放后的历史,这些论断起到了正本清源的作用,有利于解决人们的思想困惑,统一人们的思想认识,进一步消除人们对社会主义国家政治身份认同的困惑。人们对中国特色社会主义政治身份认同产生的困惑,主要是由社会主义国家身份的不完整性造成的。对中国特色社会主义国家的认同,离不开与资本主义国家的比较,也离不开与其他社会主义国家的比较。由于人们的比较思维是以人们传统的对资本主义国家和社会主义国家的认知为标准的,而中国特色社会主义既不同于人们传统认知的资本主义,又不同于传统认知的社会主义,由此产生了归类的困惑。社会主义国家身份选择是历史的选择、人民的选择,但它不是常规的选择,不是建立在资本主义高度发达基础之上的,而是在落后的半殖民地、半封建社会基础上建成的,是不发达社会主义国家身份,因而具有先天不足。我国根据自身国情走中国特色社会主义道路，在政治、经济等各方面均形成了自身的制度特色。中国特色是"自我"与"他者"的区别，是自我身份能够得以识别所在，是"我"之所以为"我"而非"他者"的独特性所在。中国的社会主义政治身份对于中国而言，既是发展的机遇，又是发展的障碍，机遇来自于政治身份认同形成的共识合力，障碍来自于身份差异产生的分歧阻力。中国如何平衡好政治身份认同所带来的正负效应，在"异"中求"同"，以寻求更广泛的认同、更大的发展空间，是一个很现实的问题。

（二）正在崛起的发展中国家身份认同

我国处于社会主义初级阶段的现实国情及取得的经济成就决定了我国是正在崛起的发展中国家的身份。首先是对发展中国家身份的认同。发展中国家身份是指国家的经济身份，代表了一个国家经济状况及其在世界体系中的归属。发展中国家身份首先表明一个国家的经济发展处于欠发达状态。我国将长期处于社会主义初级阶段，意味着我国作为发展中国家的身份具有相对稳定性。发展中国家的自我定位，是对发展中国家这一群体的集体认同。发展中国家与发达国家是两个相对应的概念范畴，发展中国家与发达国家的区分，没有一个统一的标准，但有个基本共识。我国之所以将自身定位为发展中国家，其标准有二：其一，人均国内生产总值（人均GDP）相对比较低。人均国内生产总值是衡量一国经济增长水平的基本指标，也是国际上通常判断一个国家经济发展水平的重要评价标准。《人民日报》2014年10月11日发表的数据显示，我国人均GDP仅为美国的13.7%，两者大致分别为7353美元和53867美元。有学者认为，在人均GDP方面，中国跟美国的差距可能在50年或70年。[①] 其二，工业基础薄弱，还未完全实现工业化。经过60多年的建设，我国已成为一个新型的工业国家，但工业基础薄弱，区域经济发展不均衡，经济增长质量还有待于提高，因此，我国还没有达到发达国家的经济水平。对国家身份的认同，必然涉及自我认同

---

① 宦佳：《中美经济人均份额差距悬殊》，《人民日报（海外版）》2014年10月11日第2版。

与他者认同的关系问题,自我认同不一定他者认同,他者认同自我未必认同,这种自我与他者认同之间的差异是客观存在的。对于中国发展中国家的自我定位,以美国为代表的一些西方资本主义国家并不认同中国是发展中国家这一身份定位,这固然有评价国家经济实力与发展水平指标和标准不一的问题,更有身份背后利益机制的考虑。有学者指出,不能否认,一些西方国家不认同中国是发展中国家的真正用意在于要中国承担超出发展中国家所能承受的责任和义务。美国总统奥巴马就曾公开表示,中国在国际事务中"搭便车30年",要求中国承担更多国际责任。因此,身份并不只是一个抽象的象征,它必然会回到客观现实中来,它不仅影响国内制度的走向和基调,而且会影响国与国之间的交往,国家身份认同还塑造着国家间的集体认同。

这里的集体认同主要是指在国际交往中国与国之间的认同。根据社会认同理论,人们常常通过某种认同获得一种归属。"个体认识到他(或她)属于特定的社会群体,同时也认识到作为群体成员带给他的情感和价值意义。"[1] 这种情感和价值意义的满足是人们认同的动因所在。"发展中国家"是作为一种经济身份,这一提法弱化了政治和意识形态的对立,在国际交往中更利于国与国的合作,并能够满足人们的情感和某些价值的需要,有利于认同的同一性形成。当前,我国在对外交往政策中,相比社会主义政治身份更为强调发展中国家的身份。发展中国家是具有某些共同特征的国家群体,这一群体的集体认同形成了相对统一的力量,它们通过联合,集体对抗强权政治,维护国家主权,发展民族经济,反对霸权,争取自身的发展,在世界政治和经济舞台上发挥重要的作用。中国正是基于发展中国家这一自我身份认同和集体身份认同,获得了凝聚力和归属感。社会认同理论认为,社会认同是经由社会分类(social categorization)、社会比较(social comparison)和积极区分原则

---

[1] Tajfel H., *Differentiation between Social Groups: Studies in the Social Psychology of Intergroup Relations* (chapters 1-3),转引自李灿金《认同理论研究多学科流变》,《贵州大学学报》2014年第1期。

（positive distinctiveness）三个基本心理过程建立的。① 社会分类、社会比较、积极区分将此群体与彼群体区分开来，形成不同群体内各自共享的信念、态度、行为。心理群体的归属与行为和社会现实不可分割地联系在一起，内群共识增强了与内群的相似性以及与外群的差异性。冷战后，经济全球化的迅猛发展将世界各国日益紧密地联系在一起，国家间彼此交织的利益关系使得各国对经济利益的关注超过了对意识形态分歧的关注，国家的经济身份地位突出，并以经济身份为标准确定归属，谋求联合，形成集体认同。在国际经济政治交往中，中国与时俱进，不再强调以意识形态为立场来确定归属，而是强调经济上的合作、共赢，这是由我国长期处于社会主义初级阶段的现实国情决定的。

其次，是对"正在崛起"的发展中国家身份的认同。冷战结束后，尽管冷战思维还会以各种形式表现出来，但和平与发展成为时代的主题，发展成为绝大多数国家的第一要务，国与国之间的交往由原来以意识形态身份认同为主，逐渐转向以经济身份认同为主。党的十一届三中全会以后，我国坚持以经济建设为中心，坚持改革开放，经济一直保持快速发展，人民生活水平不断改善，综合国力不断增强，成为经济实力较强的发展中国家。改革开放以来，我国创造了经济增长的奇迹："从1979年到2012年，我国国内生产总值年均增长9.8%，同期世界经济年均增速只有2.8%。中国的经济总量居世界位次稳步提升，对世界经济增长的贡献不断提高。1978年，我国经济总量仅位居世界第十位；2008年超过德国，居世界第三位；2010年超过日本，居世界第二位，成为仅次于美国的世界第二大经济体。经济总量占世界的份额由1978年的1.8%提高到2012年的11.5%。2008年下半年国际金融危机爆发以来，我国成为带动世界经济复苏的重要引擎，2008—2012年对世界经济增长的年均贡献率超过20%。"② 中国正在崛起已无可争议，世界围绕着中国崛

---

① 参见 Henri Tajfel, "Social Psychology of Intergroup Relations", *Annual Review of Psychology*, 转引自周晓虹《认同理论：社会学与心理学的分析路径》，《社会科学》2008年第4期。

② http://news.xinhuanet.com/politics/2013-11/21/c125736243.htm.

起的争论,已从是否崛起转向崛起后的走向及对世界的影响。中国经济的腾飞对世界格局必然产生较大的影响,对此,世界各国认识和反应不一,认同的也有,怀疑的也有,害怕的也有。尤其是一些害怕中国崛起的国家,试图通过各种方式遏制中国的发展,并利用其话语权误导世界舆论,"中国威胁论"、"中国崩溃论"等各种负面论调由此而生。国际社会所表现出来的这些负面认识,反映了他者在中国国家身份变迁过程中认同存在的不安、焦虑与迷失。对于中国而言,不管他者如何认识中国实力状态,我们首先要对自己处于发展中国家这一身份保持清醒的认识,坚持以经济建设为中心,坚持发展生产力,才能最终赢得相对于资本主义的胜利。

(三) 统一的多民族国家身份认同

我国宪法明确规定了我国的统一的多民族国家身份,这一规定符合我国文化传统,有利于处理好民族与国家之间的关系。

首先,统一的多民族国家身份的宪法自我确认。中国特色社会主义制度以宪法的形式确立了统一的多民族国家的身份,形成了具有中国特色的社会主义单一制国家结构形式。列宁认为,实现民族平等,要有民主宪法的保障,"保障少数民族权利的问题只有在不背离平等原则的彻底的民主国家中,通过颁布全国性法律才能解决"[1]。我国《宪法》序言明确宣示:"中华人民共和国是全国各族人民共同缔造的统一的多民族国家。平等、团结、互助的社会主义民族关系已经确立,并将继续加强。在维护民族团结的斗争中,要反对大民族主义,主要是大汉族主义,也要反对地方民族主义。国家尽一切努力,促进全国各民族的共同繁荣。"第4条规定:"中华人民共和国各民族一律平等。国家保障各少数民族的合法的权利和利益,维护和发展各民族的平等、团结、互助关系。禁止对任何民族的歧视和压迫,禁止破坏民族团结和制造民族分裂的行为","各少数民族聚居的地方实行区域自治,设立自治机关,行使自治权。各民族自治地方都是中华人民共和国不可分离的部分"。"各民族都

---

[1] 中国社会科学院民族研究所编:《列宁论民族问题》,转引自张文森《从民族自决到民族区域自治——论列宁民族平等的法制观及对我国之影响》,《西南民族学院学报》(哲学社会科学版) 2002年第7期。

有使用和发展自己的语言文字的自由,都有保持或者改革自己的风俗习惯的自由。"我国以宪法的形式将中华民族多元一体的民族国家身份制度化,通过国家的制度安排来建构一种平等、团结、互助、和谐的民族关系,强调在国家主权和领土完整的基础上,确立民族区域自治制度,确认了各民族在国家中的平等地位和保持本民族特色的自由。

对于一个多民族国家而言,不恰当的民族观会导致民族冲突,甚至于会出现国家认同危机。我国宪法对统一的多民族国家身份的确定,无疑给社会传导一个明确的大一统民族观。我国在多民族融合的过程中,共同缔造了中华民族,中华民族涵盖了我国主权内所有的民族,体现的是大一统民族观。列宁指出:"无产阶级不能支持任何巩固民族主义的做法,相反,它支持一切有助于消灭民族差别、消除民族隔阂的措施,支持一切促进各民族间日益紧密的联系和促进各民族打成一片的措施。不这样做就站到反动的民族主义市侩一边去了。"[1] 各民族的共同繁荣是社会主义在民族政策上的根本立场,中华民族是各民族共同缔造的,中国56个民族共同为中国疆域的开拓,共同为中华文明的积淀贡献了各自的力量,形成了生生不息的民族血脉,中华民族成为各族人民共同的情感归属和集体记忆,因此,"绝不能说这个民族是优越的,那个民族是劣等的"[2]。我国宪法以根本大法的形式为实现各民族之间事实上的平等、团结、和谐的关系提供了最高效力等级的制度保障。

其次,符合统一的多民族国家文化认同传统。我国统一的多民族国家观是建立在我国特有的历史和文化基础上的。现代意义上的民族与国家紧密相连,民族与国家融为一体,即为民族国家,因此,中华民族既是民族概念,也是国家概念。在我国,强调中华民族共同体概念,不仅因为它是现代意义上的政治组织的一种形态,而且还在于它具有文化属性。我国建立统一的多民族的单一制国家结构形式不仅符合马克思列宁主义的民族国家观,而且也符合我国

---

[1] 《列宁选集》第2卷,人民出版社1995年版,第348页。
[2] 《周恩来选集》下卷,人民出版社1984年版,第263页。

文化历史传统。民族认同总是与民族文化的认同相伴。文化认同成为民族和谐的一个主宰性问题。"华夏族民从两千多年前就开始保持着对本文明体系的高度认同,并且这种认同对这个体系作为一个庞大国家的领土完整、政治统一,以及体系内各种交往的有效进行,发挥着极大的促进作用。能像中华文明这样在一个广大区域内数千年保持高度认同的文明,在世界文明史中绝无仅有。"① 美国政治学家塞缪尔·亨廷顿在其著作《文明的冲突与世界秩序的重建》中指出:"在一个世界各国人民都以文化来界定自己的时代,一个没有文化核心而仅仅以政治信条来界定自己的社会哪有立足之地?政治原则对于一个持久的共同体来说只是一个易变的基础。"② 文化构成国家稳定的内在凝聚力,中华文化是各族人民文化融合的结果,中国历史以大一统为主要国家政治模式,民族之间的交流和整合促成了中国和合文化、大一统文化,和合文化、大一统文化在维护民族团结、延续民族精神血脉、鼓舞民族斗志等方面有其独特思想价值。统一的多民族国家认同文化传统有其形成的政治、经济和文化的历史根源。长期以来,我国九九归一的文化传统形成了自觉的多元一体的中华民族实体,尤其是近代中华民族遭受列强的压迫,促进了各民族团结的自觉意识。诚如费孝通所言:"这个自在的民族实体在共同抵御西方列强的压力下形成了一个休戚与共的自觉的民族实体。"③ 中国自古以来就是一个统一的多民族国家,统一的多民族国家治理传统是统一的多民族国家思想形成的政治基础。我国历史上长期的集权制国家形式,促进了民族交流和融合,形成了多元一体的民族制度文化,这种文化内化成一种理念根植于制度思想中,对制度传承产生潜在而深远的影响。中国自第一个统一的多民族封建中央集权国家建立以来,虽然经历无数次分分合合的轮回,但并没有影响多民族归一的思想,国家的分裂总是短暂的,统

---

① 邓曦泽:《中华认同的形成》,《国际社会科学杂志(中文版)》2010年第1期。
② [美]塞缪尔·亨廷顿:《文明的冲突与世界秩序的重建》,周琪等译,新华出版社2010年版,第282页。
③ 费孝通:《中华民族多元一体格局(修订本)》,中央民族大学出版社1999年版,第33页。

一则处于主导地位。中华民族是"由许许多多分散孤立存在的民族单位,经过接触、混杂、联结和融合,同时也有分裂与消亡,形成一个你来我去、我来你去,我中有你、你中有我,而又各具个性的多元统一体"①。各民族在经济交往中形成了既有大聚居又有小聚居,既有交错聚居又有杂居和散居的不可分割的自然状态,这种建立起来的相依共存的、密不可分的经济交往关系,构成了统一的多民族国家认同的经济基础。历史证明,中华各民族只有相互尊重,求同存异,才能实现"各美其美,美人之美,美美与共,天下大同"②的理想社会形态。

再次,正确处理国家认同与民族认同的关系。作为一个多民族国家,我国强调双重认同的统一,即民族认同与国家认同的统一。当前,世界范围内民族问题日益成为影响和平和发展的一个不可轻视的问题。在新形势下,如何做好民族工作,正确处理好国家认同与民族认同的关系,是建设中国特色社会主义必须面对的一个重大问题,它关系到国家的统一和社会的稳定。民族是现代进行政治动员和获得社会统治的基础,当前民族矛盾冲突日益突出,在世界范围内,民族主义和种族主义引发的冲突逐渐增加,威胁着世界的安全与稳定。在民族国家内,民族与国家之间的冲突与紧张关系时有发生,近年来发生的克里米亚脱离乌克兰加入俄罗斯的公投活动和苏格兰的独立公投活动,以及在我国频频发生的由"新疆分裂势力"一手策划组织的严重的暴力恐怖事件,使得民族问题再次向多民族国家敲响警钟。约瑟夫·奈指出:"散布全球、并经常发生在国家内部的对立种族间冲突有可能成为冲突的主导形式。冷战结束以来发生的近 30 次较大冲突几乎都爆发在国家内部。这些冲突最有可能出现在固有帝国崩溃的地区——如非洲和前苏联的边缘地

---

① 费孝通:《中华民族多元一体格局(修订本)》,中央民族大学出版社 1999 年版,第 3—4 页。
② 费孝通:《反思·对话·文化自觉》,《北京大学学报》(哲学社会科学版)1997年第 3 期。

带。"① 不仅种族主义，而且民族主义浪潮也强烈冲击着传统的国家认同，狭隘的民族主义瓦解着民族成员已有的国家认同，造成国家认同危机。在民族认同与国家认同关系处理上，各个国家均有其实践的经验得失，历史上既存在由于强化国家单一意识，淡化民族意识，忽视民族认同的稳定性和持久性，而导致国家分裂的教训；也有因过分强调民族认同，忽视国家认同的主导性，导致民族利己主义和民族狭隘性偏见的泛滥，而造成民族冲突不断的教训。因此，实现一个民族国家的稳定必须有正确的民族观。在我国，正确的民族观就要坚持中华民族这一大民族观，并通过制度确认共同的利益来保障实现这种大民族观。政治学家宁骚强调说："在中国，只有一个民族才能称作民族（nation），这就是中华民族（the Chinese nation）……现在，世界各国都普遍地在'全体国民形成一个统一的国族'这一含义上使用民族（nation）一词。"② 宁骚教授强调了大民族概念对民族国家认同的重要性。强调大民族观，是因为大民族观是一个与国家能产生重合认同的民族观，中华民族代表了一个民族国家。哈贝马斯指出："民族国家的成就在于，它同时解决以下两个问题，即在一个新的合法化形态基础上，提供了一种更加抽象的新的一体化形式。"③ 即民族国家具有政治共同体和民族文化共同体双重意义。在现代理念下，民族共同体意识只有上升到法律共同体意识，才能获得国家的保障，而国家法律制度只有扎根于民族文化才能获得合法性，二者由此获得统一。中华民族代表了各民族的共同利益，共同的利益是各民族真正团结的动因所在。马克思认为："要使各民族真正团结起来，他们就必须有共同的利益。"④ 国

---

① ［美］约瑟夫·奈：《硬权力与软权力》，门洪华译，北京大学出版社 2005 年版，第 77 页。

② 宁骚：《民族与国家》，转引自徐杰舜《论中华民族从多元走向一体》，《西北民族大学学报》（哲学社会科学版）2007 年第 6 期。

③ ［德］尤尔根·哈贝马斯：《包容他者》，曹卫东译，上海人民出版社 2002 年版，第 131 页。

④ 转引自任仲平《中国为什么能一直保持统一的"神话"》，中国网（http://www.china.com.cn/news/tw/2009-11/30/content_ 18975954. htm）。

家通过立法保障各民族共同利益而获得国家认同与民族认同的内在统一。这种基于制度认同形成的民族国家认同，能够引导人们从基于血缘、种族、地域的自然属性的认同向社会性的国家认同转化，使基于制度认同形成的国家认同，成为我国最具包容性和凝聚力的一种集体认同。

三 制度认同教育的目的

教育的目的是教育的意图，它具有结果的指向性。中国特色社会主义制度认同教育的目的指向了制度认同功能的实现。芒茨爱拉特·吉博诺总结了"认同"的三个功能："其一是作出选择；其二是与他人建立起可能的关系；其三是使人获得力量和复原力。"[①] 中国特色社会主义制度认同教育的目的就在于实现认同的这三个功能：其一，充分认识中国特色社会主义制度的历史必然性和优越性，在社会主义制度与资本主义制度之间选择社会主义制度；其二，充分认识中国特色社会主义制度的价值追求，在社会交往中建立符合中国特色社会主义制度价值要求的社会关系；其三，充分认识中国特色社会主义制度多数人利益的本质，使人获得内在的实践力量。制度作为社会规范，本身具有同一性要求，而这一同一性的实现，最起码需要通过认知和行为两个环节来实现。首先是认知主体形成有关制度意识，而且这些意识是正确的。其次是主体做出与制度要求相符的目的行为。制度作为国家制定的规则体系，具有内在的思想性、价值性，制度认同的力量来自于人们对制度思想、价值的接纳，制度认同有助于形成中国特色社会主义的建设力量。列宁指出："一个国家的力量在于群众的觉悟。只有当群众知道一切，能判断一切，并自觉地从事一切的时候，国家才有力量。"[②] 群众自觉认同是国家的力量来源，制度认同同样是制度的力量来源，认同本身蕴含一种力量，即认同力，这种力是制度认同主体的自觉能动

---

① 转引自戴晓东《加拿大：全球化背景下的文化安全》，博士学位论文，复旦大学，2004年，第23页。
② 《列宁选集》第3卷，人民出版社1995年版，第347页。

性的表现。制度是实践的,制度认同教育的指向也是制度主体的实践,即符合制度要求的实践活动。因此,教育之于认同的意义不仅仅是将认同本身作为一个被剖析、被解释的问题而具有的意义,更为重要的是将认同作为一种制度的力量来源和影响制度效果的一个变量而具有的意义。中国特色社会主义制度认同的目的在于一种积极的行动,而不仅仅是一个认同事实,因此,认同教育的意义也不仅仅在于认同建构这一事实,还在于认同事实建构后的行为意义。也就是说,中国特色社会主义制度认同教育的意义在于提升制度认同主体实践活动的主体性,即形成制度行为的自觉性。

制度认同教育能够实现制度认同功能,呈现制度认同的意义,是因为制度认同具有可建构性。后现代建构主义认同观认为,认同是可以建构的,"即为什么认同、认同什么和如何认同都包含了一种人为的主观选择和策略抉择"[1]。认同的形成既有自然属性决定的成分,也有后天建构的成分,传统认同观强调基于人的自然属性产生的认同,如血统认同,建构主义认同则强调社会属性的认同,如政党认同、国家认同等。事实上认同既受人的主观能动性的影响,也受社会存在对人的意识决定这一客观规律的制约。制度作为人们社会交往活动的产物,具有社会属性,这决定了制度认同的可建构性。由于受人们认识能力和活动领域的限制,人们往往只能形成零散的、不完整的制度意识,这种状态影响了制度认同的实现程度。恩格斯在《反杜林论》中指出:"事实上,世界体系的每一个思想映象,总是在客观上受到历史状况的限制,在主观上受到得出该思想映象的人的肉体状况和精神状况的限制。"[2] 由于人的主观认识能力不足而产生认同问题,是制度认同教育对制度认同发挥建构作用的地方,制度认同教育就要帮助人们克服这种认识的局限性,提高人们对制度的理解能力和接受能力,弥合制度认识与制度实际状况之间的间隙,使得人们从一种迫于外力的认同转化为自觉的认同。只有"当行动是出于个人判断的独立的信念时,当我们不受别人随

---

[1] 樊义红:《从本质的认同论到建构的认同论》,《武汉科技大学学报》(社会科学版)2012年第2期。

[2] 《马克思恩格斯选集》第3卷,人民出版社1995年版,第376页。

意多变的干预所支配，而是由于想到所要采取的行动本身必然效果时，那就是一种真正的服从"①。教育在制度认同建构中的作用就是帮助人们形成个人判断的独立信念，实现制度的强制服从向自觉认同的转变。

---

① ［英］威廉·葛德文：《政治正义论》第 1 卷，何慕李译，商务印书馆 2009 年版，第 153 页。

第二章

中国特色社会主义制度认同教育思想梳理

制度是随着社会不断发展变化的,因此,制度认同教育的内容也因时代不同而呈现出不同特点。中国特色社会主义制度形成发展是一个客观的连贯的历史过程,梳理不同历史阶段中国特色社会主义制度认同教育思想,有利于我们更好地把握今天的认同教育。毛泽东的《矛盾论》指出,在事物发展的漫长过程中会有若干阶段,各个阶段的情形并不一样,"如果人们不去注意事物发展过程中的阶段性,人们就不能适当地处理事物的矛盾"①。因此,对中国特色社会主义制度认同教育思想进行历史梳理,以中国社会主义制度发展的阶段性为划分依据。新中国成立以来中国特色社会主义制度认同教育思想变化主要表现在三个历史阶段。

第一节 毛泽东时代中国社会主义制度认同教育思想

中国特色社会主义制度体系虽然形成于改革开放后,但改革前对中国社会主义制度探索的历程是中国特色社会主义制度孕育的历程,它为中国特色社会主义制度体系的形成奠定了基础,提供了经验和教训。改革前以毛泽东为核心的第一代国家领导集体,对中国特色的社会主义进行了初步探索,毛泽东时代的这种探索"为新的历史时期开创中国特色社会主义提供了宝贵经验、理论准备、物质

---

① 《毛泽东选集》第1卷,人民出版社1991年版,第314页。

基础"①。其中很多中国特色社会主义制度建设思想，以及对这些思想认同教育的论述，构成了中国特色社会主义制度认同教育思想体系中不可缺少的部分。在这一历史阶段，制度认同主要围绕科学对待社会主义制度在中国的实践问题展开教育，突出了制度意识形态认同教育的重要性，注重马克思主义意识形态的灌输，强调结合自身实际独立自主地探索社会主义制度，注重走群众路线式的认同教育方式等。

一 社会主义制度的具体发展不可能千篇一律

从新中国成立以后至改革开放前，制度认同教育思想集中体现为"以苏为戒"的制度自主建设教育思想。具体体现为从"以苏为鉴"到"以苏为戒"的转变，强调结合自身实际独立自主地探索社会主义制度，提出社会主义制度的具体发展过程不可能是千篇一律的。在社会主义制度建设初期，由于党和领导人缺乏建设社会主义的经验，而苏联已经在建设社会主义的过程中取得了巨大成效，因此，借鉴苏联制度模式建设中国社会主义制度就成为一种现实的选择。新中国成立初，中国社会主义制度建设是在借鉴苏联制度模式的基础上进行的，如确立无产阶级专政制度、实行生产资料公有制和计划经济体制。随着苏联在建设社会主义过程中一些问题的暴露及我国社会主义实践发现的问题，对于如何借鉴苏联经验，毛泽东逐渐有了清醒的认识。他指出借鉴苏联是必要的，但会导致缺乏创造性，缺乏独立自主的能力，因此"这当然不应当是长久之计"②。毛泽东提出学习苏联不能迷信，"要引以为戒"③，要根据本国国情，独立自主地开展社会主义建设。毛泽东指出："各国应根据自己国家的特点决定方针、政策，把马克思主义同本国特点结合起来。……即使是好的经验，也不一定同别的国家的具体情况相适合。照抄是很危险的，成功的经验，在这个国家是成功的，但在另

---

① 《中国共产党第十八次全国代表大会文件汇编》，人民出版社2012年版，第10页。
② 《毛泽东文集》第8卷，人民出版社1999年版，第305页。
③ 《毛泽东文集》第7卷，人民出版社1999年版，第23页。

一个国家如果不同本国的情况相结合而一模一样地照搬就会导向失败。……这是一条重要的国际经验。"① 在提出"以苏为戒"以后，党领导人民独立自主地探索符合中国实际的社会主义建设之路的思想倾向明显，坚持将马克思主义与本国特点结合起来，独立自主探索社会主义制度发展之路的思想，成为当时建设社会主义的主导思想，并在这一思想的指导下，艰难地开始了寻找马克思主义与中国实际的第二次结合之路。

邓小平曾说毛泽东"最大的功劳是将马克思列宁主义的普遍真理同中国革命的具体实践结合起来"，② 在与具体实践结合方面"最成功的是社会主义改造"。③ 无论是革命战争还是社会主义建设，毛泽东特别注重马克思主义的普遍真理与中国实际相结合的重要性。强调要使马克思主义在中国具体化，"使之在其每一表现中带着必须有的中国的特性"。④ 在革命战争时期，毛泽东实现了马克思主义与中国实际的第一次成功结合，最终取得了革命的胜利。在社会主义建设时期，毛泽东坚持马克思主义与中国实际相结合的思想，为之付出了艰辛的努力，并不乏具有建设有中国自身特点的社会主义制度思想和观点。毛泽东多次强调社会主义建设既有共性的东西，也有个性的东西；强调各国具体情况不同，马克思主义在各个国家的实现形式也一定是不一样的。毛泽东曾说："不可能设想，社会主义制度在各国的具体发展过程和表现形式，只能有一个千篇一律的格式。我国是一个东方国家，又是一个大国。因此，我国不但在民主革命过程中有自己的许多特点，在社会主义改造和社会主义建设的过程中也带有自己的许多特点，而且在将来建成社会主义社会以后还会继续存在自己的许多特点。"⑤ 毛泽东认为每个国家因实际情况不同，各有自身特点，因此，每个国家都有自己特别的、具体的发展社会主义的形式和方法，不同的国家走向社会主义制度的具

---

① 《毛泽东文集》第 7 卷，人民出版社 1999 年版，第 64 页。
② 《邓小平文选》第 2 卷，人民出版社 1994 年版，第 313 页。
③ 同上。
④ 《毛泽东选集》第 2 卷，人民出版社 1991 年版，第 534 页。
⑤ 《建国以来毛泽东文稿》第 6 册，中央文献出版社 1992 年版，第 143 页。

体发展过程和表现形式都是独特的,社会主义制度在各国实现的形式不会是千篇一律的格式。毛泽东寻求具有中国自身特点的社会主义制度的实现形式这一论述,实质上已经表现出党在这一时期寻找符合中国具体实际的特色制度的自觉意识和思想闪光点。

毛泽东早已认识到,我国特殊的历史进程决定了社会主义制度具体发展过程的特殊性。毛泽东曾指出:"要想在殖民地半殖民地半封建的废墟上建立起社会主义社会来,那只是完全的空想。"① 因此,提出社会主义建设具有阶段性和长期性。毛泽东运用自己的创造性思维,将社会主义发展阶段区分为"建立社会主义"与"建成社会主义","不发达的社会主义"与"比较发达的社会主义"两个阶段。② 虽然毛泽东没有具体表达两个不同阶段的区分标准,但这种对中国社会主义建设的不同历史阶段的开创性划分对于教育人们正确认识中国建设社会主义制度的特殊性与艰巨性有着重要的现实意义,也为中国特色社会主义道路的开创提供了理论基础和思想借鉴。尤其是在发展战略上设计了经由新民主主义向社会主义的一个较长过渡期。新民主主义是具有中国特色的创举,新民主主义的"性质是资本主义的,但又是人民大众的,不是社会主义,也不是老资本主义,而是新资本主义,或者说是新民主主义"。③ 新民主主义社会作为一个过渡性社会,虽然在性质上是资本主义的,但在政治上却是无产阶级领导的以工农联盟为基础,包括小资产阶级、民族资产阶级和其他反帝反封建的人们在内的各革命阶级的联合专政,在经济制度上虽由多种经济成分构成,甚至允许民族资产阶级发展资本主义,但由国营经济操纵国民生计,而对资本进行节制,社会主义因素占主导地位使得新民主主义呈现出不同于"老资本主义"的独特性。新民主主义时期具有中国特色的政治制度与经济制度符合在中国这样一个落后的农业国家建设社会主义的现实需要。在对个体农业、手工业和资本主义工商业进行社会主义改造过程中,也没有照搬苏联模式,而是找到了符合中国实际的改造形式,

---

① 《毛泽东选集》第3卷,人民出版社1991年版,第1060页。
② 《毛泽东文集》第8卷,人民出版社1999年版,第116页。
③ 《毛泽东文集》第3卷,人民出版社1996年版,第110页。

确立了"一化三改"、"一体两翼"的总路线，走出了中国制度的实践特色，并在社会主义改造过程中，坚持生产关系的改造与人的思想改造相结合的原则，社会主义改造顺利完成，彻底改变了中国当时的经济结构、阶级关系，社会主义制度得以建立。但是，"建立社会主义"并不意味着"建成社会主义"，社会主义制度的巩固和完善还没有获得充分的物质基础。毛泽东基于当时中国落后的现实，以及"落后就要挨打"的历史教训，产生了强烈的尽快建设富强的社会主义现代化国家的使命感，在毛泽东看来，"如果不在今后几十年内，争取彻底改变我国经济和技术远远落后于帝国主义国家的状态，挨打是不可避免的"①。因此，他提出不能跟在别人后面一步一步地爬行，必须打破常规发展，在不太长的历史时期，实现国家的富强。毛泽东的这种紧迫思想在社会主义建设过程中表现为急于求成，发动了"大跃进"和人民公社化运动，试图通过改变阶级结构、改变人们在社会生活中的生产方式和生产关系来促进生产力的极大发展。规律的作用机制与人的主观能动性具有密切的关系，两者具有相互制约性，既不能将规律绝对化，无视人的主观能动性，忽视人的主观能动性能够为规律发挥作用创造积极条件，毕竟社会规律不同于自然规律。也不能为追求目的而忽视规律，社会规律的作用机制对人的主观能动性具有制约性。"大跃进"和人民公社化运动就是由于过分强调了生产关系及人们的主观能动作用，忽视社会规律对人的主观能动性发挥的制约，最终导致了社会主义制度建设出现偏差和失误，但这并不能抹杀这一历史阶段在艰辛的探索中国自己的社会主义建设道路中的贡献。

  由于人认识的有限性以及社会的发展变动性，符合中国特点的社会主义探索之路注定充满了挑战与风险。毛泽东指出："在社会主义建设上，我们还有很大的盲目性。社会主义经济，对于我们来说，还有许多未被认识的必然王国。拿我来说，经济建设工作中间的许多问题，还不懂得。"② 毛泽东以自身为例来说明社会主义建设

---

① 《毛泽东文集》第 8 卷，人民出版社 1999 年版，第 340 页。
② 同上书，第 302 页。

中还有很多未被认识的必然王国，建设社会主义还有很多东西需要探索，需要通过实践进行认识和总结。比如如何处理社会主义制度内的资本主义因素问题。新中国成立初期毛泽东已经认识到私人资本主义的进步性以及对落后的中国生产力发展的促进作用，因此，即使在随后实行全民所有制和集体所有制的同时，也为非公有制经济成分留下一定的生存空间，允许社会主义下的不同所有制形式的存在，但其对利用和发展资本主义的态度、对非公有制经济成分的态度不是一以贯之的，在思想上表现出反复性及观点的矛盾性，这种反复性和矛盾性既受资本主义经济发展的客观现实影响，也有保证社会主义发展方向的谨慎态度的考虑。这种谨慎的考虑影响了资本主义经济因素对现实国情有利一面的正确认识，但是我们仍能发现毛泽东在实践中对待资本主义经济态度体现了与具体实际相结合的思想，如社会主义改造完成后，针对社会生产中存在的问题，毛泽东曾提出"可以消灭了资本主义，又搞资本主义"①；对于人民公社化和"大跃进"运动中"左"倾问题，毛泽东多次召开会议主动纠"左"，提出商品经济的工具性质，强调商品生产和商品交换的必要性，要求利用商品生产和交换以及价值规律为社会主义服务等思想，多次批评实践中否认价值法则、否认等价交换的思想和做法。毛泽东曾指出："资产阶级法权有一部分在社会主义时代是有用的，必须保护，使之为社会主义服务。把它打得体无完肤，会有一天我们要陷于被动，要承认错误，向有用的资产阶级法权道歉。"②但由于社会主义建设规律还处于摸索当中，受人的理性认识有限性和当时政治环境的制约，对如何利用资本主义，以及利用资本主义发展社会主义公有制经济的限度没有形成稳定的思想认识，甚至将有些属于人类文明的共同成果视为资本主义性质的因素，导致利用资本主义态度的反复和摇摆，最终放弃了利用资本主义发展社会主义的思想，在如何利用资本主义方面没有"形成一条完整的我们中国建设社会主义的路线"③。虽然这不能不说是个历史的遗

---

① 《毛泽东文集》第7卷，人民出版社1999年版，第170页。
② 同上书，第449页。
③ 王立胜：《晚年毛泽东的艰苦探索》，陕西人民出版社2008年版，第277页。

憾，但我们不能苛求毛泽东一生都不犯错误，能够正确处理好社会主义建设过程中每个具体的问题。毛泽东在探索符合中国实际的社会主义制度过程中，虽然没有正式提出中国特色社会主义这一命题，但不能忽视在社会主义建设过程中所闪现出来的建设有中国特色的社会主义制度思想火花和思想观点，以及为寻找符合中国自身特点的社会主义制度所付出的努力。尤其值得肯定的是，在社会主义建设这一探索过程中所蕴含的独立自主的制度主体意识一直没有改变，走符合中国实际的社会主义制度发展道路构成这一时期的中国特色的社会主义制度认同教育的主旨。

二 用具体化的马克思主义来教育人民

由于在中国建设社会主义并不符合马克思主义所提出的，在资本主义高度发达生产力基础上建设社会主义的思想，这就涉及一个在中国如何科学认识和对待马克思主义的问题。毛泽东认为科学认识和对待马克思主义的态度是将马克思主义运用于"中国的具体环境"，根据"中国的特点"，"使马克思主义在中国具体化"，使马克思主义"带着必须有的中国的特性"。① 也就是要实现马克思主义的中国化，只有这样马克思主义才能在中国展现它的力量。实际上早在1938年，毛泽东就明确提出马克思主义中国化思想，指出"离开中国特点来谈马克思主义，只是抽象的空洞的马克思主义"，具体的马克思主义"必须和我国的具体特点相结合并通过一定的民族形式才能实现"。② 毛泽东认为马克思列宁主义的力量来自于它与各个国家具体实践的结合，因此，"按照中国的特点去应用它，成为全党亟待了解并亟须解决的问题"。③ 准确掌握中国的具体环境和中国特点是马克思主义在中国具体化的前提和实践基础，针对当时存在的教条主义和空谈马克思主义的问题，毛泽东强调"空洞抽象的调头必须少唱，教条主义必须休息"。④ 毛泽东从战争年代就注

---

① 《毛泽东选集》第2卷，人民出版社1991年版，第534页。
② 同上。
③ 同上。
④ 同上。

重对党进行马克思主义中国化的灌输教育，毛泽东强调马克思主义中国化，体现了其实事求是的思想精髓。毛泽东如何看待马克思主义的科学思想，为中国特色社会主义制度认同教育提供了理论依据和思想武器。

每次制度创新都意味着观念的创新和变革，社会主义制度是对旧的社会制度的变革，在这一社会制度变革的过程中，毛泽东特别重视人们思想观念的变革，认为只有用马克思主义思想教育人民、武装人民才能形成社会主义的共同意识、共同的思想观念，才能够团结人民建设好社会主义，才能为社会主义培养和造就社会主义新人。因此，提出要在政治战线和思想战线上，进行经常的社会主义思想教育。新中国成立初期，为了确立马克思主义在中国意识形态领域的指导地位，培养人们的社会主义意识，为社会制度变革提供思想保障，党中央针对各种非马列主义思想，决定在全国范围内，针对各类人群开展专门的社会主义思想改造运动，将马列主义作为改造人们思想的武器，宣传普及马列主义思想，强调"真正做到在全国范围内和全体规模上来宣传马列主义，用马列主义教育人民，提高全国人民的阶级觉悟和思想水平，为在我国建设社会主义和实现共产主义打下思想基础"[①]。毛泽东认为只有扫除了旧制度思想，才能为新制度提供新的思想保证，并在各条战线上进行有针对性的社会主义思想教育。毛泽东提出："反对自私自利的资本主义的自发倾向，提倡以集体利益和个人利益相结合的原则为一切言论行动的标准的社会主义精神，是使分散的小农经济逐步地过渡到大规模合作化经济的思想的和政治的保证。"[②] 在强调集体主义作为社会主义精神的同时，要求"兼顾国家、集体和个人三个方面"[③] 的利益关系，以充分调动广大人民的积极性。党围绕如何巩固社会主义制度思想基础这一根本问题，坚持用无产阶级的世界观改造人们的旧的世界观，抵御资本主义思想和改造封建主义思想，巩固社会主义的共同思想基础，形成对社会主义制度本质的深刻认识，让人们认

---

① 《刘少奇选集》下卷，人民出版社1985年版，第91页。
② 《毛泽东文集》第6卷，人民出版社1999年版，第450页。
③ 《毛泽东文集》第7卷，人民出版社1999年版，第28页。

识到社会主义是人们为自己利益而奋斗的神圣的事业,并由此产生建设社会主义的自觉行动,激发人们建设社会主义的创造力。列宁指出,"生气勃勃的创造性的社会主义是由人民群众自己创立的",①没有人民的创造力,也就没有社会主义,也就没有社会主义建设的大好局面。新中国成立初期社会主义新中国这种生气勃勃的创造力正是从人们对马列主义和毛泽东思想的信仰、对社会主义制度美好图景的向往中获得的,马克思主义大众化教育的有效实施,使得集体主义、社会主义和共产主义深入人心。

在社会主义思想教育改造过程中,毛泽东特别强调用中国化的马克思主义理论武装人民、教育人民的同时,还强调马克思主义理论的大众化。毛泽东认为马克思主义必须与中国特点结合呈现出"新鲜活泼的、为中国老百姓所喜闻乐见的中国作风和中国气派"②,才能实现马克思主义思想对群众思想的占领,实现理论对群众的掌握,进而形成建设社会主义的物质力量。由于在新中国成立初期,党和国家特别重视意识形态的工作,并注重意识形态理念及其工作方法的大众化,马克思主义意识形态充分发挥了其在社会制度认同教育中的思想引导作用,马克思主义意识形态教育对于统一人们的思想,凝聚建设社会主义力量方面取得了令人难以置信的成效,社会主义制度由此获得稳固的合法性地位。毛泽东认为,正确的认识总是在同错误的认识斗争过程中形成的,对马克思主义的正确认识,也是从同错误思想的斗争中获得的,因此,毛泽东特别重视思想斗争的价值。毛泽东指出:"真的、善的、美的东西总是在同假的、恶的、丑的东西相比较而存在,相斗争而发展的。当某一种错误的东西被人类普遍地抛弃,某一种真理被人类普遍地接受的时候,更加新的真理又在同新的错误意见作斗争。这种斗争永远不会完结。这是真理发展的规律,当然也是马克思主义发展的规律。"③毛泽东提出了判断和辨别"香花"与"毒草"的六个标准,在他看来只要有利于团结全国各族人民,有利于社会主义改造和社会主义

---

① 《列宁专题文集 论社会主义》,人民出版社2009年版,第399页。
② 《毛泽东选集》第2卷,人民出版社1991年版,第534页。
③ 《毛泽东文集》第7卷,人民出版社1999年版,第230—231页。

建设，有利于巩固人民民主专政，有利于巩固民主集中制，有利于巩固共产党的领导，有利于社会主义的国际团结和全世界爱好和平人民的国际团结①的，都是"香花"。思想批判斗争的几个"有利于"标准蕴含了社会认同的机制，从社会认同理论出发，几个"有利于"的标准实际上就是社会认同的范畴化。泰弗尔认为，范畴化的认识过程能产生认同的增强效应，这种增强效应会影响人们的思想态度和行为。个体在自我社会范畴化的过程中，占主导地位的意识形态赋予人们以积极的自我感知，出于对积极自我感知的需要，尤其是在特定的情境下，人们会倾向于认同主流意识形态，从而产生符合上层建筑所期望的结果。以毛泽东为核心的第一代领导集体深刻认识到意识形态领域思想斗争对社会主义意识形成的重要性，指出："我国社会主义和资本主义之间在意识形态方面的谁胜谁负的斗争，还需要一个相当长的时间才能解决。这是因为资产阶级和从旧社会来的知识分子的影响还要在我国长期存在，作为阶级的意识形态，还要在我国长期存在。如果对于这种形势认识不足，或者根本不认识，那就要犯绝大的错误，就会忽视必要的思想斗争。"②在毛泽东看来，在国内，虽然作为经济上的剥削阶级消灭了，但"意识形态方面的阶级斗争"并不容易消灭，政治战线和思想战线上的阶级斗争将长期存在，因此，在政治上要坚持意识形态的斗争，在思想作风上要坚持同资本主义思想作风做斗争。在毛泽东看来，主观主义、官僚主义和宗派主义都是资本主义思想作风的表现，必须用马克思主义的无产阶级世界观对资产阶级的世界观进行改造。毛泽东的这些思想认识有其正确的一面，但也有失偏颇的地方，有失偏颇的地方在一定意义上可以说是导致实践中阶级斗争扩大化，最终决定通过"文化大革命"的形式实现思想革命的根源所在。

三 走群众路线式的教育方式

走群众路线式的教育方式是毛泽东所倡导的教育方式，这一方

---

① 参见《毛泽东文集》第7卷，人民出版社1999年版，第234页。
② 同上书，第231页。

式也运用在新中国成立后的社会主义教育中。群众路线的基本内容是:"一切为了群众,一切依靠群众,从群众中来,到群众中去。"党的群众路线,是以毛泽东为代表的中国共产党把马克思主义基本观点运用于党的全部活动而形成的具有中国特色的根本工作路线,这一工作路线也是我们党的政治优势所在。毛泽东是党的群众路线的倡导者、推进者和实践者,群众路线因此成为毛泽东思想活的灵魂。从历史上看,群众路线作为党的根本的工作路线,其重要地位从认识上从没有被忽视过。1943年6月,毛泽东同志为党中央起草的《关于领导方法的若干问题》的决定中对群众路线做出了系统阐述:"在我党的一切实际工作中,凡属正确的领导,必须是从群众中来,到群众中去。这就是说,将群众的意见(分散的无系统的意见)集中起来(经过研究,化为集中的系统的意见),又到群众中去作宣传解释,化为群众的意见,使群众坚持下去,见之于行动,并在群众行动中考验这些意见是否正确。然后再从群众中集中起来,再到群众中坚持下去。如此无限循环,一次比一次地更正确、更生动、更丰富。这就是马克思主义的认识论。"① 这就是著名的"从群众中来,到群众中去"、"集中起来"、"坚持下去"的毛泽东群众路线的内涵。

群众路线作为党的根本工作路线,在新中国成立初期的不同时期的社会主义教育运动中,采取了组织群众、发动群众,从群众中来,到群众中去的教育方式,这种教育方式是党在社会主义教育方面走群众路线的体现。通过走群众路线的教育方式让社会主义深入人心,为社会主义制度建设消除思想障碍,奠定群众基础,使党建设社会主义的路线、方针、政策变为群众的自觉行动。但是,在走群众路线式教育活动的过程中,出现了将群众运动当作唯一的走群众路线式教育的方式,由此还出现一些违背了群众路线精神实质的东西,使得群众运动式的教育方式走向与群众路线精神实质相悖的一面。对于走群众路线式的社会主义教育活动中出现的问题,在1962年1月,刘少奇结合1958年以后党的工作经验教训,对群众

---

① 《毛泽东选集》第3卷,人民出版社1991年版,第899页。

路线内涵与群众运动的区别做了阐述:"群众路线的基本点就是:第一,信任人民群众,相信他们能够自己解放自己,相信他们是历史的创造者。第二,党必须根据群众的实践来检验自己的工作,党的方针、政策、措施都必须'从群众中来,到群众中去'。"①他还指出,1958年以来,党的群众路线受到了歪曲,不少同志不懂得或不完全懂得什么是群众路线,把一些体现群众路线的方式和方法变成了反群众路线的东西,违背了群众路线的精神实质。他批评了那种"把群众运动当作是群众路线的唯一方式,好象不搞群众运动就不是群众路线"②的错误看法,指出群众运动的内容是多种多样的,"形式主义的东西,决不是真正的群众运动,更不是群众路线","违反群众路线的所谓'群众运动',不仅不能真正反映群众的意见和要求,而且损害了群众的积极性,损害了党的威信"。③

大规模的群众运动成为这一历史时期实现制度认同的主要教育途径,甚至成为走群众路线式教育的唯一方式,一方面与人们对群众路线的实质在主观上存在认识不足有关系,另一方面也与毛泽东对群众运动的价值认同有关,群众运动被认为是实现党的意志的有效途径。毛泽东指出:"什么工作都要搞群众运动,没有群众运动是不行的。"④毛泽东的这一认识有点儿将群众运动价值绝对化的倾向,这与他实践群众运动式教育活动获得的经验有关。群众运动式的社会认同形成有其积极的一面,马克思主义及其社会主义制度学说之所以能够战胜各种非马克思主义思想,就是依靠发动群众,通过群众集体行动的力量实现对非社会主义思想认识的转变和社会主义制度认同思想意识的形成。无论是针对党员干部发动的整风运动,还是针对资本主义思想开展的两条思想路线斗争的大辩论运动,乃至全民整风运动,均被认为是党在思想和政治战线方面取得成效的群众运动式教育活动。毛泽东认为:"整风运动是一个'普

---

① 《刘少奇选集》下卷,人民出版社1985年版,第400—401页。
② 同上书,第404页。
③ 同上。
④ 《建国以来毛泽东文稿》第7册,转引自陈占安《毛泽东领导理论研究》,人民出版社2008年版,第82页。

遍的马克思主义的教育运动'。整风就是全党通过批评和自我批评来学习马克思主义。"① 整风运动作为社会主义自我教育和自我改造的一种方法,尤其是在党的建设方面起到很好的作用,通过经常性的党内整风运动,使得党的良好形象深入人心。党的良好形象在社会主义制度认同教育中起到了重要的作用,人们通过对党的形象的认同,进而形成对党所宣传的制度意识形态的认同。可以说,对社会主义制度的认同,在很大程度上是基于对党的信任基础上的认同,尽管社会主义制度在实践过程中有曲折和挫折,但人们并不曾丧失对社会主义制度的信心,没有丧失对党的拥护。

群众运动有其自身的社会认同逻辑,群众运动式社会认同逻辑在于拥有某种社会认同的人通过集体行动表达一种观念,个体认同基于获得集体承认的需要,对集体行动表达出合作的态度,个体由此获得被承认的回报,从而形成更大群体的集体认同。群众运动式的教育活动具有建构主义社会认同范式的特点,体现了社会范畴化、社会比较、认同解构、认同重构等社会认同的核心内容。有的政治学家借用经济学中博弈论来分析社会行动,认为"只要博弈的次数足够多,即使是敌对的双方也会走向合作"。② 在毛泽东时代,以阶级斗争为纲,在政治上和思想上开展斗争,事实上就形成了两种对抗性思想的博弈,从社会认同过程而言,阶级和阶级斗争抹去其阶级性实际就是群际认同之间的博弈,毛泽东针对各种群体的社会主义教育运动,是对社会认同逻辑的自发的运用。

群众运动式的教育方式作为一种教育方法本身没有对错和绝对的好坏,关键是如何利用它。因此,对群众运动式的教育活动,我们必须一分为二地看待。一方面群众运动式的自我教育作为坚持党的群众路线的一种实践方式,通过充分动员群众、组织群众,社会主义思想借助群众的力量获得了对非社会主义思想批判的力量,形成了认同的动力来源。我们要肯定群众运动式的自我教育方式在社会

---

① 《毛泽东文集》第7卷,人民出版社1999年版,第275页。
② 赵鼎新:《社会与政治运动讲义》,社会科学文献出版社2012年第2版,第166页。

主义思想改造中所起到的积极作用，对其所起的历史积极作用予以认可，尤其是毛泽东时代的群众运动式教育，舆论宣传在组织和发动群众方面所起的作用即使在今天也具有很强的借鉴意义。另一方面，运用群众运动开展社会主义教育活动，这种聚众式教育所形成的社会认同，不可避免地带有集体行动的局限性。因此，我们必然看到它在历史上所产生的负面作用。从社会认同理论分析出发，这种群众运动式的教育活动，必然会产生个体认同向社会认同转化时的从众心理，自我会被群体所遮蔽，也就是说在聚众行为中，聚众更容易形成控制力量。社会认同理论认为，"当个体处于聚众之中时，群体显著性极高，这种观点是没有问题的。因而，对聚众的认同将会导致标准特征（criteria attributes）以最快的速度被同化（assimilated）……以至于任何新的观点、情绪或行为一旦成为聚众的标准特征，它也将会被同化"。[①] 这种新认同的形成具有情境建构性，在某一情境下，由于社会认同显著性高，个体受到刻板印象的限定，容易形成从众行为。"聚众中的一些条件会提升社会认同显著性，在这样的条件下，个体的行为既遵从于内群刻板印象，又受这种刻板印象的限定。"[②] 在对社会主义制度形成狂热情绪条件下，在聚众的情境下，集体行为的传染路径以及聚合路径发生作用，社会主义观念能以最快的速度被群体认同，个体对这种群体认同表现出较少的抵制，而且这种较少的抵制甚至是在没有来自外部强力的情况下，也会表现出的一种较强的自觉行为，从而形成"成员的共享认同"。在毛泽东时代，社会交往相对封闭，社会还处于一个熟人社会，群众运动式的教育活动容易形成一种隐性力量的控制，因而更易产生集体认同，因为"相对于在匿名的个体中实施控制的情况，如果个体之间彼此认识，聚众控制力量最强"[③]。尽管这种隐性的控制力对当时很多人而言，并不一定被人所感知，群众运动如果

[①] 转引自［澳］迈克尔·A. 豪格（Michael A. Hogg）、［英］多米尼克·阿布拉姆斯（Dominic Abrams）《社会认同过程》，高明华译，中国人民大学出版社2011年版，第190页。

[②] 同上书，第191页。

[③] 同上书，第187页。

没有得到很好的控制就不可避免地形成"左"的倾向。因此，在新的形势下，我们要正确区分群众路线与群众运动之间的关联与区别，坚持党的群众路线，但要慎用群众运动式的教育方式。邓小平在总结群众运动时指出其局限性："历史经验证明，用大搞群众运动的办法，而不是用透彻说理、从容讨论的办法，去解决群众性的思想教育问题，而不是用扎扎实实、稳步前进的办法，去解决现行制度的改革和新制度的建立问题，从来都是不成功的。"[①] 在中国特色社会主义制度建设的过程中，如何通过发动和组织群众，发挥群众的主体力量，形成最大限度的制度思想共识为中国特色社会主义提供强大的思想基础，同时防止群众运动过程中产生的集体盲思，仍是一个值得进一步研究的问题。党领导人民进行革命和建设的经验教训告诉我们，党要实现正确领导，必须有一条正确的政治、组织和思想路线，而群众路线就是被历史证明了的正确的工作路线。群众路线是我们党的生命线和根本工作路线，党之所以能够面对无数次的严峻考验，其中最重要的就是始终坚持一条"一切为了群众，一切依靠群众，从群众中来，到群众中去"的工作路线。党开展的以"为民、务实、清廉"为主要内容的群众路线教育实践活动取得的成效，让广大群众参与教育活动，再次说明了群众路线的生命力。因此，坚持走群众路线开展教育活动，在当今仍有其现实意义。

第二节　邓小平时期中国特色社会主义制度认同教育思想

改革开放后的新时期是中国特色社会主义制度形成的重要时期，这一时期的制度实践对中国特色社会主义制度的形成具有决定意义。制度的创新必然带来思想认识的变化，"中国特色"的提出，使得这一时期如何理解"中国特色"成为社会主义制度认同教育关注的重点内容。这一时期的制度特色教育，在经济制度上主要是围

[①]《邓小平文选》第2卷，人民出版社1994年版，第336页。

绕如何看待非公有制经济的问题展开；在意识形态上主要围绕质疑甚至否定制度改革的社会主义方向展开；在认同教育的目的上旨在说明制度特色的必要性和合理性，以及中国特色社会主义制度的社会主义属性。概括起来，制度认同教育的内容就是制度特色与社会主义相统一的教育。

一 强化中国特色的制度意识教育

制度意识是制度认同发生不可缺少的因素，制度意识是对制度现象存在的反映，强化中国特色制度意识目的在于形成关于中国特色社会主义制度的思想、观念、价值、功能等意识。强化中国特色制度意识教育与邓小平旗帜鲜明地提出中国特色社会主义、提出中国特色社会主义制度紧密相关。邓小平基于改革开放前的经验和教训，在党的十二大开幕式上提出："把马克思主义的普遍真理同我国的具体实际结合起来，走自己的道路，建设有中国特色的社会主义，这就是我们总结长期历史经验得出的基本结论。"[①] 20 世纪 80 年代初，邓小平就谈到中国特色社会主义制度的问题，由于当时中国的法制建设较为薄弱，这一提法并未引起重视。在这一时期，基于制度认同的路径依赖效应，人们对社会主义制度的认识还囿于传统社会主义制度思想。为了解放思想，改革开放初期开展了"实践是检验真理的唯一标准"的大讨论，充分发挥思想教育在中国特色社会主义建设中的先导作用，从思想上消除教条主义和个人崇拜对中国特色社会主义建设的束缚。但是，思想的变革并不容易，在改革开放过程中，对一些重大原则性的问题仍存在分歧，尤其是中国特色制度的方向问题，这些思想分歧一定程度上影响了人们对制度的社会主义性质的认同。在改革开放和中国特色社会主义制度建设过程中，针对存在的各种错误思潮，党坚持不懈地开展了反对"左"倾和右倾的两条战线的思想斗争。党的十二大报告指出："有些同志不能完全摆脱过去'左'倾错误的影响，有意无意地要回到'以阶级斗争为纲'的老路上去。另外一些同志则偏离马克思主义

[①] 《邓小平文选》第 3 卷，人民出版社 1993 年版，第 3 页。

的轨道，发展到了怀疑甚至否定党的领导和社会主义道路的地步。党在这些重大原则问题上，始终保持坚定的立场，及时地正确地开展了反对'左'和右的倾向的两条战线上的思想斗争。"① 在这一时期，当党主要消除"左"倾错误影响时，资产阶级自由化右倾思想趁机抬头，企图将中国引向资本主义制度，为此党加强了四项基本原则的社会主义制度教育，批评和制止资产阶级自由化倾向。在邓小平时期，"左"、右两条战线的思想斗争从未停止过，坚持两条战线的斗争是为了"防止在注意一种错误倾向的时候忽视另一种错误倾向"。中国特色社会主义制度认同教育可以说是在与两条战线的思想斗争的过程中不断强化人们的中国特色制度和社会主义制度意识的。

在对中国特色制度意识的教育过程中，邓小平的中国特色社会主义理论对于澄清人们的思想困惑和排除错误思潮的干扰做出了重大的贡献。邓小平的中国特色制度思想扎根于中国的现实国情，他对马克思主义关于社会主义制度理论的贡献，在于他不仅提出社会主义初级阶段理论，强调中国社会的基本矛盾仍然是生产力与生产关系的矛盾，而且提出了"我们建设的社会主义，是有中国特色的社会主义"②。这时"中国特色"已成为党和国家建设社会主义的自觉意识和行动指南。邓小平并没有拘泥于马恩经典作家关于社会主义制度的个别观点，而是从实际出发，运用马克思主义的基本原理，尊重制度形成发展规律，将社会主义制度的建设与中国生产力的发展状况所呈现的实践条件及基础，以实事求是的态度进行统一，实现了马克思主义理论与中国实践的第二次结合。在邓小平理论的指导下，深化了人们对社会主义所有制的认识，重新认识了非公有制经济的地位和价值。邓小平认为，在当前生产力发展的状况下，非公有制经济是社会主义经济的重要补充，进而又提出非公有制经济是社会主义经济的重要组成部分。他在谈到计划经济体制时指出，计划多一点还是市场多一点，并不是社会主义与资本主义的

---

① 《十一届三中全会以来党的历次全国代表大会中央全会重要文件选编》上，中央文献出版社1997年版，第231页。

② 《邓小平文选》第3卷，人民出版社1993年版，第29页。

本质区别，认为"计划经济不等于社会主义，资本主义也有计划；市场经济不等于资本主义，社会主义也有市场。计划和市场都是经济手段"①，创造性地提出了社会主义市场经济。在邓小平看来，"只搞计划经济会束缚生产力的发展。把计划经济和市场经济结合起来，就更能解放生产力，加速经济发展"②。邓小平的社会主义经济思想冲破了高度集中的计划经济体制思想认识的束缚，创新了社会主义经济制度。这一时期，虽然对中国特色社会主义政治制度的改革也进行了一些探索，但最耀眼的成就还是对中国特色社会主义经济制度的探索，与此相适应，对中国特色社会主义制度的认同教育也主要集中于中国特色的社会主义经济制度变革的认同教育上。

领袖的思想对人们思想的影响是深刻的，毛泽东与邓小平虽然均认识到在中国这样一个生产力落后的大国建设社会主义必然有它的特殊性，但是，在怎样建设、在建设过程中如何看待非公有制经济等问题上二人有着不同的看法。毛泽东基于对中国国情的深刻了解，在《关于正确处理人民内部矛盾》中指出社会主义社会仍然存在着生产力与生产关系的基本矛盾，只不过社会主义社会的这些矛盾，同以往阶级社会对抗性矛盾相比"具有根本不同的性质和情况罢了"。③毛泽东在揭示了社会主义基本矛盾的同时，也指出，在中国，虽然社会主义生产关系已经建立起来了，并和生产力的发展相适应，但是"它又还很不完善，这些不完善的方面和生产力的发展又是相矛盾的。除了生产关系和生产力发展的这种又相适应又相矛盾的情况以外，还有上层建筑和经济基础的又相适应又相矛盾的情况"④。问题找准了，并不意味着解决问题的方法也就随之而来。毛泽东虽然很早就认识到社会主义社会的基本矛盾是生产关系和生产力的矛盾，但没有能够完全正确认识社会主义经济发展的规律，没有找到正确发展社会主义生产力的方法和道路。对于毛泽东探索解决社会主义基本矛盾过程中存在的问题，邓小平给出这样的评价：

---

① 《邓小平文选》第3卷，人民出版社1993年版，第373页。
② 同上书，第148—149页。
③ 《毛泽东文集》第7卷，人民出版社1999年版，第214页。
④ 同上书，第215页。

"他有一个重大的缺点,就是忽视发展社会生产力。不是说他不想发展生产力,但方法不都是对头的,例如搞'大跃进'、人民公社,就没有按照社会经济发展的规律办事。"① 在生产力条件还不具备建立马克思所设想的理想的社会主义制度的情况下,毛泽东将过渡时期(社会主义改造完成前)的新民主主义制度形态定位为资本主义制度的新形态,而不是社会主义制度新形态,人们对各种过渡性制度也表现为一种功利性的制度认同。在社会主义改造完成后,虽然毛泽东曾认识到建立了社会主义制度并不意味着建成了社会主义制度,意识到发展生产力对建成社会主义制度的重要性,但在实践的过程中,并没有将非公有制经济作为社会主义所有制形式的组成部分,而是作为新生的社会主义的对立面予以排斥,将建成社会主义的过程始终看成垂死挣扎的资本主义与不断生长着的社会主义彼此斗争的过程。因此,基于对资本主义的过于警惕和缺乏对社会主义本质的深刻认识,以至于后来将制度认同教育的策略重点放在了阶级斗争上,并在社会主义制度建设上采取了激进的态度,导致所有制关系超越了当时的生产力水平,最终影响了生产力的发展。而邓小平则基于中国将长期处于社会主义初级阶段的现实国情判断,从生产力的角度揭示了社会主义本质,强调非公有制经济制度存在的必要性,而且以宪法的形式将非公有制经济的地位从社会主义公有制经济的必要补充逐渐上升为社会主义市场经济的重要组成,将以公有制为主体、多种所有制经济共同发展的经济制度视为社会主义制度的新形态,即中国特色的社会主义基本经济制度,从而极大地促进了生产力的发展。

毛泽东和邓小平对于建立与中国实际相适应的制度认识上存在的差别,表现在制度认同教育策略上也不完全相同。毛泽东更强调社会主义制度伦理思想对人们思想共识形成的作用,注重社会主义理想图景在社会主义制度认同教育中的价值,对非公有制经济作为非社会主义因素过早地予以排斥;而邓小平则意识到社会主义初期这一阶段的长期性对非公有制经济表现为一种接纳,在坚持公有制

---

① 《邓小平文选》第3卷,人民出版社1993年版,第116页。

主体地位的前提下，允许并鼓励多种非公有制经济成分并存和发展，以适应当前生产力发展需要，形成具有中国特色的社会主义经济制度，反映在制度认同教育策略上，强调非公有制经济存在的必要性和合理性，强调社会主义的本质是解放和发展生产力，将制度的经济绩效作为人们对中国特色社会主义制度认同的内在动力。

二 注重制度经济绩效的认同动力

在这里，制度经济绩效主要是指中国特色社会主义制度对社会主义生产力的促进和发展。改革开放后，党和国家将社会主义制度的认同教育思路从注重生产关系对生产力的反作用的教育，转向生产关系要与生产力相适应的教育，即从注重制度理想的激励教育，转向以制度的经济绩效激励为主的教育。这种转向符合马克思主义的唯物观，抓住了人的思想形成发展的规律。基于物质基础对人的思想的决定作用，以及社会主义制度替代资本主义制度最根本的合理性在于它优于资本主义制度的生产力的认识，这一时期中国特色社会主义制度认同教育内容主要集中在以下几点。

首先，从生产力的角度解释什么是社会主义。邓小平特别重视从生产力的角度来解释什么是社会主义，并将生产力作为获得人们认同中国特色社会主义制度的最根本的东西，认为社会主义只有在生产力方面获得比较优势，才具有说服力。在邓小平看来，人们能否接受社会主义和共产主义理想，关键取决于他们在现实生活中能否切实感受到社会主义的好，能否亲身感受到社会主义相比资本主义的优越性。离开生产力的发展抽象看待社会主义是没有意义的，因为生产力水平不如资本主义，就没办法说服人们相信社会主义比资本主义优越，也就没有办法消除不相信、怀疑社会主义前途的思想。因此，这一时期的制度认同教育强调用中国特色社会主义制度的生产力实践成效来教育人们，深化人们对中国特色社会主义制度的本质认识，让人们真实地感受到社会主义制度的优越性，增强制度自信，实现人们对制度的自觉认同和实践。邓小平对社会主义发展生产力的重要性的论述符合马克思关于物质的满足是人的第一需要的唯物主义观。因此，邓小平从生产力的角度提出社会主义本质的解释具有科学性。因为"意识的一切形式和产物不是可以通过精神的批判来消灭的，不是可以通过把它们消融在'自我意识'中或化为'幽灵'、'怪影'、'怪想'等等来消灭的，而只有通过实际地推翻这一切唯心主义谬论所由产生的现实的社会关系，才能把它们消灭"，① 因为"'思想'一旦离开'利益'，就一定会使自己出丑"②。精神对物质利益具有依赖性，如果没有消除某种意识产生的社会现实关系，通过对精神的单纯批判并不能消除这种意识。对于物质与意识、物质与精神的关系，恩格斯在批判旧唯物主义在社会历史领域中的唯心主义表现时指出："旧唯物主义在历史领域内自己背叛了自己，因为它认为在历史领域中起作用的精神的动力是最终原因，而不去研究隐藏在这些动力后面的是什么，这些动力的动力是什么。"③ 马克思、恩格斯关于物质与意识、物质与精神的关系，充分说明了物质对人的意识、观念的最终决定作用。正确理解利益与思想的关系是有效教育的前提，邓小平充分认识到物质利益对人的思想认识的决定作用，认为社会主义的优越性要体现为比资本主义更为发达的生产力，满足多数人的利益需求，人们才会坚定社会主义和共产主义的理想信念。当前中国特色社会主义制度取得的伟大成就，给了人们认同中国特色社会主义制度的信念和力量。用中国特色社会主义制度的实践成效教育人民，是邓小平一贯的教育思想，他指出："空讲社会主义不行，人民不相信。"④ "最终说服不相信社会主义的人要靠我们的发展。如果我们本世纪内达到了小康水平，那就可以使他们清醒一点；到下世纪中叶我们建成中等发达水平的社会主义国家时，就会大进一步地说服他们，他们中的大多数人才会真正认识到自己错了。"⑤ 邓小平曾指出社会主义制度优于资本主义制度表现在许多方面，"但首先要表现在经济发展的

---

① 《马克思恩格斯选集》第1卷，人民出版社1995年版，第92页。
② 《马克思恩格斯文集》第1卷，人民出版社2009年版，第286页。
③ 《马克思恩格斯选集》第4卷，人民出版社1995年版，第248页。
④ 《邓小平文选》第2卷，人民出版社1994年版，第314页。
⑤ 《邓小平文选》第3卷，人民出版社1993年版，第204页。

速度和效果方面。没有这一条，再吹牛也没有用"①。提出："调动人民积极性的最中心的环节，还是发展生产力，提高人民的生活水平。"② 在邓小平看来，经济工作与意识形态工作不可分，制度的意识形态理论如果没有制度物质生产力的支撑，必然会失去意识形态理论的生命力。社会主义制度只有创造出比资本主义制度更高的生产力，有更快的发展，思想政治工作才有效，也才能说服人们认同社会主义制度，才能保持社会主义社会的稳定。"人民看到稳定带来的实在的好处，看到现行制度、政策的好处，这样才能真正稳定下来。不论国际大气候怎样变化，只要我们争得了这一条，就稳如泰山。"③ 改革开放后，在邓小平理论的指导下，党吸取改革开放前的经验教训，领导人民坚持以经济建设为中心，制度的创新坚持经济生产力绩效导向，不断改变现实的人的生存状态，并将制度的经济生产力绩效作为人们对中国特色社会主义制度认同的内在动力，从制度经济生产力角度教育人们如何认识理解社会主义，通过社会主义制度实践所取得的经济成效来增强中国社会主义制度的说服力，提高中国特色社会主义制度的认同度。

其次，强调社会主义初级阶段是一个比较长的历史时期。强调社会主义初级阶段是一个比较长的历史时期，是正确认识中国特色社会主义制度的前提，社会主义初级阶段理论为中国特色社会主义建设提供了理论依据，也为人们正确理解中国特色社会主义制度提供了理论依据。邓小平基于社会主义初级阶段的判断，在中国特色社会主义制度认同教育上，坚持把制度理想与制度现实辩证统一起来，强调中国是在特殊的历史条件下走上社会主义道路的，这一特殊历史过程决定中国社会主义制度必然受这一特殊历史过程的制约，决定了中国特色社会主义制度在理想社会主义制度运动中不能忽视的地位，强调实现没有剥削的、共同富裕的共产主义制度，离不开当前中国特色社会主义制度积极为之创造的条件。我国独特的

---

① 《邓小平文选》第 2 卷，人民出版社 1994 年版，第 251 页。
② 《邓小平文选》第 3 卷，人民出版社 1993 年版，第 178 页。
③ 同上书，第 355 页。

国情,即我国将长期处于社会主义初级阶段的现实国情,决定了这一特定历史阶段的任务就是大力发展生产力,为实现理想的社会主义创造条件。邓小平认为,正确认识我国所处的历史阶段,是正确认识和理解中国特色社会主义制度的前提,也是凝聚中国特色社会主义制度共识的基点。邓小平强调社会主义初级阶段与中国特色社会主义制度之间存在内在的紧密联系,中国将长期处于社会主义初级阶段的现实国情决定了社会主义必须是符合中国实际的、具有中国特色的社会主义。邓小平关于社会主义初级阶段的论断一方面说明我国已经是社会主义国家,揭示了中国特色社会主义制度的社会主义本质;另一方面,强调生产力还不发达,是不发达的社会主义。党的十三大报告强调社会主义初级阶段,"不是泛指任何国家进入社会主义都会经历的起始阶段,而是特指我国在生产力落后、商品经济不发达条件下建设社会主义必然要经历的特定阶段"①。社会主义初级阶段是我国社会主义制度建设面临的独特的历史客观条件,反映这一历史客观条件的制度相应地也是独特的。由于中国现实国情达不到实现马克思所言的理想社会主义制度形态的生产力,根据马克思主义的基本原理,就不可能形成与高生产力相适应的更高层次的社会主义制度。正是基于对社会主义初级阶段的基本矛盾与主要矛盾的准确判断,邓小平领导人民将国家的工作重点从阶级斗争转移到经济建设上来,致力于大力发展社会主义生产力,并领导党制定了社会主义初级阶段的基本路线,强调:"基本路线要管一百年,动摇不得。只有坚持这条路线,人民才会相信你,拥护你。"② 基本路线是邓小平基于对中国现实的了解而做出的战略决定。

邓小平的制度思想既面向消灭剥削、实现共同富裕这一社会主义制度的目标价值,又立足于社会主义初级阶段这一现实,正视社会主义初级阶段生产力不发达、经济比较落后的事实,坚持以经济建设为中心,大力发展社会主义市场经济,实事求是地按社会发展

---

① 《十三大以来重要文献选编》上,人民出版社1991年版,第12页。
② 《邓小平文选》第3卷,人民出版社1993年版,第370—371页。

的规律来建设中国的社会主义。邓小平在总结新中国成立30年的经验时指出："不要离开现实和超越阶段采取一些'左'的办法，这样是搞不成社会主义的。"①马克思主义的基本原理告诉我们，人们不可以脱离社会当时的条件而主观自愿地选择社会制度，在社会制度变迁过程中，只有符合生产力发展现实的制度才会促进生产力的发展，否则反而会制约生产力的发展。党的十三大报告指出：不承认中国可以不经过资本主义充分发展阶段而走上社会主义道路，是革命发展问题上的机械论，是右倾错误的重要认识根源；以为不经过生产力的巨大发展就可以越过社会主义初级阶段，是革命发展问题上的空想论，是"左"倾错误的重要认识根源。邓小平时期，在总结社会主义建设经验教训的基础上，通过解放思想，帮助人们摆脱旧思维的束缚，教育和引导人们正确认识社会主义，基于我国社会主义初级阶段的现实国情，根据马克思主义的基本原理，提出社会主义初级阶段的社会经济结构不可能是单一的公有制，非公有制经济是繁荣公有制经济不可缺少的部分，指出商品经济的充分发展是社会主义经济不可逾越的阶段等新的观点。1984年的《中共中央关于经济体制改革的决定》中指出："坚持多种经济形式和经营方式的共同发展，是我们长期的方针，是社会主义前进的需要。"在社会主义市场经济提出以后，非公有制经济的地位由社会公有制经济的补充，上升为社会主义市场经济的重要组成，指出在社会主义市场经济条件下，非公有制经济与公有制经济均是市场的主体，二者平等竞争，相互促进，共同发展。事实证明，非公有制经济增强了社会主义市场经济的活力，促进了社会生产力的发展，成为国民经济发展的重要增长点。因此，清醒地认识我国的基本国情，及社会主义所处的历史阶段，有助于正确认识我国生产力发展状况，只有正确认识了我国的生产力发展状况，才有可能建立与之相适应的社会制度。

最后，提出实践和"三个有利于"是评判制度是非的标准，澄清人们实践中存在的错误认识。邓小平不仅将解放和发展生产力作

---

① 《邓小平文选》第2卷，人民出版社1994年版，第312页。

为社会主义的本质,而且针对改革开放过程中束缚人们思想认识的问题,指出产生这种思想束缚的"要害是姓'资'还是姓'社'的问题"。针对困扰人们思想的问题,他提出以生产力为基础的判断是非的标准,那就是:是否有利于发展社会主义社会的生产力,是否有利于增强社会主义国家的综合国力,是否有利于提高人民的生活水平。①"社会主义经济政策对不对,归根到底要看生产力是否发展,人民收入是否增加。这是压倒一切的标准。"② 这一时期,无论是经济制度的改革还是政治制度的改革,实践标准和生产力标准一直是主导的教育思想。马克思指出:"正确的理论必须结合具体情况并根据现存条件加以阐明和发挥。"③ 理论只有同实践联系起来,才能形成科学的理论,并具有生命力。邓小平运用马克思这一社会教育思想,没有进行抽象的理论说教,而是根据中国社会主义初级阶段生产力不发达的实际情况,将马克思主义理论与中国具体情况结合起来,在解决了什么是社会主义,怎样建设社会主义这个认识问题的基础上,推动了马克思主义理论中国化的新发展,增强马克思主义理论对现实的解释力,提出了实践是检验真理的唯一标准和"三个有利于"的标准。"三个有利于"的判断标准将发展生产力和发展生产力的目的有效地结合起来,防止了"唯生产力论"的庸俗化的理解,解决了长期困扰和束缚人们思想的许多重大认识问题,由此平息了对非公有制经济的种种非议,同时也增强了人们对"贫穷不是社会主义"、"发展才是硬道理"的深刻理解。

三 注重辩证的制度认同教育思想

邓小平时代的中国特色社会主义制度认同教育思想体现了马克思主义唯物辩证法思想。根据唯物辩证法思想,进行中国特色社会主义制度认同教育不可能孤立地就制度谈制度,马克思主义唯物辩证法注重矛盾分析,注重全面、发展地看问题,注重透过表象看本质和规律,注重抽象和具体相统一的思维规律。因此,邓小平对中

---

① 参见《邓小平文选》第 3 卷,人民出版社 1993 年版,第 372 页。
② 《邓小平文选》第 2 卷,人民出版社 1994 年版,第 314 页。
③ 《马克思恩格斯全集》第 47 卷,人民出版社 2004 年版,第 35 页。

国特色社会主义制度认同教育既把社会主义阶段论与中国特色社会主义制度结合起来，又把社会主义初级阶段的任务与共产主义的最高目标结合起来，运用唯物辩证的思想教育和引导人们正确认识和理解中国特色社会主义制度建设过程，理解关于先富与共富、效率与公平、公有制与非公有制等之间的辩证关系，教育和引导人们正确认识制度理想与制度现实之间的差距。

在邓小平时期，党和国家自觉运用社会发展规律指导思想认识，坚持将现实制度的合理性与必要性和共产主义的远大理想结合起来，在立足现实和创造未来的辩证统一关系中解读中国特色社会主义制度，增强中国特色社会主义制度自信。中国特色社会主义与马克思主义所设想的理想社会主义相比，就是毛泽东所言的"不发达的社会主义"、列宁所言的"不完全的社会主义"、邓小平所言的"不够格的社会主义"，中国特色社会主义制度与经典作家所言的社会主义制度相比，当然也是不发达的社会主义制度、不完全的社会主义制度、不够格的社会主义制度。中国特色社会主义制度作为现实的社会制度与理想的社会主义制度之间存在差距，是我们理解中国特色社会主义制度不能忽视的，也是绕不开的问题。这个问题既是长久以来困扰人们思想的问题，也是导致人们对中国特色社会主义制度存在不同认识的思想根源所在。马克思主义认为："辩证法在对现存事物的肯定的理解中同时包含对现存事物的否定的理解，即对现存事物的必然灭亡的理解；辩证法对每一种既成的形式都是从不断的运动中，因而也是从它的暂时性方面去理解；辩证法不崇拜任何东西，按其本质来说，它是批判的和革命的。"[1] 马克思主义唯物辩证法强调事物的矛盾性，强调在对象的同一中把握住它的对立面，又在对立中把握住它的同一性。按照这一辩证法思想，理想社会主义制度既是对中国特色社会主义制度的肯定，也是对它的否定。对中国特色社会主义制度的肯定，是因为中国特色社会主义制度是实现理想社会主义制度的必经历史阶段。理想的社会主义制度在中国的实现具有阶段性，中国特色社会主义制度就是理想社会主

---

[1] 《马克思恩格斯选集》第2卷，人民出版社1995年版，第112页。

义制度在中国阶段性的制度形式，它是社会主义初级阶段的制度，这一阶段的制度为理想社会主义制度的实现创造各种条件。理想社会主义制度对中国特色社会主义制度的否定，是因为随着生产力的发展，中国特色社会主义制度也必然会发展变化，社会主义制度不是一成不变的、静止的，而是一个不断向理想社会主义制度发展的过程。在不同的历史阶段，制度的内容自然会有所不同，新制度的产生就意味着对旧制度的否定，但这种否定不是一种根本的否定，而是对旧制度的完善和发展。中国特色社会主义制度以共同富裕为制度价值目标，将制度的发展方向指向了经典作家所言的理想的社会主义制度，中国特色社会主义制度在为更高阶段的社会制度积极创造条件的同时，也对自身提出了新的要求，并通过不断否定自身来实现自身向共产主义制度的发展。邓小平抓住中国特色社会主义制度与共产主义制度之间的内在辩证统一关系，强调全面地、联系地、发展地看待中国特色社会主义制度，强调中国特色社会主义制度的现实意义和价值，强调中国特色社会主义制度是社会主义制度建设历史长河中与现阶段相适应的社会主义制度的具体表现形式，它将为实现更高阶段的社会主义制度创造和奠定基础，是具有过渡性的制度。中国特色社会主义制度与理想社会主义制度的内在统一性，从另一个方面讲实际上是我国社会主义初级阶段的最低纲领与最高纲领之间的辩证关系。马克思指出："共产主义对我们来说不是应当确立的状况，不是现实应当与之相适应的理想。我们所称为共产主义的是那种消灭现存状况的现实的运动。"[①] 共产主义是消灭现存状况的现实运动，这一运动体现了辩证法在对现存事物肯定的理解中同时包含对现存事物否定的理解，社会主义运动是一个由低级阶段向高级阶段运动的历史过程，低级阶段是高级阶段发展的前提，同时，高级阶段是对低级阶段的否定和发展。社会主义初级阶段是社会主义的初始阶段，中国特色社会主义制度与中国社会主义初级阶段的生产力相适应，中国特色社会主义制度作为上层建筑会随

---

① 《马克思恩格斯选集》第 1 卷，人民出版社 1995 年版，第 87 页。

着社会主义发展阶段的变化而变化，社会主义生产力发展的最高阶段将中国特色社会主义制度的运动方向指向了理想社会主义制度的本质要求，即公有制和共同富裕。因此，实现初级阶段的共同理想是实现最低纲领走向理想社会主义的过程，即是走向共产主义最高纲领的过程，这一过程实质上就是不断否定制度自身，进而不断向最高纲领运动，形成理想社会主义制度的过程。

通过邓小平的思想脉络，不难发现，邓小平通过将抽象的马克思主义理论和中国特色社会主义制度具体实际相结合的方法，寻找中国特色社会主义制度认同教育的着力点，加强制度认同教育的针对性，促进制度认同教育的实效性。邓小平根据中国特色社会主义制度与理想社会主义制度之间的内在辩证统一关系，运用辩证法教育人们辩证地看待中国特色社会主义制度发展过程中存在的各种问题，引导人们进一步认识什么是社会主义，怎样建设社会主义等重大问题；引导人们抵制各种错误思潮对中国特色社会主义制度的质疑和否定。运用马克思主义关于生产力决定生产关系的理论和渐进发展思想教育人们正确理解先富与共富、效率与公平、公有制经济与非公有制经济等之间的辩证关系，引导人们用辩证的思维看待中国特色社会主义建设过程中发展与代价、工具与目的等各种关系，运用辩证的思维教育人们辩证地看待资本主义的东西，防止无谓的争议；引导人们正确看待坚持社会主义道路与吸收借鉴资本主义文明成果的关系，避免片面性和走极端。

第三节　当今中国特色社会主义制度认同教育思想

这里的当今特指邓小平逝世后至今这一段历史时期。在这一时期党和国家更加注重制度的创新和完善，"中国特色"的制度自觉意识更加明显，对中国特色社会主义制度认同教育也聚焦在"中国特色"上，具体表现在制度特色的系统性、民族性、时代性三个方面的认同教育指向。

一 制度特色的系统性认同教育指向

当前,制度特色的认同教育由经济制度特色向政治制度特色乃至向文化制度特色等其他制度特色认同教育扩张,制度特色认同教育呈现体系化指向。中国特色社会主义制度作为社会主义形态的制度,不是指单一的制度,而是在中国特色社会主义理论体系的指导下、在探索中国特色社会主义道路过程中形成的一整套具有不同层次内容的相互联系、相互作用的制度体系。中国特色社会主义制度体系不是一蹴而就的,它的形成是由某个方面的个别具体制度,逐渐向制度体系发展和完善的过程,与之相适应,制度特色也是由某一方面的制度特色,逐渐向多个方面制度特色发展,多个方面制度的特色形成制度特色的系统性特征。回顾中国特色社会主义制度形成和发展的历史,我们就会清晰地看到这一发展轨迹。虽然中国特色社会主义制度作为党和国家制度建设过程中一个正式的概念出现于2011年,但在毛泽东时代,基于苏联模式存在的问题,毛泽东就开启了突破苏联模式,踏上寻求符合中国特点的社会主义制度的历程,在这一段时间,形成了一些符合中国特点的经济和政治制度成果,也形成了很多关于如何建设符合中国特点的社会主义的开创性观点。由于受传统社会主义制度认识的束缚,虽然形成了一些独创性成果,但在实践中没有形成对这些成果的稳定认识,对中国特色社会主义制度认同教育也处于一种不完全自觉的状态,中国特色社会主义制度认同教育思想意识也散见在各种社会主义教育运动和社会主义制度建设过程中的领导人谈话中,由于没有形成中国特色的制度建设的系统性理论思想,制度特色的系统性认同教育自然也谈不上。改革开放以后,中国特色社会主义制度在邓小平理论的指导下,进一步推动了我国政治经济制度的创新发展,这一时期,制度创新成果也主要集中在政治和经济制度体制方面的探索。但由于受人的认识和制度建设规律的制约,无论是毛泽东时代还是邓小平时期,中国特色社会主义制度的建设成就主要集中在根本政治制度和基本经济制度上,与此相适应,对中国特色社会主义制度的认同教育也主要集中于中国特色的社会主义政治制度与经济制度的认同教育上，如反对资产阶级自由化思潮和坚持四项基本原则的教育等。

中国特色社会主义是当代中国发展进步的根本方向，中国特色社会主义的发展需要完善的中国特色社会主义制度做保障，中国特色社会主义制度的完善和发展，不是个别制度的完善和发展，而是制度特色体系化建设的完善和发展，只有各方面的特色制度相互协调，中国特色社会主义制度才能体现更大的优越性，才能为中国特色社会主义的发展提供更好的制度保障。随着中国特色社会主义建设从政治、经济建设向政治、经济、文化三位一体的建设，向政治、经济、文化、社会四位一体乃至政治、经济、文化、社会和生态文明五位一体建设布局的拓展，中国特色社会主义制度特色建设随之全面展开。中国特色社会主义制度在中国特色社会主义理论体系的指导下，紧跟着中国特色社会主义道路的具体实践，各方面的立法步伐也在逐步加快。改革开放以来，在中国特色社会主义总道路的基础上，确定了中国特色自主创新道路、中国特色新兴工业化道路、中国特色城镇化道路、中国特色农业现代化道路、中国特色政治发展道路、中国特色文化发展道路等具体发展之道，作为道路保障的制度与之相适应，呈现出向制度特色体系化方向发展。目前，中国特色社会主义制度还不完善，还没完全定型，尤其中国特色社会主义文化制度、社会制度、生态文明制度的建设还处于起步探索阶段，但在制度特色的自觉意识作用下，随着中国特色社会主义在各个领域的具体特色道路的确定，中国制度特色体系建设框架也随之形成。

制度特色体系的建设，要求各个方面的制度特色保持内在的统一性和协调性。社会制度体系内各制度之间具有相互规定性，经济制度的变化，必然带来政治文化等其他制度方面的变化。因此，党的十八大强调，中国特色社会主义制度要"构建系统完备、科学规范、运行有效的制度体系"，"使各方面制度更加成熟更加定型"。针对当前我国文化制度、社会制度、生态文明制度建设存在的问题，十八大报告要求"加快完善文化管理体制和文化生产经营机制，基本建立现代文化市场体系，健全国有文化资产管理体制，形成有利于创新创造的文化发展环境。要加快形成科学有效的社会管理体制，完善社会保障体系，健全基层公共服务和社会管理网络，建立确保社会既充满活力又和谐有序的体制机制。加快建立生态文明制度，健全国土空间开发、资源节约、生态环境保护的体制机制，推动形成人与自然和谐发展的现代化建设新格局"，开创中国特色社会主义文化制度、社会制度、生态文明制度建设的新局面，推动中国特色社会主义制度体系的协调发展。当前，我国进入全面深化改革阶段，全面深化改革的总目标是完善和发展中国特色社会主义制度，推进国家治理体系和治理能力现代化。中国的改革无不体现中国特色的要求，在新的历史起点上，完善和发展中国特色社会主义制度，各个方面制度特色的建设必然要重视制度特色的内在关联性，这就需要加强相关立法工作的协调性，注重各制度特色之间的内在规定性，实现经济、政治、文化、社会制度等方面特色的协调发展，通过各方面制度特色的全面建设，促进中国特色社会主义制度的发展和完善。因此，人们对中国制度特色的理解不应该碎片式，或者说对中国特色社会主义的制度特色认同不能仅仅一味地指向某一方面或某一领域的具体制度，而应指向制度特色体系。当前，无论是中国特色社会主义政治制度和经济制度的发展完善，还是中国特色社会主义文化、社会和生态文明制度的建设，都是围绕着"中国特色"展开的，都是对中国特色社会主义制度"特色体系"的丰富和完善，这一制度特色体系的建设方向将中国特色社会主义制度认同教育指向了制度特色体系，形成当今中国特色社会主义制度认同教育内容的未来指向。

二 制度特色的民族性认同教育指向

中国特色社会主义制度认同教育除了要从生产力决定生产关系的角度为制度特色的合理性、必要性进行辩护外，制度的民族性辩护也不能忽视。社会制度作为一种社会存在的形式，它也遵循普遍性与特殊性相统一的规律。法律制度既有普遍性即共性的东西，又有其特殊性，即民族性的东西。法律就像语言、风俗一样，具有民族特性，它"随着民族的成长而成长，民族壮大而壮大，当这一民族丧失其个性时即趋于消逝"。① 可见法律制度的民族性对一个民族生存的重要性,法律制度生存的根基在于保持其民族的个性,这也是全球化进程并没有导致全球制度的同一,而是越来越强调制度形态多样化的全球性的原因所在。在全球化进程中,重视制度的民族性,并不意味着制度的封闭性,一个国家法律制度只有在保持自身民族独特性的同时,又能够超越民族性的局限性,使其制度在精神价值和实践价值方面具有一定的普遍的意义,才能够在全球化进程中,既保持自身制度的独立性,又能被世界所认同和接受。

孟德斯鸠在《论法的精神》中指出,法律与一个国家或者民族生活的地理环境、人民的生活方式、风俗习惯、宗教等具有非常密切的内在关联,"为某一国人民而制定的法律,应该是非常适合于该国的人民的;所以如果一个国家的法律竟能适合于另外一个国家的话,那只是非常凑巧的事"。② 当然,我们并不支持他这种对法律移植的断然否定的态度,但是也不能忽视他所指出的法律的民族性。习近平在多次讲话中谈到历史传承、文化传统、经济社会发展的基础对一个国家道路选择、治理方式选择的影响。一个国家制度体系的形成也是在这个国家的历史传承、文化传统、经济社会发展的基础上长期发展、渐进改进、内生性演化的结果。中国独特的文化传统,独特的历史命运,独特的基本国情,注定了我们必然要走适合自己特点的发展道路,也注定了中国特色社会主义制度的民族性。在法律文化的历史长河中,中华法系曾与世界其他五大法系并著于世,并对亚洲诸国的法律制度产生了重大影响。随着清朝末年的衰败,在学习西方法律的过程中,中华法系随之解体。但是一个国家的法律制度无论如何变迁,都不可能完全无视这个国家的法律传统而一味地模仿、移植他国法律。传统法律文化构成一个国家法律制度变迁不可忽视的语境,一国的传统法律文化赋予这个国家制度存在的意义,并且决定了这个国家制度的价值取向和制度的实施

---

① [德] 萨维尼:《论当代在立法和法理学方面的使命》,转引自沈宗灵《现代西方法理学》,北京大学出版社 2007 年版,第 16 页。

② [法] 孟德斯鸠:《论法的精神》上,转引自沈宗灵《法理学》,北京大学出版社 2014 年版,第 94 页。

效果,在法律借鉴和移植的过程中,如果不能结合本民族的法律文化传统,不注意法律借鉴和移植过程中存在不兼容的法律现象问题,注定不会产生法律原产地国家那样的效果。这也是我们在全球化背景下,建设中国特色社会主义制度过程中要高度重视的问题。虽然全球化促进了各国法律的融合,任何一个国家的法律都不可能是一个自治体系,但是绝不能忽视制度民族性对一个民族国家存在的意义。

制度的民族性作为一种制度文化现象,成为人们分析和理解现行法律制度的一个视角,如何科学地对待制度民族性问题,给予制度民族性应有的地位,构成中国特色社会主义制度民族性认同教育的内容。对自身独特性进行深刻的把握,目的还在于更好地融入世界,实现更大空间的发展。因此,中国特色社会主义制度民族特色认同教育,必然要强调包容性的而不是排他性的制度特色认同教育,这种制度的认知教育方式符合马克思主义哲学关于同一性和多样性统一的方法论思想。当前,中国已不可避免地进入全球化进程,这决定了对中国制度特色的认同必然是一种开放的认同,既要看到保持制度自身特色的重要性,又要防止固守特色而产生的狭隘的制度民族主义情绪。因此,在强调对自身特色认同的同时,也要防止"独特性陷阱",即"只要讨论中国的问题,首先就想到中国与众不同,眼中只有中国的'独特性',而看不到中国与世界所具有的十分重要的共性,从而掉入'独特性的陷阱'"[1]。一个好的制度必然是一个能够吸收外来营养滋养壮大自己,同时又能滋养他者的制度。这就要求我们科学地对待制度文化历史遗产,毛泽东指出:"学习我们的历史遗产,用马克思主义的方法给以批判的总结,是我们学习的另一任务。"[2] "清理古代文化的发展过程,剔除其封建性的糟粕,吸收其民主性的精华,是发展民族新文化提高民族自信心的必要条件;但是决不能无批判地兼收并蓄。"[3] 毛泽东科学对

---

[1] 周方银:《中国发展需跃过"独特性陷阱"》,《环球时报》2014年11月1日第7版。
[2] 《毛泽东选集》第2卷,人民出版社1991年版,第533页。
[3] 同上书,第707—708页。

待历史和文化遗产的态度,是我们对待制度民族性应有的态度,对于我们民族文化具有积极性的制度思想要加以吸收和利用,要处理好继承和创新发展的关系。文化具有时代性,随着社会实践的发展,原先有些先进的文化可能不再先进,它有可能随着时代的变化而变得落后,因此,我们对待优秀的传统制度文化的态度不应该是教条的,而是基于现实实践的反思,让其更具包容性和开放性,赋予传统制度文化以新的时代内涵,使之在动态变化中保持制度文化的先进性,这样才能为世界各国所认同。创新中国传统制度文化的内涵,需要我们有一种主体反思性意识。吉登斯认为反思性是现代性动力的来源之一,随着现代性的出现,反思具有了不同的特征。吉登斯认为,仅仅因为一种实践具有传统的性质就认可它是不够的。传统,只有用并非以传统证实的知识来说明的时候,才能够被证明是合理的。也就是说被证明为合理的传统,实际上只是一种具有虚假外表的传统,它只有从对现代性的反思中才能得到认同。因为社会实践总是不断地受到关于这些实践本身的新认识的检验和改造,从而在结构上不断改变着自己的特征。[1] 比如被西方称为"东方之花"的调解制度,就是中国"厌讼"传统法律思想的体现,它不同于西方"争讼"思想,调解扎根于中国"和"文化思想,契合中国人"以和为贵"的心理需求。传统文化以"和"为贵的价值取向,要求制度施行以教化为先,说和为上,调解这一具有中国民族特性的制度在平息矛盾、防止争纷方面具有其他制度不可替代的作用,因此,新中国成立以来,调解作为一种法定的解决纠纷方式,成为构建社会和谐的重要手段。但与此同时,我们也要看到传统调解制度思想的另一面,那就是轻视法律、轻视诉讼,这显然不符合当前中国特色社会主义法治建设的要求。因此,在当今社会转型期和矛盾凸显期,各类矛盾纠纷增多的情况下,既要重视调解制度在解决各类矛盾纠纷中的价值,又要强化依法调解意识,在调解过程中注重公民的法律意识教育。因此,只有根据社会实践不断地创新

---

[1] 参见[英]安东尼·吉登斯《现代性的后果》,田禾译,凤凰出版传媒集团、译林出版社2011年版,第34页。

传统制度文化，实现制度文化的现代转型，才能使传统制度文化保持活力，也才能为现代人们所认同。

制度的民族基因是一种历史的积淀，它深深植入传统法律文化的血脉中，并以法律价值的观念形态存在于人们的思想意识中，进而影响人们的法律态度和法律行为。因此，失去了制度的民族性，也就意味着失去了制度凝聚这一民族的社会心理基础，失去了制度在这个民族国家生存发展的深厚的文化滋养和民族精神力量的支撑。传统法律文化是传统文化的一部分，习近平指出："中华文化源远流长，积淀着中华民族最深层的精神追求，代表着中华民族独特的精神标识，为中华民族生生不息、发展壮大提供了丰厚滋养。"中国优秀的传统法律文化能够为中国特色社会主义制度发展和完善提供丰厚的滋养，是中国特色社会主义制度在世界交往中发挥制度软实力的优势所在，是中国特色社会主义制度在中国获得广泛支持的现实心理基础。习近平在2013年8月19日全国宣传思想工作会议上的讲话中指出："宣传阐释中国特色，要讲清楚每个国家和民族的历史传统、文化积淀、基本国情不同，其发展道路必然有着自己的特色；讲清楚中华文化积淀着中华民族最深沉的精神追求，是中华民族生生不息、发展壮大的丰厚滋养；讲清楚中华优秀传统文化是中华民族的突出优势，是我们最深厚的文化软实力；讲清楚中国特色社会主义植根于中华文化沃土、反映中国人民意愿、适应中国和时代发展进步要求，有着深厚历史渊源和广泛现实基础。"习近平这一讲话，丰富了中国特色社会主义制度认同教育内容，指明了制度认同教育的文化路径。因此，对中国特色社会主义制度认同教育要从中华传统文化的角度，阐明中国制度特色的民族性，深化人们对中国特色社会主义的认识，增强中国特色社会主义制度自信。

三 制度特色的时代性认同教育指向

中国特色社会主义制度具有时空的独特性，其制度特色不仅表现为适用空间的独特性，还表现为适用时间的独特性。也就是说，中国特色社会主义制度的这种独特性不仅因为它只适合中国，体现为一个空间概念，它作为制度历史长河中某一阶段的制度形态，还表现为一个历史概念，也就是说，在不同的历史时代制度呈现出不同的时代性特色。对于制度的时代性，经济学家门格尔的一段话很有道理："如果说有什么观点是十足正确的，那无疑是这样一种观点：具体的一种政治规章、法律、制度、习俗等等，肯定不可能适合于所有的时代和国家，简而言之，不可能在各个不同的条件下都适用。"① 法律制度的适用受一定时空的条件制约，这决定了某一具体法律制度不会普适于每个国家，也不会普适于每个时代，一定的制度特色总是一定历史阶段的制度特色，因此，制度特色的认同也是一定具体历史时空中的制度特色认同，制度特色的时代性实际为制度特色认同提供了一个时间的视角。

时代作为一种指称某一历史阶段的特定概念，它既体现一个量的时间范畴，也体现为一个质的概念，质表征了某一量的时间范畴的特质，是这个时间范畴的标识，称之为时代性。由于时代有着不同的划分标准，因而有了不同的时代指称，但时代总是与某一历史阶段的独特性相关。马克思基于其唯物主义观认为只有以生产力与生产关系矛盾运动为依据，才能准确把握时代的性质及其特点。马克思指出，"我们判断一个人不能以他对自己的看法为根据，同样，我们判断这样一个变革时代也不能以它的意识为根据；相反，这个意识必须从物质生活的矛盾中，从社会生产力和生产关系之间的现存冲突中去解释"。② 在马克思看来，不同的生产方式产生不同的社会关系，一定的生产方式和生产关系构成处于一定历史发展阶段的独具特色的社会。马克思指出："手推磨产生的是封建主的社会，蒸汽磨产生的是工业资本家的社会。"③ 劳动工具代表了生产的方式和水平，不同的生产工具决定不同的生产时代，也决定了这个生产时代特有的生产关系，生产力方式成为经济的社会形态演进的划分标准。马克思在《〈政治经济学批判〉序言》中指出："大体说来，

---

① ［奥］卡尔·门格尔：《经济学方法论探究》，转引自马耀鹏《制度与路径——社会主义经济制度变迁的历史与现实》，人民出版社 2010 年版，第 192 页。
② 《马克思恩格斯选集》第 2 卷，人民出版社 1995 年版，第 33 页。
③ 《马克思恩格斯选集》第 1 卷，人民出版社 1995 年版，第 142 页。

亚细亚的、古希腊罗马的、封建的和现代资产阶级的生产方式可以看做是经济的社会形态演进的几个时代。"①马克思认为，每个历史时代都有其独特的经济生产以及与之相适应的社会结构。这种独特的经济生产及与之相适应的社会结构反映了这个时代质的规定性。不同的时代，具有不同的时代性，时代性表征一个社会的基本生产力及其生产关系状况。比如，基于资本主义时代性的判断，资本主义时代性，就生产方式方面，表现为社会化大生产，在生产关系上表现为私有制，并产生资产阶级与无产阶级的对立。

马克思对时代划分的唯物主义观是我们分析中国特色社会主义制度时代性的一个基本方法。根据马克思主义的时代观，对制度特色时代性的分析，首先要判断我们当代所处的时代及时代的特征。对于当代所处的时代分析，可以从"大时代"与"小时代"两个方面的结合来为我国所处的时代进行定位。列宁认为，某个时代的存在具有较长的历史跨度，因此，将这个较长的历史跨度称为"大的历史时代"②。有"大的历史时代"就必然有"小的历史时代"，"小的历史时代"从属于"大的历史时代"，比如，有人将资本主义大的历史时代，划分为"民族—殖民时代"、"民族经济时代"、"全球统一时代"三个小时代。借用这种划分方式，从"大时代"分析，我们所处的时代是资本主义与社会主义并存的时代；从"小时代"分析，我们处于社会主义初级阶段。"大时代"的特征主要表现为以"和平与发展"为主题的时代，"小时代"的特征主要表现为"改革与发展"的时代主题。时代主题特征是正确理解国家制度的基础。列宁指出，只有"首先考虑到各个'时代'的不同的基本特征（而不是个别国家的个别历史事件），我们才能够正确地制定自己的策略；只有了解了某一时代的基本特征，才能在这一基础上去考虑这个国家或那个国家的更具体的特点"。③列宁的这段话表达这样一个逻辑，"大时代"是"小时代"特征的综合体现，"小时代"除了反映"大时代"的普遍特征外，还有自身"小时代"的

---

① 《马克思恩格斯文集》第2卷，人民出版社2009年版，第592页。
② 《列宁全集》第26卷，人民出版社1990年版，第143页。
③ 同上。

独有特征,这些特征构成一个国家制度的基础,并对这个国家制度的时代性具有规定性。

因此,对中国特色社会主义制度特色时代性进行分析,要综合"大时代"、"小时代"的特征,根据制度所处时代及时代性特征进行分析和概括。资本主义与社会主义并存的"大时代",决定中国特色社会主义制度与资本主义制度的竞争性,中国特色社会主义制度只有比资本主义制度有更高的生产力,才能体现社会主义制度的优越性。邓小平指出:"社会主义制度优越性的根本表现,就是能够允许社会生产力以旧社会所没有的速度迅速发展,使人民不断增长的物质文化生活需要能够逐步得到满足。"①从处于社会主义初级阶段这个"小时代"看,生产力水平较低是我国的现实国情,人民群众日益增长的物质文化需求同落后的社会生产之间的矛盾成为这一阶段的主要矛盾。在"和平与发展"、"改革与发展"成为时代主题的情况下,根据时代的这些特征,制度特色的时代性可以概括为:生产力方面,制度特色的时代性体现为生产力导向,以解放生产力和发展生产力为根本任务,最终消灭剥削,消除两极分化,实现共同富裕;生产关系方面,以公有制为主体的多种所有制经济形式;表现在阶级关系上,体现了阶级性与人民性的统一。对于生产力导向和以公有制为主体的混合所有制,前面有较多涉及,在此不再重复。那么对于阶级性与人民性的统一如何理解呢?

在我国,虽然剥削阶级作为阶级已经消灭,但"我国的社会主义法律制度在本质上仍然具有阶级性,它是取得政权的工人阶级及其领导下的农民阶级和其他人民群众意志和利益的体现。在具有阶级性这一点上,我国法律制度与其他历史类型的法律制度是一致的,然而,阶级性的内容及其与人民性的关系却已经发生了质的变化。我国法律制度的阶级性和人民性不是对立关系,而是一致关系,它的阶级性正是通过对全体人民的共同意志和利益加以确认而表现出来的"②。制度的阶级性与人民性统一的时代特征,是由当前

---

① 《邓小平文选》第2卷,人民出版社1994年版,第128页。
② 张文显:《法理学》,高等教育出版社、北京大学出版社2007年第3版,第203页。

的社会生产力水平决定的。当前，我国还存在工农差别，只要还存在这种差别，按照列宁的观点，就不是完全的社会主义，不是完全的社会主义是相对于马克思和恩格斯所言的生产力水平高度发达的社会主义而言的。列宁认为："要使社会主义取得胜利，只打倒资本家是不够的，还必须消灭无产阶级与农民之间的差别。……只要还存在着工人和农民，社会主义就还没有实现。"①"因为社会主义就是消灭阶级，而既然存在着工人和农民，也就存在着不同的阶级，因而也就不能有完全的社会主义。"② 当然，在社会主义国家，这种阶级性并不意味着一个阶级对另一个阶级的压迫，我国通过宪法明确规定了社会各阶级在国家中所处的地位，即我国是工人阶级领导的、以工农联盟为基础的人民民主专政的社会主义国家。我国人民民主专政的国家性质决定了国家的意志必然是人民的意志的反映，制度作为国家意志的反映也必然是人民意志的反映。工人阶级领导与人民民主专政的统一，决定了中国特色社会主义制度的阶级性与人民性相统一的时代性。

基于上述制度特色的时代性，进行中国特色社会主义制度认同教育，既要看到与资本主义制度对立和竞争的一面，同时也要看到与资本主义制度合作有利于社会主义的一面。从意识形态方面什么时候都不能忽视两种制度之间的对立性，要加强对资本主义意识形态渗透的抵御和中国特色社会主义制度的宣传，尤其是制度目标价值的宣传，同时为了社会主义生产力的发展，在经济交往中要防止"冷战"思维，不以意识形态站队，要积极参与经济全球化。目前中国正在积极推行的"一带一路"战略所体现出的包容性，就契合了和平与发展的两大时代主题，体现了坚持以生产力发展为根本任务，不以意识形态划线，向世界不同制度性质的国家展现出接纳的姿态。中国特色社会主义制度特色的时代性，要求中国特色社会主义制度认同教育不能是一种排他性的认同教育，而是一种差异性的认同教育，要培养人们辩证的制度认同意识。这种辩证的制度认同

---

① 《列宁全集》第38卷，人民出版社1986年版，第332页。
② 《列宁全集》第41卷，人民出版社1986年版，第121页。

不仅体现在对待资本主义制度上，还应体现在对待中国特色社会主义制度不完善上，教育人们辩证地看待中国特色社会主义制度实践过程中存在的问题，将制度现实与制度理想结合起来感知制度的进步，充分利用好当前发展的重要战略机遇期，坚持通过不断发展和完善社会主义制度，逐步缩小制度理想与制度现实之间的差距。

第三章

中国特色社会主义制度认同教育的阻抗因素

发现问题是解决问题的前提，制度认同教育作为一种思想建构活动，必然要针对现实存在的、影响认同建构的问题展开有效的教育活动。"问题就是时代的口号，是它表现自己精神状态的最实际的呼声。"[①] 每个时代都有其面临的亟须解决的问题，当前，消除制度认同的不利因素，实现中国特色社会主义制度最大的认同就是制度认同教育所面临的亟须解决的时代问题。制度认同的形成是制度认同主体、认同客体和外部制度环境多种因素相互作用的结果，它一方面依赖于制度本身的客观表现状态，另一方面受制于人的主观认识，以及他者认知施加影响所构成的环境因素。当前，对中国特色社会主义制度认同教育形成的阻抗因素，主要有西方资本主义舆论的误导，"西化"、"分化"的行为干扰和资本主义发展新变化对自身根本矛盾的自我掩饰，还有各种社会错误思潮以及由于中国特色社会主义制度还不完善，对于人们普遍关心的先富与共富、公平与效率、工具理性与价值理性关系的处理还不能完全满足人民的期望形成的阻抗因素。

第一节 西方资本主义的阻抗

中国特色社会主义制度不仅要面对自身发展所产生的各种认同问题，还要面对西方资本主义对中国特色社会主义制度认同的干扰

---

① 《马克思恩格斯全集》第40卷，人民出版社1982年版，第289—290页。

等问题。资本主义与社会主义作为当今世界存在的两大对立力量,它们之间的较量虽时强时弱,但从未停止过,这种较量实质上也是一种制度认同的较量,这种较量使得两种制度认同力量的对比经常处于一种动态变化中。一方面,苏联解体、东欧剧变后,社会主义运动处于低谷,中国成为以美国为首的西方资本主义国家主要的攻击目标,西方资本主义用尽一切手段对中国特色社会主义污名化和"西化",贬损中国特色社会主义制度优越性,极力推销西方制度模式及其价值观,通过制造思想混乱试图从意识形态入手颠覆中国共产党领导下的中国特色社会主义制度。另一方面,资本主义制度在对社会主义制度的批判中,采取了一些缓和阶级矛盾的措施,掩盖了阶级之间的根本对立和斗争,与此同时,科学技术的进步促进生产力的发展、人民生活状况的改善,在客观上帮助资本主义暂时掩盖了一些根本性矛盾问题。西方资本主义这些主客观的表现,均加大了中国特色社会主义制度认同教育的难度。

一 西方的舆论误导

资本主义国家通过思想观念的全球扩张,寻求制度的扩张,因此,西方资本主义国家动用各种资源从舆论上贬斥异质制度思想。通过舆论开展争夺心灵和思想的斗争是西方资本主义国家干扰社会主义国家的重要手段。长期以来,西方资本主义通过对社会主义制度的歪曲进行舆论误导,将社会主义制度描述为非人道、非民主的具有极权性质的专制制度。针对中国特色社会主义制度,西方资本主义到处散布中国没有自由、没有人权、共产党的集权统治导致腐败盛行等言论,试图将中国置于负面舆论的被动局面,形成对中国不利的舆论氛围。美国学者J. D. 亨特曾说过:"贬斥对方最突出的方式,是把对手描述成极端分子。"[1] 西方资本主义国家对中国"污名化"由来已久,无论是基于意识形态对立立场妖魔化中国,还是基于害怕中国崛起而竭力渲染"中国威胁论",都是西方资本

---

[1] 纪荣仁主编:《谁来打败美国》,转引自田炳信《论美国妖魔化中国》,博士学位论文,暨南大学,2003年,第10页。

主义国家对中国进行舆论误导的常规武器,它们利用台湾、西藏、新疆、环境、宗教、持不同政见者等问题,在国际社会刻意歪曲,大造舆论声势,误导国内舆论和世界舆论。"利用某些社会敏感问题,造谣污蔑,恶意炒作,攻击我国的政治制度,歪曲和贬损党的历史,丑化党和政府的形象,煽动人们对党和政府的不满;曲解、丑化、淡化我民族文化传统,消解中华民族的凝聚力等等。"① 还将环境、粮食、能源等各种全球性问题强加在中国头上,极力渲染"中国威胁论",并试图将资本主义经济扩张造成的问题,转嫁到中国身上,试图让中国成为"替罪羊"②。

美国政治学家塞缪尔·亨廷顿指出:"对一个传统社会的稳定来说,构成主要威胁的,并非来自外国军队的侵略,而是来自外国观念的侵入,印刷品和言论比军队和坦克推进得更快、更深入。"③ 意识形态的安全关系到国家制度的安全。作为上层建筑的意识形态是社会制度的思想基础,美国学者乔治·洛奇指出:"意识形态是连接价值观与现实生活的桥梁,它把人们对生存、正义、经济(利益大于成本)、实现和自尊这些被普遍接受的价值观带入现实世界……没有意识形态也就没有社会。"④ 西方资本主义国家当然不会忽视意识形态的这种功能,尼克松就曾表示:"美国过去是,将来应该永远是'意识形态的灯塔',应把自己的价值观念传向全球,彻底战

---

① 祝念峰、王群瑛:《专家学者研讨"颜色革命"、"街头政治"及美国西化、分化中国战略》,《高校理论战线》2005年第6期。
② 泰弗尔将"替罪羊现象"称为社会因果性。他认为,社会因果性是指寻求对于复杂的、通常是创伤性的大规模社会(或者非社会)事件的理解。对这类事件的社会解释就是要找到一个被指责为事件负直接责任的社会群体,对有关这一群体的负面刻板印象进行详尽阐释和广泛传播(这一负面刻板印象与需要解释的事件有关),这就是替罪羊现象。泰弗尔引用纳粹德国的例子进行说明。20世纪30年代德国遭遇了经济危机,纳粹认为犹太人对这次危机负责任……在当代,正经历大规模失业的西方工业国家则倾向于将危机归罪于移民群体。[澳]迈克尔·A.豪格(Michael A. Hogg)、[英]多米尼克·阿布拉姆斯(Dominic Abrams):《社会认同过程》,高明华译,中国人民大学出版社2011年版,第95页。
③ [美]塞缪尔·亨廷顿:《变化社会中的政治秩序》,王冠华等译,上海世纪出版集团、上海人民出版社2008年版,第129页。
④ [美]乔治·洛奇:《全球化的管理——相互依存时代的全球化趋势》,胡延泓译,上海译文出版社1998年版,第107—108页。

胜共产主义，以便领导世界。"① 布什也毫不掩饰美国称霸世界的意图："我们将积极致力于把民主、发展、自由市场和自由贸易的希望带到世界每一个角落。"② 以美国为首的西方资本主义国家通过掌控国际舆论，强化资本主义意识形态的国际传播，排斥异己思想，与社会主义制度国家打"一场没有硝烟的'新的世界大战'"。"一定意识形态总是要对异质意识形态进行抵制、排斥，不允许其他意识形态的干扰与侵袭。"③ 中国作为目前正在崛起的最大的社会主义国家，西方资本主义将中国作为资本主义制度意识形态的最大威胁，加紧了对中国特色社会主义制度意识形态的抵制和排斥。1999 年美国前国防部长佩里的《预防性防务》一书将对美国国家利益的威胁分为三类：第一类是像苏联那样能对美国的生存构成挑战的威胁，如俄罗斯的崩溃和中国的迅速崛起；第二类是虽不足以威胁生存但却十分重大的威胁，如伊拉克和朝鲜的威胁；第三类是虽不直接影响美国安全但却构成对美国全球利益的威胁，如南联盟、波斯尼亚、索马里、卢旺达、海地等国家发生的"人道主义骚乱"。④ 美国不顾中国和平崛起的事实，让中国躺着中枪，莫名成为美国的潜在"威胁"。不仅美国战略家将中国视为能对其生存构成挑战的威胁，事实上以美国为代表的西方资本主义国家均有这样的认同，他们以意识形态站队，极力把中国当作国际社会的潜在敌人来宣传，什么"极权威胁论"、"军事威胁论"、"经济威胁论"、"中国文明威胁论"、"中国资源威胁论"等各种"威胁论"层出不穷，试图阻碍中国的崛起。最近美国又抛出"中国黑客威胁论"，黑客成为"中国威胁论"的新落点，黑客似乎成为代替人权、民主的新话题，成为美国对华发动舆论战的新议题，歪曲的目的依然是"搞臭"中国、"抵制"中国。2014 年美国在中美峰会前集中炒作

---

① [美]尼克松：《1999 年：不战而胜》，王观声等译，世界知识出版社 1989 年版，第 320 页。
② 转引自冯宏良《意识形态安全与马克思主义大众化》，《探索》2010 年第 4 期。
③ 郑永廷等：《社会主义意识形态发展研究》，人民出版社 2002 年版，第 345 页。
④ 中国现代国际关系研究所：《全球战略大格局——新世纪中国的国际环境》，转引自田炳信《论美国妖魔化中国》，博士学位论文，暨南大学，2003 年，第 43 页。

"中国黑客威胁论",歪曲中国政府进行数据操纵,指责中国政府幕后主使,利用黑客窃取信息,威胁西方利益,对异见人士以及支持民主的机构进行监控等,以至有媒体发出这样的疑问:这是否意味着东西方之间正在形成新的"数字铁幕"?①

西方敌对势力利用其主导的话语体系和强大的舆论平台从政治领域、经济领域到文化领域步调一致地攻击社会主义中国,对中国特色社会主义制度刻意歪曲,制造国际社会对中国的偏见、刻板印象,甚至是对抗的、歧视的、敌意的心态。毛泽东曾经说过:"凡是要推翻一个政权,总要先造成舆论,总要先做意识形态方面的工作。革命的阶级是这样,反革命的阶级也是这样。"② 在资本主义国家的支持下,西方学者针对中国的对立、排斥思想不断出笼并与西方媒体的炒作相互响应,大造国际舆论,总是用自以为好的制度为评断标准,不断诋毁中国形象和否定中国特色社会主义制度的优越性,不愿承认中国崛起,"那些恶意批评中国经验的人永远不会承认中国可以创造出更好的政体形式。他们不能容忍中国敢于拒绝照搬他们国家的体制。这些人顽固认为他们的体制才是人类的智慧。在他们看来,拒绝仿效他们就是一种'异端'"③。西方资本主义借助于其在国际上的主导地位和国际话语优势,控制舆论,以其定义的"善、恶"价值评判标准攻击另一种价值标准,将自己的价值标准作为真理,向全世界宣传,并主导全球化进程,试图将全球化演变成资本主义制度的全球化,以此形成资本主义制度认同"共识",从而瓦解和动摇中国特色社会主义制度的认同思想基础。由于西方舆论系统地不断地重复这些歪曲的信息,最终这些虚假的信息似乎变成了对中国特色社会主义制度的定义和标签,扰乱了人们对中国特色社会主义制度的正确认识,而资本主义社会则"通过为对付外来威胁而动员起来的方式,使国内显示出一种在工业文明的

---

① 参见陈一鸣等《美炮制"中国顶尖黑客小组",欲拿"中国威胁论"施压》,《环球时报》2014年10月30日第1版。
② 《建国以来毛泽东文稿》,人民出版社1996年版,第194页。
③ 《海外网民高度评价中国独特高效的政治体制》(http://news.163.com/08/0402/11/48H7I50J0001124J.html)。

先前阶段闻所未闻的联合和团结"①。

事实上，全球化已成为西方资本主义意识形态扩张的工具。西方学者保罗·史密斯在谈到全球化意识形态时指出："全球化大体来说是一种意识形态构形，宣布一种尚未到来的原教旨主义的资本主义。"②西方学者阿里夫·德里克也指出，"全球化意味着资本主义进入了'全球资本主义'新阶段，在这个阶段上，资本主义生产方式将'第一次在历史上以真正意义的全球性分离形式出现'"③。资本主义意识形态理论毫不避讳全球化就是资本主义化的观点，尽管事实上对全球化存在资本主义与社会主义理解上的差异，但是由于西方资本主义利用其经济实力主导着全球化共识的同一性标准，以其强大的舆论宣传对国际舆论进行思想控制，并以强大的经济和军事力量为后盾，将资本主义意识形态强加于不服从者。有学者指出，这是一种新帝国主义的表现，它不同于列宁对帝国主义的定义。对新帝国主义持批判观点的韦尔内分析说，后现代帝国主义"所追求的并不是传统意义上的土地占领——即从本土派人到殖民国建立定居点，也不是自然资源的直接开采。在经济全球化的大背景下，已无需对外围进行直接的政治控制。这种帝国主义主要表现在意识形态领域，它所追求的是将民主作为一种最佳的政治制度加以推广"④。在西方资本主义国家眼中，中国是缺乏民主的国家，因此，针对中国民主制度不断制造舆论热点，恶意地歪曲和攻击社会主义政治制度，试图将西方的民主强加给中国。事实上西方所主张的民主无非是资产阶级的民主，正如恩格斯所指出的那样："这个理性的王国不过是资产阶级的理想化的王国；永恒的正义在资产阶级的司法中得到实现；平等归结为法律面前的资产阶级的平等；被

---

① [美]赫伯特·马尔库塞：《单向度的人——发达工业社会意识形态研究》，刘继译，上海译文出版社2008年版，第19页。
② [英]保罗·史密斯：《文化研究与公民社会》，载王逢振《全球化症候》，天津社会科学院出版社2001年版，第96页。
③ [美]阿里夫·德里克：《全球性的形成与激进政见》，载王宁等《全球化与后殖民批评》，中央编译出版社1998年版，第16页。
④ 转引自周穗明《"新帝国主义"及其批判述评》，《国外社会科学》2004年第3期。

宣布为最主要的人权之一的是资产阶级的所有权；而理性的国家、卢梭的社会契约在实践中表现为，而且也只能表现为资产阶级的民主共和国。"[1]恩格斯认为，资产阶级从其诞生起，就存在与其对立的阶级，只要有阶级对立，就不可能有真正的民主，当时启蒙思想家所描述的理想社会就不会实现。西方资本主义国家掩盖其民主的本质，无视其民主的局限性，将其所谓民主美化后在世界范围内推销。资本主义制度思想体系把控世界舆论，强势地全球化传播，在客观上影响甚至制约着国内的制度认同。在现代社会中，制度认同不可能脱离全球化的社会场域，全球化交往将人们置于不同制度、文化、思想混置的社会舆论环境中，再加上资本主义积极的舆论误导，西方的制度思维不断改变着人们的制度思维，造成人们对中国特色社会主义制度认同的困惑，出现了认同标准的混乱，中国特色社会主义制度在"他者"眼中的形象，影响了制度的"自我"认同，"自我"迷失在"他者"的世界中，"自我"失去了赖以确定自身社会归属和身份认同的标准。

二　西方的行为干扰

西方资本主义不仅利用制度意识形态在国际舆论上对中国进行歪曲，而且还企图通过"西化"和"分化"战略行为实现社会主义制度的转向。扼杀社会主义制度是以美国为首的资本主义国家外交战略的重要目标，中国作为最大的社会主义国家在政治上被资本主义国家视为异端，美国通过政治扶持、经济支持、外交声援等方式，以其所谓的"民主、自由"为旗号，形成对社会主义的整体攻势，通过各种"西化"和"分化"行动措施，试图动摇社会主义制度合法基础。美国学者约瑟夫·奈曾意味深长地指出："如果一个国家能使它的霸权在其它人看来是正当的，那么它在实现自己的意志就会较少受到抵抗。如果它的文化和意识形态是有吸引力的，其它的人就会乐于效仿。如果它能够建立与自己的社会相一致的国际

---

[1]《马克思恩格斯选集》第3卷，人民出版社1995年版，第356页。

规则，它大概无需改变自己。"① 西方资本主义深知"攻心"为上的重要性，通过民间组织和学术机构对国内知识分子进行观念的改造，使他们从思想上坚信西方的制度就是先进的制度，就是文明的制度，并不知不觉成为西方制度的忠实信徒和代言人，在中国积极主张实行西方模式的"宪政"，从而达到"西化"的目的。2014 年发生在香港的"占中"事件，就是西方主导策划的"西化"、"分化"行动，在西方敌对势力的精心策划和幕后操纵、舆论配合下，打着"公民抗命"的民主的旗号，发动了策划已久的"占中"行动。事实上，这种行动手段并不符合"公民抗命"的正当性条件，而是西方发动的"颜色革命"。"美国政治哲学家罗尔斯曾提出只有符合三个条件，'公民抗命'才能称得上正当。一，公民反抗的是明显的实质性的不正义；二，对于政治多数已真诚地正常呼吁过，但未取得效果，法律的纠正手段已证明无效时，才能采取'公民抗命'；三，在实施'公民抗命'前，须全面审慎地考虑可能出现多种并存的'公民抗命'对法律制度破坏的严重程度。这一说法被广泛接受，但当前香港'占领中环'行动却明显不符合上述条件。"②"占中"从一开始起，美、英等西方国家的传媒机构便以"雨伞革命"为其定性。对于香港"占中"本质，人民网刊发署名"国平"的文章以《港版颜色革命注定要失败》为题进行了解读，文章指出，"占中"策划者表面上要求"真普选"，实际则是在操作港版颜色革命③。"占中"与颜色革命手法相似、实质与图谋完全相同，"占中"具备了颜色革命的一切要素。④ "颜色革命"是西方资本主义实施"西化"、"分化"战略常用的手段，发生"颜色革命"的国家之后几乎都出现了社会动荡、经济滑坡和民生凋敝的情况。格

---

① [美] 约瑟夫·奈：《美国霸权的困惑》，转引自田炳信《论美国妖魔化中国》，博士学位论文，暨南大学，2003 年，第 29 页。

② 张利：《香港"占中"本质是"暴民抗命"》（http：//opinion. people. com. cn/n/2013/0924/c1003-23013150. html）。

③ 国平：《港版颜色革命注定要失败》（http：//opinion. people. cn/n/2014/1013/c1003-25824572. html）。

④ 国平：《香港非法"占中"实质为颜色革命　注定失败》（http：//www. guancha. cn/local/2014_ 10_ 13_ 275716. shtml）。

鲁吉亚2013年失业率高达15.1%，人民贫困潦倒。乌克兰2012年的国内生产总值仅相当于1990年的69.5%，国家陷入持续不断的严重内乱。①"占中"行为是西方敌对势力对我国实施"西化"和"分化"的有计划的行动，妄图将香港引向"颜色革命"的深渊，破坏国内社会秩序的稳定。"香港占中"事件的发生，再次说明我国与"西化"、"分化"势力的斗争将是一个长期面对的严峻问题。

西方资本主义对中国实施"西化"、"分化"战略由来已久，在20世纪50年代，时任美国国务卿的杜勒斯趁我国实行"百花齐放、百家争鸣"方针之机，提出要促使中国逐步实行"西方的自由化"。1961年，肯尼迪上台后，提出了烜赫一时的"一手拿剑，一手拿橄榄枝"的"和平战略"。肯尼迪在和平共处、和平竞赛的口号下，通过援助、贸易、新闻、科技与文化交流以及提供资金、技术，把共产主义事业带进美国所希望的多样化的自由世界中来。② 在1972年中美建交后，"和平演变"战略成为美国对华外交的目的和内容。此后，随着国际形势的变化，"人权"、"民主"成为美国实施"西化"、"分化"战略的重要旗帜。克林顿时期还公开宣布了对华"新的人权战略"，通过人权问题制造政治危机，促进民主运动的发展，意图干涉中国内政，实现"西化"、"分化"的目的。进入21世纪后，西方国家利用民族问题、宗教问题以及社会转型过程中存在的一些社会矛盾和社会问题，利用网络制造舆论热点，制造思想混乱，激化人民内部矛盾。在政治上，包庇和积极培养民族分裂分子、反社会主义分子、"民运分子"等，使其成为中国共产党和中国政府的"异己力量"。相继在西藏、新疆、北京、昆明等地发生的恐怖事件背后都有民族分裂分子的影子。随着网络技术的运用，西方资本主义将网络作为实施"西化"、"分化"战略思想宣传鼓动的重要战场。网络使人类活动日益突破时间和空间的局限，成为"无边界"的全球性社会，"共在"成为一种常态，"过去那种地方

---

① 参见陆政平《决不任由"占中"者闹"颜色革命"》，《环球时报》2014年10月22日。

② 参见申文杰、陈春琳《西化分化战略对我国意识形态的新挑战及对策分析》，《河北师范大学学报》（哲学社会科学版）2013年第2期。

的和民族的自给自足和闭关自守状态,被各民族的各方面的互相往来和各方面的互相依赖所代替了。物质的生产是如此,精神的生产也是如此"①。网络使得世界各国人民在物质生产和精神生产的相互往来和相互依赖越来越紧密,网络不仅淡化着国家的自然边界,也销蚀着国家的政治边界,导致"人们熟悉的自我形象和世界图景所依据的领土社会化和文化知识的制度原则瓦解"②。西方资本主义国家利用信息技术和语言优势,从政治、经济、文化等方面实施全方位的渗透,积极传播西方思想文化和价值观念,通过加强意识形态渗透,强化其意识形态的号召力来对抗和消解社会主义意识,削弱中国特色社会主义制度指导思想的影响力,从而对中国国家意识形态安全构成威胁。西方资本主义在信息技术的帮助下,资本主义意识形态借助各种文化形式得以更加隐蔽地广泛传播,逐渐改变着人们的思维方式和行为模式,资本主义的意识形态理论对世界各国政治产生巨大影响,形成资本主义国家的"软实力"。与此同时,资本主义制度意识形态渗透性的全球化隐蔽传播,使得我国面临的思想舆论环境日趋复杂,人们对西方敌对势力"西化"、"分化"我国的战略企图存在认识不清、警惕性不足的问题,这也是为什么有的人对香港"占中"活动性质和实质认识不清,看不清这是西方敌对势力颠覆我国政权的阴谋,对这一活动所谓的"民主"抱有同情心,甚至支持的原因所在。目前,西方资本主义对我国实行的"西化"、"分化"战略行为,成为阻碍社会对中国特色社会主义制度认同的潜在的外在阻抗因素。

三 西方的自我掩饰

西方的自我掩饰主要表现在资本主义制度新变化所带来的阶级矛盾的缓和对其根本矛盾的掩饰,这种自我掩饰具有较大的社会欺骗性。资本主义制度在与社会主义制度斗争的过程中,为了自身的

---

① 《马克思恩格斯选集》第1卷,人民出版社1995年版,第276页。
② [德]乌尔里希·贝克:《全球化时代民主怎样才是可行的?》,载[德]乌尔里希·贝克、尤尔根·哈贝马斯等《全球化与政治》,王学东等译,中央编译出版社2000年版,第14页。

生存，也在进行自我调适，通过这种自我调适，缓和社会阶级矛盾。马克思指出："在资产阶级社会的生产力正以在整个资产阶级关系范围内所能达到的速度蓬勃发展的时候，也就谈不到什么真正的革命。"① 资产阶级的灭亡诚如它的存在一样有其社会现实条件，马克思主义经典作家虽然指出资本主义灭亡的必然性，同时也告诉我们资本主义在其所容纳的全部生产力还没有完全释放出来之前，是不会灭亡的，但马克思也许没有料到资本主义生命力如此旺盛，没有料到科技革命对资本主义生产力和生产关系的改变，马克思在工业化早期所目睹的社会矛盾和阶级冲突正在发生变化，他不会预见到，"在资产阶级尚未与无产阶级的冲突中被击败之前，就会发生三件事：工业革命将开始转入大众消费阶段；工业无产阶级的规模将缩小并成为全部劳动力大军中越来越小的少数；由于工人阶级领袖提出的许多要求都将得到满足，工业无产阶级，一个少数派，对于倡导革命变革的战斗号召的反应，将越来越迟钝"②。也就是说，资本主义的掘墓人的数量在减少，工人阶级对社会变革的主动意识变得迟钝，甚至消失。一个美国工人领袖如是说，如果"劳动力愤恨地破坏资本，那是无知和邪恶的情感在起作用"，"未来将再次在资本与劳动力之间建立完全和谐的关系"③。科学技术的发展，改变了人们的生活方式，也改变了社会的阶级认同，这种改变也赋予了资本主义制度能够合法地存在的支持力量。赫伯特·马尔库塞指出："当个人认为自己同强加于他们身上的存在相一致并从中得到自己的发展和满足时，异化的观念好像就成问题了。这种一致化的过程并非虚构而确是现实。然而这种现实又构成了异化的更高阶段。……异化了的主体被其异化了的存在所吞没。这里存在的只是一种向度，而且它无处不在、形式多样。进步的成就蔑视思想意识

---

① 《马克思恩格斯选集》第 1 卷，人民出版社 1995 年版，第 470 页。
② ［美］罗伯特·A. 达尔（Robert A. Dahl）、布鲁斯·斯泰恩布里克纳（Bruce Stinebrickner）：《现代政治分析》，吴勇译，中国人民大学出版社 2012 年第 6 版，第 97 页。
③ ［德］W. 桑巴特：《为什么美国没有社会主义》，转引自韩健鹏《当代西方意识形态新变化对中国意识形态安全的影响与对策》，博士学位论文，吉林大学，2012 年，第 146 页。

的控诉和判决,在它们的法庭面前,它们的合理性的'虚假意识'变成了真实的意识。"① 科技和大众消费的生活方式本身变成一种塑造意识形态的方式,它将"虚假意识"变成了真实的意识,这种比以前好得多的生活方式本身在一定程度上消解了无产阶级与资产阶级之间的矛盾,构筑起了对资本主义制度新的认同,削弱了资本主义社会掘墓人的力量,阻碍着资本主义社会质的变化。

新的技术工作改变劳动者态度和意识的同时,资本主义也在与社会主义的斗争中不断地进行自我调适,"当资本主义对付共产主义的挑战的时候,它发现了自己的能力:在使以利润为目标的、阻止生产力发展的私人利益居于次要地位之后,所有的生产力可以得到惊人的发展"②。资本主义从社会主义对其的批判中获得变革的动力,并增强了自身的生存能力。资本主义为了巩固自己的统治,对资本主义所有制进行适当调适,改变原来赤裸裸的剥削,扩大中产阶级的数量,通过阶级结构的改变来更好地维护本阶级的利益。随着资本主义社会生产力的发展和阶级结构的变化,马克思主义的"批判的武器"向"武器的批判"的转向似乎失去了动因。赫伯特·马尔库塞对此有过深刻的描述:"在19世纪上半叶它刚刚起源并制定出一些历史替代性选择的最初概念时,工业社会的批判在理论与实践、价值与事实、需要与目的之间的历史调和中得到了具体实现。这种历史调和存在于社会上相互对立的两大阶级——无产阶级和资产阶级——的意识和政治行动中。在资本主义世界,这两大阶级仍是基本的阶级。然而,资本主义的发展已经改变了这两大阶级的结构和功能,使他们不再成为历史变革的动因。维持和改善制度这个凌驾于一切之上的利益,在当代社会最发达的地区把先前的敌手联合起来了。技术的进步在多大的程度上保证着共产主义社会的发展和吸引力,质变的概念就以多大的程度在一种非爆炸性发展的现实主义主张面前退却。由于缺乏社会变革的明显动因和代理

---

① [美]赫伯特·马尔库塞:《单向度的人——发达工业社会意识形态研究》,刘继译,上海译文出版社2008年版,第10—11页。
② 同上书,第45页。

者，批判又回到了高度抽象的水平。"[1] 科学与技术的成就，为资本主义制度提供了新的生存空间，延长劳动时间获取剩余价值已成为过去式，劳动者甚至可以股份制的形式参与一定财富的分配，阶级矛盾和社会冲突得以缓和，资本主义自身的对抗性结构似乎在发生着变化，"'人民'即先前的社会变革酵素，已经'上升'成为社会团结的酵素。成为发达工业社会特征的新的分层"[2]。这些变化使得社会主义意识形态在资本主义社会失去了实践的力量，社会主义意识形态对资本主义制度的批判也停留在抽象层面。针对资本主义社会出现的新情况，有的学者甚至提出了资本主义与社会主义趋同论。雷蒙·阿隆在他的《知识分子的鸦片》一书中也提出，"西方的资本主义社会已经包含各式各样的社会主义制度"，与此同时，"任何人已经无法梦想透过生产工具公有化或计划经济的途径可以根本改造人类的命运"[3]。趋同论认为，在科学技术进步的影响下，社会主义和资本主义都将离开自己的"极点位置"而趋向于相同的特征。[4] 趋同论虽然对资本主义公司所有制形式、国家对市场的干预、收入分配、阶级结构状况等方面的变化做了较为详细的描述，为我们客观看待资本主义制度的变化提供了依据，但对资本主义制度变化表象的描述，不能掩盖这种制度变革从根本上维护资产阶级利益、维护私有制的实质。当然，我们也不能忽视资本主义制度变化带给人们思想的变化。由于技术革命带来的制度变革和社会状况的新变化，资本主义国家的人们开始变得顺从这一社会，受压迫群体的盲思导致对资本主义制度否定性思维被削弱，资本主义制度认同得以重建。

资本主义制度新变化在塑造本国公民认同的同时，也在构筑"异质公民认同"。"异质公民认同"指的是与本国制度性质不同的

---

[1] [美]赫伯特·马尔库塞：《单向度的人——发达工业社会意识形态研究》，刘继译，上海译文出版社2008年版，第4页。

[2] 同上书，第202页。

[3] [法]雷蒙·阿隆：《知识分子的鸦片》，转引自何怀远、贾强《资本主义对社会主义的意识形态战略攻势及其演变逻辑》，《学术交流》2000年第4期。

[4] 参见何怀远、贾强《资本主义对社会主义的意识形态战略攻势及其演变逻辑》，《学术交流》2000年第4期。

国家公民对本国制度的认同。对于一个主权国家而言，如果本国公民形成对他国制度的"异质公民认同"，且这种认同与本国制度认同具有排斥性，那么对他国制度的认同，就意味着对本国制度的排斥，这种认同显然是对本国制度认同的阻抗力量。国家是"认同群体的联邦"①，中国特色社会主义制度与资本主义制度的不同本质，决定了二者的必然对立，也决定了不同制度国家认同群体的异质性。社会主义国家公民对资本主义制度的认同，意味着资本主义制度获得异质公民认同的力量，对于社会主义国家则意味着认同群体的分割，当这种分割达到一定规模时，就会形成认同危机。由于"技术的面纱掩盖了不平等和奴役的再生产"②，有些西方学者针对新技术给资本主义社会带来的新变化，从理论上淡化阶级矛盾，甚至抹杀阶级对立，强调社会主义制度向资本主义制度的趋同。美国未来学家阿尔温·托夫勒就是趋同论者，他宣称在信息技术社会里，生产关系问题、生产资料所有制问题将完全失去意义，资本主义和社会主义的界线将自然泯灭而"趋同"为一种理想的新社会。③此外，为人们所熟知的"意识形态终结论"、"文明冲突论"，实质都在强调向西方资本主义制度的趋同，"趋同论"是为资本主义制度做舆论宣传和辩护，意在通过意识形态发挥政治功能，资本主义社会不断抛出各种极具迷惑性的意识形态理论，本质上还是掩盖资本主义不平等和剥削的存在，通过各种极具迷惑性的意识形态理论在塑造本国公民认同的同时，也在构筑"异质公民认同"。

第二节 社会错误思潮的干扰

社会思潮"以一定的社会存在为基础，以相应的意识形态为理

---

① [美] 夸梅·安东尼·阿皮亚：《认同伦理学》，张容南译，译林出版社2013年版，第297页。

② [美] 赫伯特·马尔库塞：《单向度的人——发达工业社会意识形态研究》，刘继译，上海译文出版社2008年版，第27页。

③ 参见李林昆《阿尔温·托夫勒的"趋同论"的方法论剖析》，《南京社会科学》1993年第2期。

论核心,并与某种社会心理发生相互影响、相互制约、相互渗透作用"[1],社会思潮对社会的作用机制,决定了社会思潮是影响人们认同的非常重要的思想因素。当前,我国社会思潮总体积极向上,能向社会传递正能量,在满足人们精神需求的同时,也对社会的稳定起着积极的作用。但与此同时,也出现一些涉及重大是非原则的错误思潮,这些错误思潮直指中国特色社会主义制度。目前,对中国特色社会主义制度认同产生较大影响的社会思潮主要有历史虚无主义、民主社会主义、新自由主义等错误社会思潮,这些社会思潮的存在一方面是中国特色社会主义制度不被认同的表现,另一方面,这些思潮的传播,客观上影响和改变着人们对中国特色社会主义制度的正确认知,影响着人们对中国特色社会主义制度的认同度,构成对中国特色社会主义制度认同教育的不利干扰因素。这些不利干扰因素集中体现在对马克思主义指导思想、对中国特色社会主义经济制度和政治制度、对党领导的革命和社会主义的历史正当性的认同上。

一 历史虚无主义思潮的干扰

对中国制度历史的质疑与否定是一种历史虚无主义的表现。历史虚无主义是反马克思主义在历史文化领域的具体表现,它作为一种政治思潮的主要表现是以"反思历史"为名,颠倒事实,歪曲历史,混淆黑白,否定党领导的革命和社会主义的正当性,对历史人物进行颠覆性重新评价,攻击和诬蔑革命领袖人物和对历史英雄人物进行抹黑,对阻碍历史前进的反动势力及其代表人物则加以颂扬。用曲解的、非客观的态度诟病党史,把党内正常的思想斗争描述成权力斗争的"阴谋史",放大党所走过的弯路和错误,以偏概全,从而质疑和否定中国共产党的领导。历史虚无主义通过解构历史,竭力破坏中国共产党、社会主义制度和领袖人物在人们心中的形象。把革命同现代化对立起来,认为如果没有革命,"中国早就

---

[1] 余双好:《社会思潮对大学生思想行为影响的特点及对策研究》,《思想教育研究》2013年第6期。

实现现代化了",从而否定革命的历史必然性和进步性,宣称要用"现代化史观"取代"革命史观"。在历史虚无主义看来,现代化就是西化,认为走社会主义道路,是一种历史的迷误,而英美式的资本主义道路,才是"人类文明的正道"。历史虚无主义的崇洋情结弥漫着对中国近现代民族独立斗争的质疑与否定、对社会主义的质疑与否定,甚至对中华民族和中华文明的否定。历史虚无主义有很强的现实指向性和政治目的性,它客观上充当着"西化"、"分化"中国的急先锋。历史虚无主义否定中国近现代的发展路线,否定中国共产党执政的正当性和合法性,暴露了其反马克思主义和反社会主义社会的立场。

古人云:"灭人之国,必先去其史。"因此,我们必然坚决地同历史虚无主义言论做斗争。同历史虚无主义做斗争必须关注历史虚无主义传播上呈现出的新特点:一是在传播形式上,更加注重微媒体,微博、微信、博客成为历史虚无主义言论的主要传播平台;二是在传播内容上,更加注重微内容,历史虚无主义抓住人们快餐阅读习惯和娱乐心态,根据自身需要任意裁剪历史和解释历史,对历史进行简化和碎片化,只谈其一,不及其余;三是在传播表达上,更加注重"学术"话语。历史虚无主义思潮打着所谓"学术研究"的旗号,以理论研究创新为名,利用人们对学术的信赖,不顾当时历史条件的制约和发展趋势,扩散不符合历史事实的负面言论以及对于普通人来说真假难辨的历史"事实",制造种种历史谎言和思想迷雾,特别是对已有定论历史人物的"重新评价"和对中华民族的丑化,在客观上导致了人们对历史认知的改变,影响人们既有的历史认同和民族自豪感。列宁曾经指出:"在社会现象领域,没有哪种方法比胡乱抽出一些个别事实和玩弄实例更普遍、更站不住脚的了。挑选任何例子是毫不费劲的,但这没有任何意义,或者有纯粹消极的意义,因为问题完全在于,每一个别情况都有其具体的历史环境。如果从事实的整体上、从它们的联系中去掌握事实,那么,事实不仅是'顽强的东西',而且是绝对确凿的证据。如果不是从整体上、不是从联系中去掌握事实,如果事实是零碎的和随意挑出来的,那么它们就只能是一种儿戏,或者连儿戏也不如。"① 列宁的这段话,批判了那些断章取义,不从整体上,不联系具体实际,不从事实内在联系来掌握事实的不负责任的、非科学的态度,并将这种行为称为一种儿戏或甚至连儿戏也不如的行为。习近平也指出:"对历史人物的评价,应该放在其所处时代和社会历史条件下去分析,不能离开对历史条件、历史过程的全面认识和对历史规律的科学把握。不能把历史顺境中的成功简单归功于个人,也不能把历史逆境中的挫折简单归咎于个人。不能用今天的时代条件、发展水平、认识水平去衡量和要求前人,不能苛求前人干出只有后人才能干出的业绩来。"② 对待历史应持一种科学的态度,习近平为我们阐明了科学评价历史人物的方法,这种辩证唯物主义方法是正确认识历史的一种方法。历史虚无主义以唯心论为基础,脱离中国历史发展的客观社会现实基础,忽视历史发展的内在必然性因素,根据自身需要和主观意志任意表述历史、评价历史人物,并毫不掩饰资本主义的立场和情感,不遗余力地颂扬资本主义的价值、文化,在历史、政治、文化领域掀起思想波浪,它具有极大的误导性。因此,我们要教育人们对历史虚无主义的政治诉求和反党、反社会主义制度的本质保持清醒的思想认识,认清历史虚无主义绝对不是学术上的正常分歧和争议,而是敌我之间争夺群众的思想斗争。毛泽东之所以在20世纪50年代提出判断"香花"和"毒草"的六条标准,邓小平之所以在改革开放之初就提出思想政治方面的四项基本原则,就是要人们清醒地认识到思想政治斗争的复杂性与长期性,在思想上要有底线意识,随时保持思想的警惕性。党和国家也要及时回应人们对历史认识存在的困惑,在净化网络舆论空间的同时,要善于利于各种新媒体将真实的历史告诉人们,坚决地反驳和批判各种反党反社会主义的错误社会思潮,维护中国社会主义制度的历史根基。

---

① 《列宁全集》第28卷,人民出版社1990年版,第364页。
② 习近平:《在纪念毛泽东同志诞辰120周年座谈会上的讲话》(http://news.xinhuanet.com/politics/2013-12/26/c_118723453.htm)。

二 民主社会主义思潮的干扰

近年来对我国政治思想领域影响比较大的思潮莫过于民主社会主义了。民主社会主义的主要观点：一是在指导思想及思想文化层面，主张放弃统一的世界观，采取实用主义的多元化的思想，否认马克思主义的指导作用；二是在政治上抽象地提倡资产阶级的民主化、多元化，反对共产党的领导，主张多党制；三是在经济上主张建立以私有制为主体的混合经济，维护财富和收入按资分配为主体的分配结构；四是在终极目标上，民主社会主义抛弃了共产主义这一目标，不主张超越资本主义，根本否定革命，主张改良，通过改良和发展生产力，建立一个所谓社会公正、自由民主、世界和平的制度。①

在中国，民主社会主义是近年来才兴起的一股思潮，这股思潮自称民主社会主义才是马克思主义的正统，认为只有民主社会主义才能救中国，认为中国应放弃共产主义意识形态，以北欧民主社会主义制度实践为借鉴，改变社会主义发展道路。大谈"阶级调和"的论调，认为民主社会主义制度可以调和社会主义制度与资本主义制度之间的矛盾。抹杀无产阶级政党和资本主义政党的区别，认为只有民主宪政才能根本解决中国的贪污腐败问题。提出要"修宪"，鼓吹要在我国实行西方的"宪政民主"。② 民主社会主义在中国具有极大的蛊惑性，它不仅试图影响中国特色社会主义制度的发展方向，而且模糊了中国特色社会主义与民主社会主义之间的本质区别。民主社会主义是一股反马克思主义的资产阶级思潮。中国特色社会主义与民主社会主义有着根本的区别，二者无论是在指导思想上、政党制度上还是在国家政体上均有着本质的区别。民主社会主义与科学社会主义最大的区别就在于对待资本主义的态度上，中国特色社会主义坚持以科学社会主义为指导，而民主社会主义实际上以哥德斯堡纲领为标志，已经完全成为与马克思主义无关的资产阶

---

① 参见程恩富《解放思想必须摆脱各种教条主义》，《学习月刊》2008年第9期。
② 参见靳辉明《要自觉划清马克思主义与反马克思主义的界限》，《思想理论教育导刊》2010年第8期。

级改良主义，成为站在马克思主义对立面的思想体系。民主社会主义在中国之所以具有市场，就在于其具有很大的欺骗性，尤其是在政治制度上，充分体现了资本主义的实质。因此，只有弄清民主社会主义与中国特色社会主义的本质区别，才不会被民主社会主义思想言论的表象所迷惑。在中国，我们绝不可能离开四项基本原则来谈政治制度的改革，中国特色社会主义民主政治，是党的领导、人民当家做主和依法治国的有机统一。2014年9月5日，在庆祝全国人民代表大会成立60周年的大会上，习近平在讲话中提出，中国共产党的领导是中国特色社会主义最本质的特征。这一提法再次强调了中国共产党的领导与中国社会主义的一致性。中国共产党的领导是中国特色社会主义建设强有力的政治保障，只有坚持党的领导，才可能建立强有力的政府权威，并在此基础上实现社会主义的民主和法治。而民主社会主义则反对共产党的领导，否定无产阶级专政存在的必要性，认为民主与专政是对立关系，不存在统一关系，认为通过民主手段能够建立一个新社会。美国斯坦福大学教授弗朗西斯·福山在其新著《政治秩序和政治衰败：从工业革命到民主全球化》中称："秩序良好的社会离不开三块基石：强大的政府、法治和民主问责制。他强调，三者的顺序至关重要，民主并不是第一位的，强政府才是。福山说，印度有（效率低下的）法治和（混乱的）民主问责，但中央政府的权威相对较弱，3个条件中满足2个算不上很差，但远未大功告成。他认为中国拥有强大的中央政府，但法治和民主问责较弱，满足了3个条件的'1个半'，但中国的顺序是正确的。"① 也就是说，中国在走一条正确的国家治理道路，对于中国而言，强大权威的中央政府离不开中国共产党的领导。而民主社会主义则试图实行多党制，这必然会断送社会主义事业的建设成果，必然"只能导致无政府主义，导致社会主义事业的瓦解和覆灭"②。中国甚至会出现四分五裂的局面，苏联解体已经给了我们很好的实践教训。

---

① 转引自《福山给出顺序：强政府、法治、民主》，《环球时报》2014年10月14日第15版。
② 《邓小平文选》第2卷，人民出版社1994年版，第170页。

民主社会主义理论之所以对当前中国社会具有一定的思想诱惑力，既是人们对民主社会主义认识的片面性所致，也源于民主社会主义与中国特色社会主义在思想渊源上存在着千丝万缕的关系。民主社会主义理论发展过程中提出所谓的第三条道路、超越左右等理论，这些理论主张的制度与中国特色社会主义制度具有相似性。比如，强调公平、民主，主张实行混合经济制度等。如果不能透过表象看本质，就无法看清民主社会主义是对资本主义制度的改良，民主社会主义在本质上不触动资本主义制度的核心问题。比如，民主社会主义主张实行混合经济制是以私有制为主体的混合制，根本区别于我国以公有制为主体的混合制。民主社会主义不仅在理论上具有迷惑性，而且客观上也在一定程度上改善了社会中下层人们的物质生活条件，顺应资本主义社会发展的需要，缓和了资本主义社会的阶级矛盾，起到了一定的社会进步作用，因此也获得了一些人的认同。中国国内甚至是著名学者都曾公开提出"只有民主社会主义才能救中国"的观点，从而引发关于民主社会主义在中国的大讨论，可见民主社会主义在国内的影响之深。

在社会主义运动史上，科学社会主义与民主社会主义的斗争就没有停止过。当前民主社会主义对中国特色社会主义制度提出了挑战，并影响着国内人们对中国特色社会主义制度的思想认识。针对当前民主社会主义对中国社会思想的影响，很多学者对民主社会主义从政治、经济等各方面进行了本质的揭示，强调民主社会主义不适合中国。这是因为："改良主义的民主社会主义[①]反映了发达国家由其在世界体系中的地位所决定的大众社会政治意识。"[②] 意识是制度认同结构要素，张传鹤认为发达国家在世界体系中的地位决定了发达国家社会的政治意识，而中国的制度意识是由中国的现实所决

[①] 张传鹤为了与众多民主社会主义流派相区别，将雅克·德罗兹定义的"建立在议会制和为实现各自的目标而进行合法斗争的各政党基础之上的社会主义"称为改良的民主社会主义。参见张传鹤《改良主义的民主社会主义思潮产生和传播原因再认识》，《当代世界与社会主义》2009年第6期。

[②] 张传鹤：《改良主义的民主社会主义思潮产生和传播原因再认识》，《当代世界与社会主义》2009年第6期。

定的，制度意识如果仅凭主观愿望而不扎根现实，这种制度意识一定是虚假的制度意识。民主社会主义是在资本主义土壤上生长出来的，是为完善资本主义制度服务的，因而它与中国特色社会主义制度走的完全是不同的两种道路，资本主义道路并不适合中国国情，这是被历史所证明的。民主社会主义对资本主义制度具有一定的批判性，又对社会主义制度的不足进行了批判，其进步的一面虽然对于完善中国特色社会主义制度具有借鉴作用，但其资本主义的本质，决定了其对中国特色社会主义制度的危害性。民主社会主义思潮作为与社会主义制度相异的一种社会思潮在一定范围内影响着社会舆论和人们的思想认知，影响着人们对中国特色社会主义制度本质的认同。

三 新自由主义思潮的干扰

新自由主义思潮是为西方主导的经济全球化服务的一种意识形态理论，实质上是一种经济自由主义。新自由主义的核心观点主要有两条：一是主张全盘私有化，反对公有制；二是从市场经济万能论出发，强调经济自由化，反对国家调控。它对中国特色社会主义经济制度的看法就是社会主义市场还不够自由，还不是完全意义上的市场，中国改革所出现的一切问题，不是市场导致的，而是由于权力对市场的控制导致的，"现实存在的问题并非源于市场经济，而是源于市场经济尚不到位，其问题的症结是市场没有摆脱权力体制的控制。因此，他们开列的处方是，'将权力逐出市场'，取消政府对市场的干预和管制，实现完全市场化；而完全市场化必然要求公共资源的私有化，只有在私有化的基础上，市场经济才能无所羁绊地自由发展"。① 因此，在新自由主义看来，中国不是完全意义上的市场经济。完全私有化是新自由主义的重要特征，新自由主义者极力美化私有制，认为："私有制浇灌培育了我们人类的文明，包括亚洲、美洲、欧洲的文明。"② 新自由主义的哲学基础是建立在个

---

① 翟昌民：《拒走"老路""邪路"的历史经验研究》，《理论探讨》2013年第6期。

② 曹思源：《国企改革 绕不开的私有化》，知识产权出版社2003年版，第192页。

人主义方法论上的，个人主义方法论区别于马克思主义的整体主义的方法论。在埃尔斯特看来："方法论的个人主义是这样一种观点：所有体制、行为模式和社会过程原则上都可以用个体的行为、属性和关系来解释。"① 新自由主义就是以个人主义的方法论来看待和评判中国特色社会主义制度的，这种个人主义方法必然会导致集体主义社会主流价值的扭曲。此外，新自由主义还"用新自由主义经济学的交易成本理论断言私有制优于公有制，宣扬私有制是灵丹妙药，是唯一选择"②。因而大肆宣扬要在我国的国有和集体经济领域实行私有化，新自由主义的论调迎合中国当前一些既得利益者的需求，因此，在新自由主义思潮的影响下，有的人极力否定我国"以公有制为主体"的经济制度，鼓吹完全"私有化"，借以获得更大的利益。新自由主义从其自由化的主张出发，在经济上试图改变国家宏观调控下的市场经济体制，将中国的社会主义市场经济引向资本主义市场经济，建立自由放任的市场经济体制；在政治上，推崇西式民主，其实质就是将中国引向资本主义社会制度。

我国通过改革吸收和借鉴西方国家市场经济中有益的东西，但与新自由主义有着根本的区别，中国特色社会主义绝不是什么新自由主义。我国市场经济同新自由主义倡导的完全自由化的市场经济完全不同，我国市场经济性质是社会主义属性的，也就是说我国社会主义性质的市场经济决定了我国不可能是完全自由化的市场，决定了我国对市场宏观调控的必要性。有学者指出：建立国家宏观调控下的市场经济体制，把计划与市场结合起来，还是建立自由放任的市场经济体制。这是在市场经济问题上我们同新自由主义根本区别的地方。③ 市场经济作为一种发展生产的方法是人类经济实践活动的重要形式，它的性质取决于使用它的目的，中国特色社会主义发展市场经济的目的在于促进社会主义的生产力，实现共同富裕，

---

① [美] 埃尔斯特：《卡尔·马克思导读》，转引自 [美] R. G. 佩弗《马克思主义、道德与社会正义》，高明华译，高等教育出版社 2010 年版，第 19 页。
② 何秉孟：《新自由主义评析》，社会科学文献出版社 2004 年版，第 317 页。
③ 参见《20 世纪 90 年代以来反马克思主义的几种主要社会思潮——访中国社会科学院马克思主义研究院特聘研究员周新城》，《马克思主义研究》2010 年第 5 期。

生产资料公有制能够保证社会主义的方向，如果否定了生产资料公有制这一社会主义的本质特征，就抹杀了社会主义制度与资本主义制度"具有决定意义的差别"，而资产阶级自由化思潮主张全盘"私有化"、宣扬所谓的"普世价值"、鼓吹西方的"宪政"等，目的就在于"西化"。邓小平深刻地揭示了资产阶级自由化的实质："自由化是一种什么东西？实际上就是要把我们中国现行的政策引导到走资本主义道路。"[①] 在邓小平看来，自由化思潮本质是反马克思主义的、反社会主义制度的，这一思潮与中国改革方向完全是相悖的，因此，这一思潮对中国特色社会主义制度思想共识的形成危害极大，是中国特色社会主义制度完善和发展必须抵制和批判的，甚至需要通过专政手段予以禁止传播的。美国教育家卡扎米亚斯指出："即使在具有民主传统和声称民主之冠的国家，也必然要进行政治灌输和禁止异说，这是很实际的问题。"[②] 进行政治灌输和阻止异说传播是一个国家进行思想统一、形成政治共识使用的常规方式，在中国阻止异说的传播并不意味着不民主，关键看对什么实行民主。

制度认同的形成过程实质上就是意义生产和制造的过程，任何制度的正当性与合法性都离不开人们的认同和支持，各种思潮的斗争策略也是围绕争取社会力量的认同和支持展开的。当前针对中国特色社会主义制度的一些错误社会思潮已经引起社会认识的分歧，影响了对中国特色社会主义制度认同。中国特色社会主义制度认同的形成是一个自变量与因变量相互作用的过程，诺贝尔经济学奖得主西奥多·舒尔茨曾说："主流社会思想塑造着社会的制度化秩序，反过来现有制度的失灵又会改变社会思潮。"[③] 中国特色社会主义制度塑造着主流的社会思想意识，同时制度自身的不完善，催生了各种社会思潮的产生，而不同的社会思潮代表了不同利益群体的意识

---

① 《邓小平文选》第 3 卷，人民出版社 1993 年版，第 181 页。
② ［美］卡扎米亚斯：《教育的传统与变革》，转引自揭晓、陈卓武《中美大学生主流意识形态认同教育比较研究》，《黑龙江高教研究》2012 年第 3 期。
③ 转引自龙小农《从形象到认同——社会传播与国家认同建构》，中国传媒大学出版社 2012 年版，第 154 页。

形态。人的思想意识的产生不是一个孤立的现象，它受社会现实的客观影响。马克思、恩格斯在《德意志意识形态》中指出："意识一开始就是社会的产物，而且只要人们存在着，它就仍然是这种产物。"① 社会存在决定社会意识，一定的社会意识反映一定的社会存在，社会思潮实质是社会现实状况在意识领域的反映，不同的社会思潮反映了社会不同利益群体的现实诉求，在一个分层的社会中，一个群体总是试图将它自身的意识形态施加于其他群体。"社会思潮的相互激荡、斗争也往往在复杂的社会环境背景下激烈地呈现出来。"② 中国正处于社会转型和制度变迁的过程中，利益的分化和社会的分层为各种思潮的生存提供了土壤和空间，各种社会思潮纷纷登场，企图争夺意识形态话语权，并影响中国特色社会主义制度走向。这些思潮的存在和传播干扰和误导着人们对中国特色社会主义制度的正确理解，实际上构成了中国特色社会主义制度认同的思想阻抗力量，弱化了人们对中国特色社会主义制度的认同。党的思想政治工作是一切工作的"生命线"，因此，进行中国特色社会主义制度认同教育，要发挥思想政治教育的引导、保证和服务功能，坚持将马克思主义理论作为批评错误思潮的思想武器，坚持用马克思主义的世界观和方法论，用马克思主义中国化理论，用社会主义核心价值观加强社会思潮的引领，要对各种错误社会思潮展开不懈的批评和斗争，教育人民透过现象看本质，尤其要引导人民看清错误思潮背后所代表的阶级利益本质，告诉人们之所以反对这些错误思潮，不仅因为它不适合中国国情，还因为它不符合社会主义的本质。

第三节　制度内在张力的制衡

制度是具有多元内在张力制衡因素组成的体系结构，制度内在

---

① 《马克思恩格斯选集》第 1 卷，人民出版社 1995 年版，第 81 页。
② 刘同舫：《在应对当代各种社会思潮的挑战中发挥马克思主义的威力》，《马克思主义研究》2010 年第 3 期。

张力的制衡是制度体系内张力因素之间相互作用的一种表现,是制度体系保持内在统一性而呈现出来的结构特征,制度内部各因素之间制衡得好,呈现出恰当的张力,则制度运行状态就好,制度内任何一对具有张力关系的因素之间的制衡没有达到理想状态,都会影响制度自身运行的客观状态。制度自身运行的客观状态是影响制度认同的重要因素。制度本身的客观表现,必然会反映在制度认同状态上,制度对利益的实现程度、对价值的张扬程度、对正义的保障程度、制度的社会治理成效如何等均构成影响人们制度认同状态的客观因素。当前,中国特色社会主义制度取得了举世瞩目的建设成就,制度成效增强了制度认同,提升了人们的制度自信。但是由于中国特色社会主义制度尚未完全定型,还存在很多不完善的地方,还存在制约社会主义优越性发挥的一些体制和机制因素,这些因素影响了社会主义制度内在张力的制衡,由此引发的社会问题或强或弱地影响了人们对中国特色社会主义制度的认同。比如,公平与效率关系、共富与先富关系等问题还没有完全解决好,社会两极分化、执法不公和社会腐败等影响制度治理成效问题的存在等。利益认同是制度认同的本质,制度对利益的实现程度对人们的认同具有决定性的影响,因此,这些方面存在的问题构成当前影响制度认同的重要因素,本章对此予以重点探讨。

一 先富带共富的艰难转换

当前,消除两极分化,实现先富带共富是改革追求的目标,但是,李克强发出"改革中触动利益比触动灵魂还难"的感慨,意味着先富带共富不是一件容易的事,先富带共富的艰难转换在客观上影响了人们的制度认同状态。改革初期,中国发展采取了不平衡发展战略,即先让一部分人富起来,然后由先富带共富。先富与共富的关系,由此在人们心中建立起了中国特色社会主义道路的意义,成为获得改革认同的动力来源。先富与共富的关系实质是私人利益与共享利益的关系。有学者根据邓小平关于让一部分人先富起来,然后实现共同富裕的论断,提出全体人民共同分享经济发展成果的

"共享利益观"①，认为"共享利益观"符合社会主义初级阶段多样化的所有制结构。邓小平关于先富与共富关系的论述实质阐明了共享利益与私人利益的辩证统一关系，这种辩证统一关系，在制度认同观上体现了阶段性认同与发展性认同的辩证统一。

先富与共富的辩证统一关系要求共享利益与私人利益之间保持合理的内在张力，任何一方对另一方的僭越，都将影响社会稳定和发展，影响人们对先富带共富这一思想认同的接受程度和持久度。邓小平早已预见到了利益不均可能产生的社会问题，再三强调共富的重要性，强调共富的社会主义本质，要求正确处理好先富与共富的关系，并指出，如果这个问题解决不好，就意味着改革的失败。邓小平曾指出："共同致富，我们从改革一开始就讲，将来总有一天要成为中心课题。社会主义不是少数人富起来、大多数人穷，不是那个样子。社会主义最大的优越性就是共同富裕，这是体现社会主义本质的一个东西。如果搞两极分化，情况就不同了，民族矛盾、区域间矛盾、阶级矛盾都会发展，相应地中央和地方的矛盾也会发展，就可能出乱子。"② 但是，随着改革的深入，先富带共富的预设并未完全向预期的方向发展，人追求自身利益最大化的本性，使得先富者并未有效带动共富，导致共享利益与私人利益之间的张力失衡，社会利益结构失衡，贫富悬殊加大，社会分层现象明显，共享利益与私人利益关系之间的内在张力失衡，社会主义公有制的主体地位受到怀疑，中国特色社会主义的本质受到怀疑，这种怀疑有可能动摇中国特色社会主义制度的正当性和合法性。列宁曾指出："新的、更好的社会里不应该有穷有富，大家都应该做工。共同劳动的成果不应该归一小撮富人享受，应该归全体劳动者享受。"③ 社会主义作为新的、更好的社会不应该用来使少数人发财，让千百万人民受穷，只有消除两极分化，让改革的成果为全体劳动人民所享有，才能提升中国特色社会主义制度的情感认同度。因

---

① 参见洪远朋、于金富、叶正茂《共享利益观：现代社会主义经济学的核心》，《经济经纬》2002年第6期。
② 《邓小平文选》第3卷，人民出版社1993年版，第364页。
③ 《列宁专题文集 论社会主义》，人民出版社2009年版，第381页。

此，中国共产党提出坚持发展为了人民、发展依靠人民、发展成果由人民共享的发展观和利益观。

改革开放以来，随着我国的经济体制、产业结构、所有制结构和分配结构的变化，我国社会阶层结构和利益关系发生变化，传统的"两阶一层"向多层次社会结构发展。中国社科院曾以职业分类为基础，以组织、经济和文化资源占有状况为标准划分出了当代中国社会的十大阶层结构[①]，新阶层和利益群体的产生和分化意味着不同利益主体的形成，社会阶层结构和利益主体的变化必然连带产生社会认同的变化。社会结构化认同理论认为，任何一种认同都与社会结构密切相关，社会结构影响认同的确认，社会认同改造或维持社会结构。当前社会阶层多层次化趋向为社会类化提供了现实基础，在社会分层结构体系中，人们在社会比较中进行自我归类，并积极区分自我所属群体与其他群体的不同，从而将自我根植于社会结构之中。"中心—边缘理论"可作为一种理论借鉴，解释当前我国社会阶层结构对认同的影响。"中心—边缘理论"实质是一种社会等级划分，不同的阶层由于其经济和政治地位的不同，有的处于社会中心，有的处于社会边缘，形成中心到边缘的层次关系，处于中心地位的阶层与处于边缘地位的阶层的认同必然存在界限和差别，甚至在认同上持对立和排斥态度，形成中心—边缘的认同冲突。"人们自觉地或不自觉地，归根到底总是从他们阶级地位所依据的实际关系中——从他们进行生产和交换的经济关系中，获得自己的伦理观念。"[②] 制度作为一种社会规范事实上建构着人们的交往，决定着人们的交往关系，影响着人们认同的形成。当前社会分层的相对固化已导致标签效应，"官二代"、"富二代"等标签表明了社会垂直流动不畅所带来的社会类化认同的标签效应，以及由此形成的阶层利益矛盾和情感的对立。

[①] 十大阶层："国家与社会管理者阶层、经理人员阶层、私营企业主阶层、专业技术人员阶层、办事人员阶层、个体工商户阶层、商业服务业员工阶层、产业工人阶层、农业劳动者阶层、城乡无业失业半失业者阶层。"陆学艺：《当代中国社会阶层研究报告》，社会科学文献出版社2002年版，第8页。

[②]《马克思恩格斯选集》第3卷，人民出版社1995年版，第434页。

社会认同源于自我范畴化，自我范畴化有其现实根源。社会不同利益的群体存在是自我范畴化的现实根源，社会分层产生类属认同，类属认同是集体认同与个体认同的统一，不同的类属具有不同的特征，它赋予个体具有类属特征的标识。不同利益群体类别正是通过它们之间的差异获得认知上的区分，并在认同上产生群际分化，这种群际分化形成内群与外群的心理区分。社会共识或观点一致是社会群体的内在特征，相同的利益群体容易形成较强情感共鸣，从而产生较强凝聚力和社会抵抗力。因而社会层次越多，认同的相似性越小，相异的力量就越多，社会认同的整合性就越艰难。类属认同产生的凝聚力和情感能够形成团体对抗力量，当某一类属的个体利益受到侵犯，同一类属的其他成员会表达声援，非直接利益冲突现象由此产生。当某一类群体利益受损状态长期没有得到改变，这种被剥夺的心理感受就会转变为对制度的不信任，甚至从心理不认同转化为行为的不认同，暴力抗法、群众性事件等不服从行为增多。

人们对法律制度认同的情感更多地来源于生活经验，而不是抽象的理论，而在社会生活中，利益是影响制度认同的根本动力因素。改革开放以来，人民的生活水平虽然得到普遍提高，但由于没有处理好先富与共富的关系，一部分人确实先富甚至是暴富起来了，但是共富的问题却似乎悬置了，中等收入群体没有形成合理的规模，没有形成有利于社会稳定的"两头小、中间大"的橄榄形社会形态结构，行业收入、地区收入、城乡经济收入分配不平衡，两极分化严重，贫富差距明显拉大，达到了国际公认的"基尼系数"警戒线。共享利益与私人利益张力的失衡造成人们严重的不公平感，分享社会进步和改革成果、缩小贫富差距成为人们迫切的现实需要。

共享利益与私人利益之间保持适度的张力，符合当前生产力的发展需要，也符合社会主义市场经济的发展规律，但是不能颠倒手段与目的的关系，先富是实现共富的手段，共富才是目的。贫富分化固然是中国特色社会主义制度不完善的表现，是中国特色社会主义发展过程中的问题，但如果这个问题长期不能有所改善，利益共享不能公平实现，必然激化利益冲突和社会矛盾，对中国特色社会主义制度认同也就难以达成最大限度的共识。中国特色社会主义制度认同的形成和稳定取决于制度能否满足广大人民的实际利益需要，取决于能够在多大的程度上有效解决中国的发展问题。因此，中国特色社会主义制度应对当前社会现实的利益需要做出积极的响应，适时做出动态调适，及时解决当前的发展问题，通过发展解决发展中的问题，让发展的成果更多地惠及多数人，才能保持人们对制度的稳定认同。因此，中国特色社会主义制度的重要任务就是形成合理有序的收入分配格局，缓和过大的收入差距，让中等收入群体不断增大，防止由于两极分化而导致的制度认同分化甚至对立。如果生产力发展与中国特色社会主义制度没有让社会感知到社会现实正朝着共富的预期目标的方向一步步地发展，人均国民收入的绝对和相对差距继续拉大，继续超出合理的限度，人们不能充分共享改革的成果，先富带共富的构想就必然要面对现实缺乏说服力的困境，人们通过比较他所感知到的意义与先富带共富所赋予的标准意义间的差值会撕裂对"先富与共富关系"的既定认同，人们将会变得怀疑这一号召的真实意义，怀疑改革的思路，进而怀疑中国特色社会主义制度，质疑"解放生产力，发展生产力，消灭剥削，消除两极分化，最终达到共同富裕"的社会主义本质，先富带共富的意义可能由建构认同的力量，变成批判现实、解构现实认同的力量。

二　公平与效率位序的艰难抉择

公平与效率是制度的两种不同价值取向，二者的位序不同，地位也不同。位序实际上代表了地位。制度作为客体能够满足人们的多元需要和保障某些观念形态价值的实现，社会对价值内容需要的差异性和丰富性决定了任何制度的价值都不是单一的。在制度多元价值体系内具有多种对立统一关系的价值，如公平与效率、自由与秩序等。这些对立与统一关系的价值，在不同的历史时期，总是有某一方处于主导地位。正如罗·庞德所说："在社会发展的每个阶段和每个特定时期，总有一种价值处于首要地位，其他价值处于次要地位。"① 效率兼顾公平，就体现了效率与公平之间的主从关系。这种主从关系意味着效率居于主导地位，而公平居于从属地位，二者之间不是非此即彼的对立关系。当然，这种主从关系也并非是一成不变的，它具有动态变化性。在不同的发展时期，制度究竟应该更为关注什么样的价值受制于当时的社会实践状态。"社会实践总是不断地受到关于这些实践本身的新认识的检验和改造，从而在结构上不断改变着自己的特征。"② 在不同历史发展时期，对具有对立统一关系的价值进行偏移选择是制度实践中客观存在的现象，理论上将这种选择称为"法律价值选择偏移性原则"。丹宁勋爵（A. T. Denning, 1899—1999）指出："我们的历史表明，当国家本身受到危害时，我们所珍视的自由只能退居第二位，甚至自然公正本身也要退避三舍。"③ 丹宁关于国家安全利益与人们的自由、社会公正之间的权衡与选择表明了制度价值的序位不是绝对的，它会根据实践的需要发生偏移，因此，制度对主导价值的选择具有相对性。

改革初期，为了打破平均主义思想，促进社会生产力的发展，提出了效率优先、兼顾公平的改革思路，现实的客观需要，决定了效率必然成为这一历史时期的主导价值和时代的价值特征，这一思想也获得社会的认同。但随着改革开放的深入和经济建设的发展，效率成为制度主要的甚至是唯一的评价标准，效率过度侵占公平的空间，公平"兼顾"的地位都不保，效率与公平之间的张力失衡，社会公正问题凸显，这一问题引发社会广泛关注的同时，也在改变着人们对中国特色社会主义制度的认同状态。不公平的社会问题，使得罗尔斯的"公正是社会制度的首要美德"成为社会呼吁制度改革最具号召力的理论旗帜。当前，公平与效率张力失衡导致的公平问题已从分配领域延伸到社会的各个领域。分配不公导致强势群体

---

① ［美］罗·庞德：《法律史解释》，曹玉堂、杨知译，华夏出版社1988年版，第1页。

② ［英］安东尼·吉登斯：《现代性的后果》，田禾译，凤凰出版传媒集团、译林出版社2011年版，第34页。

③ ［英］丹宁勋爵：《法律的正当程序》，李克强等译，法律出版社1999年版，第95—96页。

占有更多的社会资源而弱势群体则被社会边缘化,从而使公平的问题从经济领域扩张到政治、文化和社会等各个领域,从起点公平、机会公平问题扩大到过程公平、结果公平问题。这种广泛范围内存在的社会不公,已经影响人们对中国特色社会主义制度的普遍认同,如果中国特色社会主义制度不能保证广大人民群众的根本利益,自然就得不到普遍的认同。有学者指出:"社会公正力方面的问题如果听之任之地演化下去,就会使中国社会面临着两种可能的前景。一种可能的前景是,中国社会很有可能会出现严重的社会危机和社会动荡,使中国改革开放以来所积累和形成的社会财富和现代化成就毁于一旦。另一种可能的前景是,步入'拉美化'的陷阱。"[1] 制度认同是认同主体在客观实践基础上的主观体验,人们根据自身对制度的期待及其制度实践的经验,对制度做出评价。社会不公的心理体验影响了人们的共同体意识,导致不同利益群体之间的心理隔阂加大,利益冲突增多,社会共识的形成难度加大。制度在促进公平正义方面具有不可替代的作用,马克思认为资本主义制度是分配不公和社会贫富分化的根源,解决这一问题的根本途径就是建立社会主义制度。因此公平正义与共同富裕构成人们评价中国特色社会主义制度的应然价值尺度,公正成为社会主义的核心价值观,是社会主义制度获得认同的首要价值观。制度的价值从广义上而言,既包括已蕴含在实际制度中的价值,也包括处于制度观念中的价值。处于制度观念中的价值是制度尚未实现的价值以及处于道德层面的价值,这两种价值之间具有相互规约性,当外在于制度的价值观与内含于制度本身的价值观发生重大偏离时,就会出现个体认知价值观与制度倡导价值观之间的错位,制度认同的阻抗因素自然形成。

当前,效率与公平之间的关系是我国全面深化改革亟须妥善处理的问题,我国处于社会主义初级阶段的现实,决定了经济效率的价值不容忽视,与此同时,人们对社会公平的期盼也不容忽视。党和国家长期以来面临公平与效率位序的艰难选择,经过 30 多年的

---

[1] 吴忠民:《社会公正研究的现状与趋势》,《江海学刊》2005 年第 2 期。

改革开放，我国的经济总量已跃居世界第二，与此同时，公平问题也凸显出来。制度对社会的治理绩效是影响制度认同的重要因素，制度绩效是人们认知制度和评价制度的主要依据，中国特色社会主义制度的绩效不仅体现在经济效率上，还应体现在社会公平上。当前，我国依然处在社会主义初级阶段，社会的主要矛盾仍然是人民群众日益增长的物质文化需求同落后的社会生产之间的矛盾，因此，在全面深化改革的过程中，经济绩效仍是中国特色社会主义制度必然坚持的。但鉴于目前公平状态，不能继续以牺牲公正为代价来追求效率，解放和发展生产力是社会主义的本质，公正也是社会主义的本质，基于效率与公平各自逻辑运行存在的缺陷，二者在制度中的地位应保持一定的合理张力，才能充分彰显中国特色社会主义制度的本质。社会主义制度只有比资本主义制度更有效率、更能体现公正才具有社会替代的合理性和合法性。制度经济学家认为，制度是一个社会的博弈规则，不同的利益主体对制度有着不同的价值期待和需求，制度对不同社会主体预期与需要的满足状态决定着制度的认同状态。社会主义制度与资本主义制度的本质区别就在于制度是维护多数人的利益还是少数人的利益。社会主义制度对多数人利益的保障是社会主义制度主体对制度的预期，在马克思主义看来，社会主义制度必然代表广大人民的根本利益，这是社会主义制度的优越性所在。广大人民的根本利益有没有受到侵犯，公有制的主体地位有没有动摇，是效率与公平之间保持适度张力的判断标准，是凝聚最大多数人制度认同的关键所在。改革的经验和教训告诉我们，效率和公正之间的关系能否正确处理，决定了社会主义本质能否实现的问题。因此，我们既要破除以平均主义为观念的无效率的公平，也要防范和克服以经济效率为借口的各种损害公平的行为。因为公平不等于平均主义，效率也不等于没有公平。公平与效率并不完全是对立关系，二者还存在辩证统一关系。

对于效率与公平的关系，有一个逐步深入认识的过程。在改革开放过程中，存在将效率与公平完全对立起来的认识，认为二者不可兼得，在这种错误认识下，割裂了效率与公平的内在的辩证统一关系，没有认识到，没有公平，最终会损害效率，没有效率是低质量的公平。当然说起来容易,做起来却并不容易,理论面对实践问题时,总是有其不自洽的地方,虽然随着对公平与效率关系认识的深入,以及党对这一问题的重视,公平引发的问题正在得以改善,但在这一改善的过程中,我们可以看出党对于公平与效率序位艰难的选择历程。党的十六大报告第一次从不同的层面上重新界定了公平与效率的关系,强调"初次分配注重效率","再分配注重公平",对公平与效率之间的张力进行调和。公平正义是社会主义制度的内在要求,是国家正确处理各种利益关系的基本原则。党的十七大报告将实现社会公平正义作为发展中国特色社会主义的重大任务,同时指出:"初次分配和再分配都要处理好效率和公平的关系,再分配更加注重公平。"因而从总体上重新界定公平与效率的关系,改变了"效率优先、兼顾公平"的提法。但是,这种对效率与公平的调和也仅限于分配领域,而事实上,由于强调效率所带来的公平问题,并不仅仅在于分配领域,它渗透到社会的方方面面。因此,党的十八大强调要逐步建立以权利公平、机会公平、规则公平为主要内容的社会公平保障体系,努力营造公平社会环境,保证人民平等参与、平等发展权利。这说明党对公平问题的重视,正逐步由分配领域向政治、社会等各个领域延伸,并注重加强政策导向,发挥制度的调控功能。"事物在发展过程中,具有动力和平衡两个基本要素……一个社会能否健康有序发展,从根本上取决于是否具有良好的动力机制和平衡机制。"[①] 中国特色社会主义制度要为社会提供制度化的动力机制和平衡机制,在处理效率与公平关系的问题上,要将二者有机地统一起来,要保障它们处在一个相对有效的合理的状态。针对当前存在的不公平问题,发挥制度根本性作用,从根本上纠正各种不公平,从而促进社会的和谐和稳定。党的十八届三中全会把促进社会公平正义、增进人民福祉作为全面深化改革的出发点和落脚点,这意味着在社会转型过程中,单纯追求经济效率的改革思维将得到纠正,意味着将通过顶层设计加紧对保障社会公平正义具有重大作用制度的建设,以更好地保障和改善民生,促进社会

---

① 韩庆祥:《共产党人的看家本领》,《求是》2014 年第 5 期。

公平正义，促进共同富裕，从而获得制度认同的最大共识和最广泛的群众基础。

三 工具理性与价值理性的艰难平衡

价值理性和工具理性对中国特色社会主义制度而言缺一不可，二者有其各自存在的合理性与必然性，但也有各自不可避免的缺陷。因此，如何张扬二者的合理性，避免二者的缺陷，是中国特色社会主义制度建设不能回避的问题。工具理性与价值理性是两种不同的理性思维方式，这两种思维方式被广泛运用于各种领域。马克思·韦伯首先提出了工具理性和价值理性二元范畴理论。韦伯认为人有理性行为和非理性行为，理性行为分为工具理性支配下的行为和价值理性支配下的行为。价值合理性与工具合理性是一对矛盾的理性。韦伯认为，工具理性，即"通过对外界事物的情况和其他人的举止的期待，并利用这种期待作为'条件'或者作为'手段'，以期实现自己合乎理性所争取和考虑的作为成果的目的"[①]。工具理性体现了一种工具性思维，"手段—目的"是工具理性的思维模式，在手段与目的之间，工具理性将目的之外的东西均作为实现目的的手段被证成，"将理性看作是对手段的发现，也就是将它的目标视为操控的目标"[②]。价值理性，即"通过有意识地对一个特定的行为——伦理的、美学的、宗教的或作任何其他阐释的——无条件的固有价值的纯粹信仰，不管是否取得成就"[③]。价值理性关怀人的意义世界。

制度是理性的产物，工具理性与价值理性思维都不可避免地存在于制度建构中。任何一种制度既需要信仰、伦理等表达价值理性的东西做指导，也需要技术、程序、方法等表达工具理性的东西来

[①] [德]马克斯·韦伯：《经济与社会》上卷，转引自王锟《工具理性和价值理性——理解韦伯的社会学思想》，《甘肃社会科学》2005年第1期。

[②] [美]罗伯托·曼戈贝拉·昂格尔：《知识与政治》，支振锋译，中国政法大学出版社2009年版，第222页。

[③] [德]马克斯·韦伯：《经济与社会》上卷，转引自王锟《工具理性和价值理性——理解韦伯的社会学思想》，《甘肃社会科学》2005年第1期。

实现。工具理性与价值理性有着不同的内在逻辑和各自的运行方式，价值理性指向制度意义的建构，强调应该实现什么，它追寻真理，从而形成价值性制度理性；而工具理性更多指向功利的算计，强调制度能实现什么、如何实现等问题，从而形成工具性制度理性。由于工具理性与价值理性各自的指向不同，功能也不同，因此，它们之间存在着一定的张力。在一个制度体系中，价值理性对工具理性具有制约性，价值理性的"价值"标准的选择对工具理性"工具"的合理性与否具有评断能力。价值理性往往是工具理性活动的限度，工具理性是价值理性得以实现的有效途径和方式。但是如果二者不能有效互动，一方独大，让另一方按照自身的逻辑运行，那么必然使二者之间的张力增大，甚至失衡，制度的有效性就会大打折扣，甚至陷入制度无效的困境。

　　价值理性与工具理性构成了中国特色社会主义制度的功能特色，对公平、正义、平等、自由等价值的追求体现了中国特色社会主义制度的价值理性，而为实现解放和发展生产力这一目的而产生的支配性手段的选择，如市场经济体制机制等则体现了工具理性。但价值理性和工具理性在中国特色社会主义制度的不同制度领域的作用并不平衡，在经济领域更多体现了工具理性，而在政治领域则更多体现了价值理性，也就是说，政治制度在价值理性方面更具优势，而在工具理性方面存在不足。我国民主政治运行的规范化和程序化方面存在制度化不足的问题，在一定程度上影响了我国政治制度实质内容的实现。当前，我国比较突出的问题还是经济领域的工具理性思想。即对GDP的片面追求，主要表现为缺乏价值理性制约的唯GDP观，这是一种典型的工具思维模式，在这种思维模式指导下的发展方式，手段变成了目的，经济发展"见物不见人"，人与自然、人与社会、人与人之间关系扭曲和异化，急功近利，不计手段，不讲诚信，竭泽而渔的工具性行为比比皆是。对GDP崇拜导致的生态问题、人的精神家园失落问题已经影响人自身的生存，基于工具思维产生的享乐主义、拜金主义、利己主义严重影响了社会的和谐，出现尽管经济大幅度增长，而人们的幸福感并未相应地成正比增长，即出现了由美国经济学家理查德·伊斯特林提出的"幸福悖论"① 现象。人的幸福感不仅仅来自物质利益的满足，马克思认为这种满足是人最低级的满足，人的幸福还来自于精神方面更高层次的满足，人之所以成为人就在于人有精神追求。马克思指出："吃、喝、生殖等等，固然也是真正的人的机能。但是，如果加以抽象，使这些机能脱离人的其他活动领域并成为最后的和唯一的终极目的，那它们就是动物的机能。"② 有意识的生命活动是人与动物的区别所在，也正是把自己同自己的生命活动区分开来才意味着人的活动是自由的活动。马克思认为实现人的全面而自由的发展是社会发展的最高目标，制度对人具有塑造的功能，对制度的工具性价值的追求使得人的发展与社会的发展没有协调进行，人的价值理性没落，人失去精神的依归，社会和人趋向一个片面发展的社会、片面发展的人，而这正是资本主义社会发展过程中人异化的表现。

西方资本主义制度具有鲜明的工具理性，制度在工具理性下，功利主义成为资本主义立法的基本原则。比如经济新制度主义认为，制度之所以被认同，就在于制度能够提高人们行为的可预期性，能够节约交易成本，减少交易风险。经济新制度主义重点强调了制度的功利性价值，这种精于功利的算计的工具理性带来了资本主义经济的繁荣，也带来资本主义的现代性危机，工具理性在资本主义发展的过程中对人的精神世界进行了无情的解体和物化。正如马克思指出的："资产阶级在它已经取得了统治的地方把一切封建的、宗法的和田园诗般的关系都破坏了……它使人和人之间除了赤裸裸的利害关系，除了冷酷无情的'现金交易'，就再也没有任何别的联系了。它把宗教虔诚、骑士热忱、小市民伤感这些情感的神圣发作，淹没在利己主义打算的冰水之中。"③ 在资产阶级工具理性

---

① 这是美国经济学家理查德·伊斯特林在其著作《经济增长可以在多大程度上提高人们的快乐》中提出的一个现象。理查德·伊斯特林发现通常在一个国家内，富人报告的平均幸福和快乐水平高于穷人，但如果进行跨国比较，穷国的幸福水平与富国几乎一样高，也就是说经济收入作为衡量幸福感的标准存在缺陷。根据理查德·伊斯特林的研究，财富的增长确实能够提高人的幸福感，但也只能保持在一定程度上，达到一定程度之后，财富的增加便无法继续提高人的幸福感，甚至会降低人的幸福感。
② 《马克思恩格斯选集》第1卷，人民出版社1995年版，第44页。
③ 同上书，第274—275页。

的支配下，价值理性隐退，工具理性的过分膨胀，造成了人与自然、人与人、人与自身的异化，"人不再是主体、不再是目的而成为手段"。① 法兰克福学派早期思想家将现代西方社会存在的主要问题归结为工具理性的扩张，认为，工具理性支配了资本主义整个社会和文化，并且成为压迫人的巨大力量。人们被推入工具理性的"铁笼"中，人成了没有精神诉求的专家和不懂感情的享乐者。韦伯在《新教伦理与资本主义精神》中对此有过精彩的描述："专家没有灵魂，纵欲者没有心肝；这个废物幻想着它自己已达到了前所未有的文明程度。"② 制度认同离不开比较区分的过程，制度差异是制度认同选择的前提，在理论上中国特色社会主义制度与资本主义制度的区分是明晰的，但在中国特色社会主义建设过程中出现的与资本主义社会相似的社会表征，导致了人们对中国特色社会主义制度认同产生了困惑。人们的认识总是来自于他们的社会实践，中国特色社会主义不仅要从行动上追求比资本主义更为发达的生产力，还要从行动上追求比资本主义更为进步的人生意义和价值追求，只有这样，人们才会产生中国特色社会主义制度优于资本主义制度的认同。因此，探求中国特色社会主义制度价值理性，使中国特色社会主义制度成为社会主义核心价值张扬的制度载体的现实意义重大。

中国特色社会主义走的是一条区别于资本主义社会的现代化发展路径，这决定中国特色社会主义制度的理性原则必然区别于资本主义制度的理性原则。工具理性被认为是具有超越一切制度和文化的普遍性的客观力量，中国特色社会主义制度的完善和发展要避免资本主义制度工具理性的全球扩张对自身的影响，不能忽视工具理性作为人的意识受制于一定经济关系的唯物观。因此，中国特色社会主义制度在发挥工具理性合理性功能的同时，也要高扬自身价值理性的旗帜，只有这样才能推进国家治理体系和治理能力现代化的进程，走出由于工具理性扩张、价值理性隐退所导致的人的心灵与

---

① 王锟：《工具理性和价值理性——理解韦伯的社会学思想》，《甘肃社会科学》2005 年第 1 期。

② 转引自王锟《工具理性和价值理性——理解韦伯的社会学思想》，《甘肃社会科学》2005 年第 1 期。

生存环境的双重困境，才能防止出现一个没有人文价值约束的功利现代性社会，也才能防止韦伯所言的人们被工具理性的"铁笼"所囚禁局面的出现。中国特色社会主义制度是以共产主义为终极价值追求的。因此，中国特色社会主义制度对工具理性的张扬不能偏离目的价值。当前，工具理性对价值理性消解的现实，要求中国特色社会主义制度对价值理性进行张扬，对工具理性思维进行调整，当然这种调整并不意味着价值理性超越工具理性主导社会，而是让二者各归其位，并保持在一定张力范围内，按照各自的运行逻辑发挥其功能。就像当前强调不唯"GDP"并不意味着"GDP"不重要。在中国特色社会主义制度的自我完善过程中，我们能够深刻地感受到党和国家在经济发展与环境保护关系的处理上，如何平衡工具价值与理性价值之间的关系上所付出的艰辛努力，这种努力体现了党和国家在各种制度价值关系平衡上的自觉性。工具理性与价值理性并不总是均衡地发挥其对社会的功能，在哈贝马斯看来，"来自于现代世界所展示出来的理性，虽然具备了各种不同的面向，但这些面向无法以均衡的方式发展、无法均衡地制度化"[1]。多种理性难以均衡地制度化的问题，正是中国特色社会主义制度需要解决的问题，这一问题的存在必然会带来一些影响制度认同的阻抗因素。

不同理性的制度塑造不同理性的认同，"马奇和奥尔森区分了两种不同的制度：聚合型制度（aggregative institution）和整合型制度（integrative institution）。前者是指个体之间基于自身利益而结成的契约性构成，后者指产生了制度文化和制度伦理、因而形成了与行为的合法性紧密相关的'适当性逻辑'的制度形式。在整合型制度中，成员身份不仅仅是一个标签，同时也已经内化于这种身份之中，形成了一种认同感。成为整合型制度的成员就意味着个人认同了制度的目标与合法性。在聚合型制度中，制度的影响力来自'利诱'，即个人在得失计算的基础上决定参加该制度；在整合型制度中，制度的影响力来自于'规范'，即个人接受了制度的价值观，

---

[1] 转引自李红专、陈路《现代西方工具理性的扩张及其反思》，《天津社会科学》2005年第1期。

并将按照制度的要求行动看成是一种符合道德的行为"①。中国特色社会主义制度本质上应是一种整合型制度，在制度发展完善的过程中，工具理性在某一时期居于主导地位，有其历史的合理性，但工具理性与价值理性之间张力的失衡，导致制度塑造出来的认同必然是基于个人利益计算后的功利认同，这种认同必然导致的行为选择思维出发点不是"什么行为是适当的"而是"什么样的行为能有更多回报"，这就是工具理性与价值理性的区别所在。虽然制度认同的原动力离不开功利的计算，但并不意味着不需要价值理性的认同，否则，社会将由于没有共同价值理性而失去精神上的向心力。基于单纯的工具性理性的制度认同是中国特色社会主义应该摒弃的一种认同，资本主义制度工具理性导致的现代性问题，足以引以为鉴。党的十八大关于"八个必须坚持"②的基本要求，以及党的十八届三中全会要求围绕社会主义市场经济、民主政治、先进文化、和谐社会、生态文明进行全方位的制度创新和发展，促进经济可持续发展和社会公平正义的战略部署，内含了对工具理性与价值理性均衡的认识，对中国特色社会主义制度发展和完善具有指导意义，更重要的是它将拨开笼罩在人们心头的疑云，使人们在制度自我社会化范畴的过程中不至于迷失自我。

---

① 范勇鹏：《欧洲认同的形成：功利选择与制度建构》，博士学位论文，中国社会科学院研究生院，2008年，第56页。
② "八个必须坚持"：（1）必须坚持人民主体地位；（2）必须坚持解放和发展社会生产力；（3）必须坚持推进改革开放；（4）必须坚持维护社会公平正义；（5）必须坚持走共同富裕道路；（6）必须坚持促进社会和谐；（7）必须坚持和平发展；（8）必须坚持党的领导。

第四章

中国特色社会主义制度
认同教育内容

"思想政治教育的内容，是根据一定的社会要求和受教育者的思想实际，经教育者选择设计后有目的、有步骤地传播给受教育者的思想意识、价值观念和道德规范等。"① 教育作为一种有目的的、有针对性的实践活动，要求中国特色社会主义制度认同教育内容的建构要依据当前人们制度认同中存在的思想问题及中国特色社会主义制度认同的目标来设计、整合和选择。中国特色社会主义制度认同教育内容的科学建构要能够回答中国特色社会主义制度"何以能够被认同"的问题，只有回答了"何以能够被认同"的问题，才能在后面的章节中探讨制度"如何获得认同"的问题，也才能提高制度认同教育的针对性和有效性。基于当前制度认同教育所面临的问题和任务，中国特色社会主义制度认同教育内容应从制度科学、制度价值、制度情感和制度特色四个维度进行建构。其中，制度科学是制度认同的前提和基础内容，制度特色和制度价值是制度认同的核心内容，制度情感是制度认同的心理基础。

第一节 中国特色社会主义制度的科学认同

制度科学是制度认同教育有效性产生的前提和基础，如果制度失去其科学性，那么制度认同教育的内容就成为无源之水，无本之

---

① 骆郁廷：《思想政治教育基本原理与方法》，高等教育出版社2010年版，第134页。

木。制度科学体现为制度能够正确反映社会发展客观规律的要求，具有客观真理性。真理性是思想政治教育最根本的有效性内容。[①] 制度科学对制度认同教育的其他内容具有决定作用，是其他认同教育内容产生有效性的前提条件和效力基础，它决定着制度认同教育的最终有效性。科学性是科学的特性，对中国特色社会主义制度科学的认同，也是对中国特色社会主义制度科学性的认同。中国特色社会主义制度科学特性主要表现为制度理论依据的科学性、制度形成的科学性、制度检验标准的科学性。

一 理论依据的科学性认同

科学的理论为制度提供科学的指导，制度科学首先源于其建构依据的科学性。中国特色社会主义制度理论依据包括马克思主义、毛泽东思想和中国特色社会主义理论体系。

首先是马克思主义理论的科学性。马克思主义是中国特色社会主义制度理论的源头，它之所以被称为科学社会主义就在于它运用生产力与生产关系矛盾运动的规律深刻地揭示了资本主义必然灭亡和共产主义必然胜利的人类社会发展规律。马克思运用其唯物史观，透过复杂的法现象，发现了制度现象背后所隐藏的规律，揭示了法的本质及其变化的普遍性规律，指出制度的生成、发展和变化受社会生产力发展变化规律的支配，马克思主义对这一规律的揭示被实践证明是科学的，从而成为人们认识世界和改造世界的思想武器。毛泽东指出："真正的理论在世界上只有一种，就是从客观实际抽出来又在客观实际中得到了证明的理论。"[②] 也就是说，马克思主义是从社会实际中发现规律，因而能够指导实践。被实践证明了的这种规律，表现出它的科学性、真理性。"理论对行为的指导，必须产生于它对世界所作的科学说明。"[③] 科学的理论之所以能打动

---

① 参见沈壮海《思想政治教育有效内容论》，《学校党建与思想教育》2002年增刊。
② 《毛泽东选集》第3卷，人民出版社1991年版，第817页。
③ ［德］尤尔根·哈贝马斯：《理论与实践》，郭官义、李黎译，社会科学文献出版社2010年版，第2页译者的话。

人，就在于它能对世界做出科学的说明，列宁曾指出："如果你们要问，为什么马克思的学说能够掌握最革命阶级的千百万人的心灵，那你们只能得到一个回答：这是因为马克思依靠了人类在资本主义制度下所获得的全部知识的坚固基础；马克思研究了人类社会发展的规律，认识到资本主义的发展必然导致共产主义，而主要的是他完全依据对资本主义社会所作的最确切、最缜密和最深刻的研究，借助于充分掌握以往的科学所提供的全部知识而证实了这个结论。"[①] 列宁在这里指出了马克思的学说之所以能掌握千百万人的心灵的根本原因，就在于这个理论综合了人类的文明成果，具有彻底性，在于它抓住了事物的本质和规律，使其具有了真理的力量，因而能够打动人、说服人，从而成为指导无产阶级革命和建设实践的科学理论。毛泽东也指出："共产主义是无产阶级的整个思想体系，同时又是一种新的社会制度。这种思想体系和社会制度，是区别于任何别的思想体系和任何别的社会制度的，是自有人类历史以来，最完全最进步最革命最合理的。"[②] 列宁和毛泽东之所以对马克思主义理论得出如此高的评价，就在于它是被实践证明了的理论，列宁和毛泽东正是在马克思主义理论的指导下才领导人民取得本国革命的胜利。中国的社会主义制度也是在马克思主义科学理论的指导下建立起来的，自然就能够为中国特色社会主义制度认同教育提供最具说服力的元理论。

其次，毛泽东思想和中国特色社会主义理论体系的科学性。毛泽东思想和中国特色社会主义理论体系是马克思主义中国化的理论成果，它秉承了马克思主义的科学性。马克思主义是关于社会主义学说的严密的思想体系，具有元理论的地位，它是指导世界各国进行社会主义建设和实践的理论依据，也是马克思主义中国化理论建构的理论基础。马克思主义中国化理论是马克思主义与中国实践相结合的产物，马克思主义具有科学性并不意味着它就是一成不变的教条，马克思恩格斯反对将其理论作为教条，强调"随时随地都要

---

① 《列宁选集》第4卷，人民出版社1995年版，第284页。
② 《毛泽东选集》第2卷，人民出版社1991年版，第686页。

以当时的历史条件为转移"①。并一再强调："我们的理论是发展着的理论，而不是必须背得烂熟并机械地加以重复的教条。"② 马克思主义实践的本质决定了马克思主义必然是发展的、开放的理论体系，而不是抽象的教条。毛泽东思想和中国特色社会主义理论体系是马克思主义在中国发展和实践的理论产物，它们与马克思主义一脉相承，又根据中国实际发展了马克思主义，丰富了马克思主义。毛泽东思想和中国特色社会主义理论体系作为发展了的马克思主义同样具有科学性，它们都遵循马克思主义的基本原理和方法，都将正确的认识建立在理论与实践的结合上，并将基于实践形成的正确认识，用以指导中国社会主义建设在不同历史阶段所面临的各种重大问题。

此外，毛泽东思想和中国特色社会主义理论体系的科学性不仅体现在它们遵循了马克思主义的基本原理，坚持理论与实践相结合的原则，还体现为它们对待马克思主义的科学态度上。它们没有将马克思主义作为僵化的教条，而是在坚持将马克思主义作为指导中国社会主义制度实践遵循的基本原理、世界观和方法论的同时，还根据中国实际发展马克思主义，使得马克思主义关于社会主义设想在中国不仅变为现实，而且彰显出强大的生命力。毛泽东指出："我们说马克思主义是对的，决不是因为马克思这个人是什么'先哲'，而是因为他的理论，在我们的实践中，在我们的斗争中，证明了是对的。"③ 在毛泽东看来，信仰马克思主义并不是因为它是马克思的"本本"而先验地信仰，而是基于这个"本本"在实践中证明了是对的，所以毛泽东反对脱离实际的本本主义，强调学习马克思主义就要与我国的实际相结合。恩格斯曾说，社会主义要变为科学就必须首先将其"置于现实的基础之上"④。毛泽东思想和中国特色社会主义理论体系正是认识到马克思主义的实践本质、与时俱进的本质，才将马克思主义置于中国现实的基础上，从中国的现实国

---

① 《马克思恩格斯选集》第1卷，人民出版社1995年版，第248页。
② 《马克思恩格斯选集》第4卷，人民出版社1995年版，第681页。
③ 《毛泽东选集》第1卷，人民出版社1991年版，第111页。
④ 《马克思恩格斯选集》第3卷，人民出版社1995年版，第358页。

情出发建设社会主义，并根据变化的现实与时俱进，围绕建设符合中国特色的社会主义这一主题，深入回答了中国社会主义建设过程中的一系列重大问题，从而形成了马克思主义中国化的两大理论成果。恩格斯指出："每一个时代的理论思维，从而我们时代的理论思维，都是一种历史的产物，它在不同的时代具有完全不同的形式，同时具有完全不同的内容。"[1] 马克思主义中国化理论是时代的产物，因而必然要体现时代性要求，毛泽东思想与中国特色社会主义理论体系回答了中国不同历史阶段的一系列重大发展问题，成为正确认识和指导中国社会主义建设的科学理论依据，尤其是中国特色社会主义理论体系为中国特色社会主义制度建设提供直接的指导和科学的理论辩护，它指导中国社会主义制度走上正确之路，并让中国的社会主义制度不断彰显出其优越性。科学的理论依据是中国特色社会主义制度科学性的理论前提，如果这个前提不成立，中国特色社会主义制度的科学性也就不成立，因此，对中国特色社会主义制度理论科学的认同，实质上就是对中国特色社会主义制度科学性的认同。

二 制度形成的科学性认同

中国特色社会主义制度形成的科学性表明了中国特色社会主义制度形成的历史必然性，它反映了社会发展的客观规律和人们对这种客观规律的正确认识和把握。中国特色社会主义制度的形成是制度自觉的选择与社会发展的客观因素之间相互作用的结果，中国特色社会主义制度形成具有科学性，首先是因为它反映了社会发展的客观规律，体现了制度的内生性特点。其次，中国特色社会主义制度也是人们在分析和把握制度变迁的各种历史事实和历史发展规律过程中，通过制度选择、实践、比较后得出的结论，是人们从制度比较、制度规律探索的历史事实和实践中获得的，它具有历史的必然性，因而能够作为代表先进生产力的制度，克服资本主义私人占有与社会化大生产之间的矛盾，适应了中国社会生产力发展的需

---

[1] 《马克思恩格斯选集》第4卷，人民出版社1995年版，第284页。

要,极大地促进了社会的发展。

制度具有内生性与建构性相统一的特点,制度的内生性体现了制度的客观性,反映制度发展变化的客观规律,制度选择和设计体现了制度的主观建构性,反映了人们对制度发展变化客观规律的把握。制度的内生性与建构性具有相互制约性,制度受规律支配的特点,决定了制度的内生性特点,也就是说,制度有其自我成长的规律,人们不可以揠苗助长,人们对制度自觉建构不能是脱离历史和社会现实的主观推演,制度的建构性只有契合制度的客观属性才能实现科学建构。虽然制度内生性特点决定了制度具有不以人的意志为转移的特点,但制度的形成离不开人们对制度运行规律的认识、揭示和利用。中国特色社会主义制度的科学性,正是在把握了制度的内生性与建构性相统一特点的基础上才得以形成的。中国特色社会主义制度是人们在正确认识中国国情的基础上,经过反复的制度比较和实践后的选择,中国特色社会主义制度的形成既受生产力决定生产关系、经济基础决定上层建筑普遍规律的支配,也受普遍性与特殊性相统一规律的支配。制度的形成、发展甚至消亡不是单纯的偶然事件,在这些法现象背后受规律的必然性支配,制度的形成必须反映这种必然性规律,把握这种必然性规律,才能具有科学性。普遍规律总是掩藏在各种偶然性事件后面。恩格斯指出,事物发展的"偶然性始终是受内部的隐蔽着的规律支配的,而问题只是在于发现这些规律"。[①] 社会发展规律的决定作用离不开人们对规律的发现和自觉运用。制度有其自身存在、发展、消亡的客观规律性,好的立法就是要发现这个规律,表述这个规律。立法者在立法时必须遵循法律生成的客观规律,遵循上层建筑与经济基础相适应的制度生成与变迁规律。马克思强调:"立法者应该把自己看作一个自然科学家。他不是在创造法律,不是在发明法律,而仅仅是在表述法律,他用有意识的实在法把精神关系的内在规律表现出来。如果一个立法者用自己的臆想来代替事情的本质,那么人们就应该

---

① 《马克思恩格斯选集》第4卷,人民出版社1995年版,第247页。

责备他极端任性。"① 因此，立法者不能脱离制度的形成规律"任性"地建构制度。我国改革前就曾因超越当时社会生产力发展水平超前地建构社会制度，结果反而制约了社会的发展，现在则不断受到来自机械唯物主义的各种思潮的挑战。制度的形成离不开人的主观能动性的发挥，立法者所表述的法律是客观存在的一种尚未成为正式法律的"法律"，这种"法律"具有自然长成的特点，但是，这种"法律"需要经由立法者发现并确认，才能成为具有普遍约束力的代表国家共同体意志的正式制度。因此，制度的形成受制度内生性规律的支配，但人们也并非完全被动地接受内在规律的支配，人们在制度建构方面具有一定的主观能动性，这种能动性体现在对制度变迁时空的准确把握上，这种适时适地的把握构成制度科学性的条件，即在及时发现"法律"的基础上，利用法律的生成规律促进新的制度形成。制度对规律的反映离不开人们的正确认识，但由于人们认识的局限性，探索中国特色社会主义制度如何符合社会发展规律的过程并不是一帆风顺的，要经历实践—认识—再实践—再认识的反复认识、反复实践总结的历史过程。人们通过实践来认识世界，又通过实践获得的正确认识来改造世界，人们通过实践将感性认识与理性认识统一起来，并在实践中逐渐深化认识，认识又进一步提升和引导实践的效果，最终在真理的指导下走向理想。毛泽东在《实践论》中揭示了深化认识的运动规律，他指出："通过实践而发现真理，又通过实践而证实真理和发展真理。从感性认识而能动地发展到理性认识，又从理性认识而能动地指导革命实践，改造主观世界和客观世界。实践、认识、再实践、再认识，这种形式，循环往复以至无穷，而实践和认识之每一循环的内容，都比较地进到了高一级的程度。这就是辩证唯物论的全部认识论，这就是辩证唯物论的知行统一观。"② 辩证唯物论的知行统一观，是指导我们正确认识事物的方法和应遵循的认识规律。中国近代革命历史进程就是人们实践、认识、实践和再认识的过程，经历了这一过程才

---

① 《马克思恩格斯全集》第 1 卷，人民出版社 1995 年版，第 347 页。
② 《毛泽东选集》第 1 卷，人民出版社 1991 年版，第 296—297 页。

最终认识到只有社会主义才能救中国、只有中国特色社会主义才能发展中国。中国社会的发展正是基于实践、认识、再实践、再认识这样的认识规律，才找到马克思主义这一真理，又通过实践证实和发展了马克思主义。与之相适应，中国特色社会主义制度也经历了从社会主义基本制度确立到中国特色社会主义制度形成这样一个不断探索、不断完善的过程。人们基于实践经验形成制度观念，当制度以观念的形态建构出来时，又需要回到社会实践来检验这种制度观念是否正确，从而形成制度确认，并根据实践和认识再循环不断完善和发展着中国特色社会主义制度。中国特色社会主义制度是通过反复实践，找到的与中国的现实国情相适应的科学制度，正是这一科学制度才使得中国特色社会主义制度极大地解放和发展了社会生产力，极大地推动了中国社会的发展。

三　制度检验标准的科学性认同

实践是检验制度是否科学的唯一标准。制度是人们认识世界和改造世界的智力成果，这一智力成果来自于实践，也需要在实践中证明它的科学性。实践是联系主观和客观的中介和桥梁，是人们改造主观世界和客观世界的重要环节。人的意识是由社会存在决定的，但人的意识有时并不能真实、客观地反映这种存在。因此，马克思提出，人的思想是否具有客观真理，只有实践才能证明。制度作为上层建筑，是人们意识的产物，这一产物是否符合实际，是否科学，也需要实践来检验。关于实践是检验真理的唯一标准的内涵，虽然学界存在一些认识上的分歧，但实践是检验真理的唯一标准至少包含了两层共识：一是真理性，二是实践性。实践是主观见之于客观的活动，实践就是要用实践成果来证明人的认识的真理性，证明人的思维符合客观规律。制度既是社会客观发展的产物，也是人主观建构的产物，制度的主观性与客观性是否相符，需要实践来检验，制度的实践成效证成制度的科学性，人们通过对制度的预期与制度成效的比较，来证明中国特色社会主义制度的科学性，对中国特色社会主义制度检验的过程，就是制度预期与制度实践成效比较的过程。毛泽东在 1937 年的《实践论》中提出，"只有人们的社会实践，才是人们对于外界认识的真理性的标准"，"判定认识或理论之是否真理，不是依主观上觉得如何而定，而是依客观上社会实践的结果如何而定"。① 实践是人们获得正确认识的基础，真理作为一种对客观存在的认识结果，不是说人们主观认同它是真理，在客观上它就是真理，是否真理，实践结果才是标准和判断尺度。

中国特色社会主义制度所取得的巨大成就，用客观事实证明了中国特色社会主义制度的科学性。中国特色社会主义制度基于对中国现实国情的把握，基于对社会主义初级阶段根本任务的深刻认识，坚持将发展生产力作为首要的任务，将发展作为第一要务，通过制度的改革和创新，不断解放和发展社会主义生产力，才使得中国特色社会主义建设取得了举世瞩目的成就。经过30多年的改革发展，中国特色社会主义制度不仅纠正了改革前社会主义制度中存在的违反社会规律、超越社会现实的制度因素，极大地推动社会生产力的发展，还从多个方面体现出社会主义制度相对于资本主义制度的巨大优越性。比如在政治制度方面彰显出来的决策效率及集中力量办大事方面的优势等，也促使西方学者开始在参照中国民主制度反思西方政治制度存在的弊端。中国特色社会主义制度相对于资本主义的优越性就是中国特色社会主义制度的竞争优势。胡锦涛在2011年"七一"讲话中将中国特色社会主义制度的优越性概括为"五个有利于"②，中国特色社会主义制度已经不同程度地从各个方面彰显出这五个方面的优势，尤其是在解放和发展社会生产力，推动经济社会全面发展方面，成就举世瞩目。中国经济的发展在促进本国社会全面发展的同时，实际上也为世界做出了极大的贡献，仅在消除贫困方面，中国就表现出惊人的减贫成绩。首先，中国消除

---

① 《毛泽东选集》第1卷，人民出版社1991年版，第284页。
② "五个有利于"：第一是有利于保持党和国家的活力，调动广大人民群众的积极性、主动性、创造性；第二是有利于解放和发展社会生产力，推动经济社会全面发展；第三是有利于维护和促进社会公平正义，实现全民共同富裕；第四是有利于集中力量办大事，有效应对前进道路中风险挑战；第五是有利于维护民族团结、社会稳定、国家统一。

绝对贫困对世界具有巨大影响。这反映在中国绝对贫困人口（国际贫困线以下的贫困人口）的数量和占世界总量比重大幅度"双下降"。1981年中国绝对贫困人口数量为8.35亿人，到2013年降至6800万人。1981年中国绝对贫困人口占世界总量的比重为43.1%，到2010年，下降至13%。其次，中国对全球减贫的贡献最大。1981年到1990年，中国减贫人口数达到1.52亿人，同期世界减贫人口数为0.31亿人，中国减贫对世界减贫的贡献率达到494.7%[①]。中国特色社会主义制度实践成效，正以无可辩驳的事实证明自身的科学性。

四 科学认识两种性质制度的关系

在中国特色社会主义制度认同形成的过程中，人们总是自觉地或不自觉地与传统社会主义制度比较，与资本主义制度比较，尤其是与资本主义制度比较，这一比较结果常常成为人们判定中国特色社会主义制度优劣的重要参照物。中国特色社会主义制度突破了对传统社会主义制度认知框架的同时，借鉴了资本主义制度的一些文明成果，并取得了举世瞩目的成就，与此同时国内外理论界与社会舆论出现质疑中国特色社会主义制度性质的声音，认为中国特色社会主义就是中国特色资本主义，或认为中国特色社会主义道路就是向资本主义趋同的道路。这些不同的声音说明了人们对中国特色社会主义制度与资本主义制度关系还存在模糊或片面的、不正确的观念或认识。在整个世界处于普遍交往的情况下，中国特色社会主义制度认同科学性的视野不可能局限于原子化的制度自我，它必然是处于关系性中的制度自我，这种关系性的制度定位决定了对自我的认识包括对待他者的科学认知和态度。因此，科学认识中国特色社会主义制度与当代资本主义制度的关系，是正确认识制度科学的重大现实问题。科学认识中国特色社会主义制度与资本主义制度的关系，应该明确以下几个观点。

第一，在中国，资本主义制度的"卡夫丁峡谷"并不是不可跨

---

① 参见http://news.163.com/14/1016/18/A8MQSU6K00014JB6.html。

越的。马克思的资本主义制度的"卡夫丁峡谷"跨越思想对落后国家建立和发展社会主义制度具有重要的现实指导意义。马克思、恩格斯通过研究东方社会特别是俄国社会发展及其制度的选择，提出了在世界历史条件下，东方国家"不通过资本主义制度的卡夫丁峡谷"直接进入社会主义制度的结论。当然这种社会的跳跃性发展是有条件的，这些条件可以概括为：其一，处在资本主义社会之前；其二，西欧无产阶级革命；其三，必须吸收西方资本主义先进的文明成果。列宁突破了这一理论，在西方无产阶级革命没有发生的情况下，提出了"一国胜利论"，实现了跨越资本主义制度"卡夫丁峡谷"思想的俄国化。列宁指出："世界历史发展的一般规律，不仅丝毫不排斥个别发展阶段在发展的形式或顺序上表现出特殊性，反而是以此为前提的。"[1] 因此，一个国家是否一定要经过资本主义制度才能建立社会主义制度，"一切都取决于它所处的历史环境"[2]。中国跨越资本主义制度的"卡夫丁峡谷"不仅具有理论上的依据，而且具有历史发展的必然性和现实的可能性。中国特色社会主义制度的选择是在深刻把握中国近代历史发展所蕴含的一般性与特殊性规律基础上的必然选择。中国近代史告诉我们，资本主义制度在中国行不通，毛泽东领导党和人民对跨越资本主义制度"卡夫丁峡谷"思想的中国化进行了艰难探索，终于建立社会主义中国。但是由于无法从整体上跨越资本主义制度，尤其是生产力的问题，跨越后如何弥补社会主义经济的先天不足就成为一个难题。马克思主义将吸收资本主义制度的文明成果作为发展社会主义制度的必要条件。马克思曾指出："和控制着世界市场的西方生产同时存在，就使俄国可以不通过资本主义制度的卡夫丁峡谷，而把资本主义制度所创造的一切积极的成果用到公社中来。"[3] 在和平与发展成为时代主题的条件下，邓小平突破了马克思"跨越"思想的时代局限性，在继承马克思提出的"落后国家建设社会主义必须充分吸收西方资本主义的文明成果"这一思想的基础上，创新和发展了这一思想，

---

[1] 《列宁选集》第4卷，人民出版社1995年版，第776页。
[2] 《马克思恩格斯选集》第3卷，人民出版社1995年版，第765页。
[3] 同上。

提出"计划多一点还是市场多一点,不是社会主义与资本主义的本质区别"①,通过改革开放和实行社会主义市场经济,有效地利用资本主义的文明成果来发展社会主义生产力,抓住改革开放所创造的条件和国际社会形成的各种历史机遇,没有经过资本主义那样扩张和掠夺过程,实现了中国的和平崛起,并一步一步地赢得了相对于资本主义制度的比较优势。马克思、恩格斯从来就反对将自己的理论作为抽象的、不变的教条,指出不同国家的发展道路将因历史环境不同而有所不同。因此,认为在中国资本主义制度是不可跨越的"卡夫丁峡谷"的认识是错误的,这种错误在于没有根据时代的发展、没有结合中国实际来认识马克思主义关于社会历史发展普遍性与特殊性的关系,没有把马克思主义"跨越论"作为一种方法论来看待。"在马克思的思想中,通过资本主义与跨越资本主义这两条途径的关系是:前者是普遍,后者是特殊;前者的实现是后者实现的前提,后者是在前者实现了的情况下的一种可能的结果。"② 因此,全面认识和把握制度形成的一般性与特殊性关系,是科学认识中国特色社会主义制度的重要认识前提。

第二,借鉴资本主义并不等于就是资本主义。中国特色社会主义制度就其根本制度、基本制度而言与资本主义制度有着本质的区别,但在一些具体体制机制上、具体运行方式上则存在一定的一致性和互通性。如果只强调两种制度之间的对立和斗争,反对二者之间相互学习借鉴的必要性,就会回到自我封闭的老路。在全球化将世界紧密联系在一起的大背景下,显然是不可行的,自我封闭必然意味着贫穷与落后。马克思主义创始人及列宁都强调了在落后的国家建立社会主义,若要跨越资本主义制度的"卡夫丁峡谷",必然要借鉴资本主义的文明成果。列宁在领导苏俄经济建设的过程中,深刻地认识到向西方资本主义国家学习和利用资产阶级所创造的人类共同的文明成果的必要性。列宁还就利用资本主义国家的文明成果与社会主义建设之间关系提出了一个著名的公式:"苏维埃政权+

---

① 《邓小平文选》第3卷,人民出版社1993年版,第373页。
② 孙来斌:《如何对待马克思恩格斯的"跨越论"——关于跨越"卡夫丁峡谷"问题的思考》,《当代世界与社会主义》2007年第6期。

普鲁士的铁路秩序+美国的技术和托拉斯组织+美国的国民教育等等等等++=总和=社会主义。"① 但借鉴资本主义文明成果,是不是意味着中国就走上了资本主义道路呢?对此,有些人存在着模糊的认识。对于"为什么借鉴","什么能借鉴,什么不能借鉴","借鉴到什么程度",邓小平有过深刻的论述。邓小平从中国处于社会主义初级阶段的实际出发,阐明中国搞现代化建设学习西方和利用资本主义的必然性和长期性。由于我国生产力发展水平还远远落后于发达国家,要追赶世界现代化步伐,借鉴资本主义的已有成果是必要的,当然,这种借鉴是有选择的,反对不加批判的拿来主义态度。在借鉴资本主义什么的问题上,强调借鉴的方法性与工具性。邓小平指出:"学习资本主义国家的某些好东西,包括经营管理方法,也不等于实行资本主义。这是社会主义利用这种方法来发展社会生产力。"② 对于借鉴资本主义的限度,邓小平也十分鲜明地指出:"我们要有计划、有选择地引进资本主义国家的先进技术和其他对我们有益的东西,但是我们决不学习和引进资本主义制度,决不学习和引进各种丑恶颓废的东西。"③ 借鉴资本主义是我国超越资本主义、巩固和发展社会主义制度的必由之路,借鉴资本主义,使社会主义制度中容纳一些资本主义因素,并不等于就改变了社会主义制度的性质。根据马克思主义的基本原理,任何社会都不可能是纯而又纯的形态,总是会或多或少带有一些其他社会形态的痕迹。马克思、恩格斯指出:"历史不外是各个世代的依次交替。每一代都利用以前各代遗留下来的材料、资金和生产力;由于这个缘故,每一代一方面在完全改变了的环境下继续从事所继承的活动,另一方面又通过完全改变了的活动来变更旧的环境。"④ 历史是一个连贯的发展过程,社会主义建设必然要利用资本主义的文明成果发展自身,并改造与其生产力不适应的地方来创造一个新世界,尤其中国还处于社会主义初级阶段,自觉容纳一些资本主义成分有其现实必

---

① 《列宁专题文集 论社会主义》,人民出版社2009年版,第381—382页。
② 《邓小平文选》第2卷,人民出版社1994年版,第236页。
③ 同上书,第168页。
④ 《马克思恩格斯选集》第1卷,人民出版社1995年版,第88页。

要性,因此实行以公有制为主体、多种经济成分并存的所有制结构,充分发挥非公有制经济对公有制的促进和壮大作用,利用非公有制经济为社会主义的发展创造更好的物质生产条件,不断提升自身竞争力才能缩小同发达资本主义国家的差距,才能超越资本主义。当前,在资本主义制度所容纳的全部生产力完全发挥出来之前,社会主义制度与资本主义制度的关系必然是既对立又合作,二者相互学习甚至成为一个常态,资本主义制度也在借鉴社会主义制度的过程中发展自己,并延续自身的生命力。

第三,利用资本主义市场并不等于成为资本主义。由于社会主义与资本主义在世界范围内的力量悬殊,当前,世界仍然是由资本主义主导的世界,但经济全球化的大背景,决定了中国的现代市场的建立离不开世界市场,中国进入世界经济体系,必然会利用已存在的资本主义市场,但利用资本主义市场,必然要有符合市场规律的社会主义市场经济。市场经济与社会主义制度相联系,使得社会主义市场经济既有市场经济的共性,又有社会主义制度的特性,把市场调节和宏观调控结合起来,能够发挥市场与计划两个手段的长处,从而构成中国经济竞争的优势。市场经济的共性,使得中国能够融入世界经济市场中,抓住经济全球化所创造的机遇,利用资本主义市场的积极因素,在参与国际竞争中提升中国经济实力。在国内,借鉴资本主义市场经济,大力发展社会主义市场经济,充分利用市场的效率,发挥市场在资源配置中的决定性作用,提升我国生产力和国际竞争力的同时,市场的社会主义特性又能消除或改善资本主义市场的负面效应,发挥政府调控的有效作用,保证市场经济指向社会主义。改革开放以来,中国通过发展市场经济实现了快速的发展。随着全面深化改革的节奏,我国旨在发挥市场经济潜力的重大改革政策不断出台,中国经济建设是在统筹国际和国内两个市场和两种资源下进行的,中国在市场经济发展的过程中积累了很多优势,目前中国资本积累优势开始发挥作用。当前经济全球化进入新的发展阶段,资本投资替代商品贸易成为世界经济的主题,顺应国际经济发展的新趋势,我国开始注重发挥资本的生产力,注重资本要素的竞争优势,通过资本投资扩大市场,但这并不意味着在走资本主义的老路。有学者指出："自觉借鉴和发挥资本生产力的历史作用，并不是重复资本主义老路，更不是全面发展资本主义，而是在我国社会主义基本制度已经牢固确立的前提下，基于对社会发展规律深刻把握的一种自觉的历史创造过程。"[1] 在新一轮全球化的浪潮中，面对新竞争形势，我国强调国际的合作与共赢，这就需要我们更好地处理好与资本主义的关系，利用资本主义但不成为资本主义，而且在利用资本主义的过程中，不仅要创造自身的竞争优势，还要让世界共享中国发展的红利。当前中国与世界的关系正在发生有利于我们的变化，世界更加需要中国，中国也离不开世界，因此，我们不可能不利用资本主义的市场，要通过与资本主义市场的进一步融合来拓展发展空间和发展潜力。列宁曾指出："社会主义能否实现，就取决于我们把苏维埃政权和苏维埃管理组织同资本主义最新的进步的东西结合得好坏。"[2] 资本主义制度下创造的文明成果，是人类共同的文明财富，对这些文明成果的继承和使用，并不意味着就成为资本主义，社会主义所借鉴的并不是资本主义制度，而是不决定制度属性的市场、技术、资本、管理方法等。资本主义制度与社会主义制度具有对立性是客观的、必然的，经济上发生日益频繁的交往，不会必然地改变二者本质上的对立。因此，利用资本主义市场和资本，并不必然成为资本主义，关键看如何利用，如何与社会主义制度结合，保持社会主义方向。正如江泽民就利用市场经济所指出的一样："我们搞的市场经济，是同社会主义基本制度紧密结合在一起的。如果离开了社会主义基本制度，就会走向资本主义。"[3] 因此，只要我们在利用资本主义发展自身时，注意利用的限度和底线，明确哪些是可以利用的，哪些是不能利用的，保持社会主义的基本制度不动摇，就不会走向资本主义。

---

[1] 董金明：《中国特色社会主义：历史新路的自觉探索——基于社会主义制度和资本主义制度相互关系的辩证分析》，《思想理论研究》2011年第15期。
[2] 《列宁选集》第3卷，人民出版社1995年版，第492页。
[3] 江泽民：《论社会主义市场经济》，中央文献出版社2006年版，第202页。

第二节　中国特色社会主义制度的价值认同

"社会科学并不总是一种寻求客观规律的试验科学，而是一种寻求意义的解释性学科。"① 制度作为一种社会科学研究的对象，固然受社会规律的支配，但制度作为社会科学的范畴，不同于自然科学，它必然寻求意义，使其具有合目的性。社会的发展总是具有一定的目的性，但并不是所有目的都是符合社会进步要求的，马克思认为社会历史是不断向前发展的过程，在这个过程中起作用的，不仅是生产方式的矛盾运动过程，而且还有人的实践活动，生产力的发展与人的发展构成马克思关于社会发展进步评价的两个尺度，这两个具体的尺度体现马克思主义理论的合规律性与合目的性的统一。中国特色社会主义制度只有符合当代中国良法善治的需要，坚持生产力发展与人的发展的统一，才符合社会进步的要求。对中国特色社会主义制度价值认同问题是对制度合目的性意义的认同问题，制度价值赋予制度以意义，制度价值认同有助于提升对制度的理解，因为"对法律的，或者对任何一个个别的法律现象的无视价值的思考也都是不能成立的"，并且，"法律只有在涉及价值的立场框架中才可能被理解"②。制度的价值认同构成制度认同教育不可缺少的核心内容。中国特色社会主义制度价值认同教育应从三个方面入手，即什么是中国特色社会主义制度价值、中国特色社会主义制度价值认同内容的层次性以及与社会主义核心价值观的关联性。

一　中国特色社会主义制度价值的内涵

制度价值关注"制度应该是什么"、"应该怎么样"的问题，离开价值就无法正确理解制度这种形式的存在。在思想政治教育中，

---

① ［英］马丁·洛克林：《公法与政治理论》，商务印书馆2002年版，第353—354页。
② ［德］拉德布鲁赫：《法哲学》，转引自朱祥海《走出法律教育的"囚徒困境"》，《现代教育科学》2011年第5期。

一般认为价值是客体对主体需要的满足和实现,中国特色社会主义制度的社会主义本质决定了它的价值必然要确认、体现和满足多数人的利益需要。中国特色社会主义制度是为了多数人的利益而确立的,也是在维护和实现多数人的利益中彰显其价值的。中国特色社会主义制度以满足多数人不断增长的物质和文化生活需要为根本任务,在满足多数人利益需要的过程中,将个人的、民族的、国家的利益有效统一起来,从而充分彰显中国特色社会主义制度的优势。中国特色社会主义制度的价值主体是人民,中国特色社会主义制度作为客体,其价值从根本上体现为对多数人利益需要的满足。满足多数人的利益需要构成中国特色社会主义制度的目标价值,也是中国特色社会主义制度最根本的价值取向,它决定了中国特色社会主义制度实践和运动的方向。制度价值具有体系性,满足多数人的利益需要并不是中国特色社会主义制度的唯一价值,在这根本价值的统领下还会派生出其他价值,使得中国特色社会主义制度价值呈现出体系性和层次性。在中国特色社会主义制度价值体系中,其他价值均以满足多数人的利益需要这一根本价值为出发点和落脚点,确认和弘扬社会主义核心价值观。社会主义核心价值观分为国家、社会、公民三个层面的价值内容,这些不同层面的价值内容反映了社会多方面的价值要求,中国特色社会主义制度也从多个方面确认和体现了社会主义核心价值观的要求。在此,根据制度价值发挥的作用不同,借用法理学对价值的理解和分析,对中国特色社会主义制度的价值进行分类,以获得对中国特色社会主义制度价值更深入的认识。

著名法理学学者沈宗灵认为,制度价值有三种不同的含义:第一,它指的是法促进哪些价值;第二,指法本身有哪些价值;第三,在不同类价值之间或同类价值之间发生矛盾时,法根据什么标准来对它们进行评价。[①] 法能促进哪些价值,实质上就是指制度的目标价值,即制度所追求的理想和目的。法本身有哪些价值,更多

---

① 参见沈宗灵《法理学》,转引自王国征《"法的价值"与"法的价值取向"概念研究述评》,《东方论坛》2009年第6期。

的是指制度的工具价值,即制度效应。制度的工具价值是制度价值一个非常重要的方面,制度能否有效实现社会价值的整合,有效实现对社会秩序、安全的维护,决定了制度工具价值的效应。法根据什么标准来评价,实质上是指法的价值取向或价值准则,即在不同类价值之间或同类价值之间发生矛盾时,制度根据什么标准来对它们进行评价。根据上述对制度价值的三种含义的理解,中国特色社会主义制度的价值体系的内容也可以从这三个方面获得理解。

第一,目的价值。即中国特色社会主义制度指向未来发展特性的价值,这种价值具有一定的超现实性。"法律本身并不是一种纯粹的价值,而是一个旨在实现某些价值的规范体系。"① 制度的目的价值对制度的运动方向具有定向的作用,它规范着制度的实践方向。中国特色社会主义制度的目的价值具有体系性和阶段性。体系性是由制度的体系性所决定的,制度价值涵盖了经济、政治、文化、社会、生态文明各个方面制度建设的价值目标,体现了中国特色社会主义全面进步的价值要求,公平、正义、民主、法治、共同富裕等都是中国特色社会主义制度目标价值体系的内容。制度价值具有客观性,它受制于社会发展水平,价值目标实现与社会发展的历史阶段相适应。社会主义发展的阶段性,决定了中国特色社会主义制度价值目标的阶段性,中国特色社会主义制度的终极价值目标,即在根本上不同于资本主义制度的地方,是消灭私有制,实现共同富裕和人的全面发展。中国特色社会主义制度根据历史发展规律确立了自身的目的价值,体现了人在价值追求方面的主体自觉,这种主体自觉引导人们在实践活动中,不断超越,不断接近价值理想。诚如黑格尔所言:"意志的努力即在于使得这世界成为应如此。"② 中国特色社会主义制度意志的努力就在于使这个世界成为共同富裕的世界,人得以全面发展的世界。中国特色社会主义制度的目的价值既要满足人的自然需求,也要满足人的社会需求。生产力

---

① [美] E. 博登海默:《法理学——法律哲学与法律方法》,邓正来译,中国政法大学出版社 2004 年版,第 214 页。
② [德] 黑格尔:《小逻辑》,转引自高岸起《论意志在实践中的作用》,《北京理工大学学报》(社会科学版) 2005 年第 1 期。

的发展和人的发展这两个因素构成马克思关于社会发展进步的评价的两个尺度，恩格斯指出："我们的目的是要建立社会主义制度，这种制度将给所有的人提供健康而有益的工作，给所有的人提供充裕的物质生活和闲暇时间，给所有的人提供真正的充分的自由。"[①]社会主义事业是为绝大多数人谋利益的事业，社会主义是以每一个个人的全面而自由的发展为基本原则的社会形式。消灭剥削和私有制是建立社会主义制度的意义所在，马克思、恩格斯认为社会主义从根本上不同于资本主义，资本主义以特殊的社会阶级对生产资料和产品的占有为生产目的，而社会主义以所有人的富裕为生产目的，即以共同富裕为目的。社会主义的生产"不仅可能保证一切社会成员有富足的和一天比一天充裕的物质生活，而且还可能保证他们的体力和智力获得充分的自由的发展和运用"[②]。马克思、恩格斯通过阐明社会主义生产的目的和功能揭示了社会主义不同于资本主义的本质，资本主义制度将人异化为追求物质利益的工具，使人受物的奴役。马克思主义正是基于对资本主义制度阶级剥削及非人性的批判，提出了人是历史的目的，人是历史发展最终实现的目的，并通过对资本主义不可调和矛盾的揭示，论证了社会主义不是"乌托邦"，而是现实存在的必然的历史进程，社会主义的任务就是将人从物的奴役中解放出来。因此，社会主义的本质决定了社会主义制度在经济关系上必然以消灭剥削、实现共同富裕为目标，并在价值上始终将人作为制度存在的意义，坚持以人为本，把实现共同富裕与实现人的全面发展统一起来，既着眼于人民现实的物质文化生活需要，又努力促进人的全面发展，切实维护人的价值主体地位及其根本利益，将人的自由和全面发展作为制度促进经济发展的终极目标。当前中国特色社会主义制度还不完善，制度所具有的目标价值要求我们理解中国特色社会主义制度既要看现实是怎样的，也要看它应当是怎样的，只有将这两种认识统一起来，才能获得对中国特色社会主义制度科学的认识。也就是说，通过揭示中国特色社会

[①] 《马克思恩格斯全集》第21卷，人民出版社1965年版，第570页。
[②] 《马克思恩格斯选集》第3卷，人民出版社1995年版，第633页。

主义制度的目的价值,发挥其在制度认同教育中的动力和导向作用。

第二,工具价值。工具价值关注的是手段对于目的的作用。工具价值是所有制度均具备的价值,制度的基本工具价值就是定分止争。博登海默指出:"在不存在需要调整的相互冲突的个人利益的社会中,法律是多余的。"① 中国特色社会主义制度除了具有制度维护社会秩序的基本价值外,中国特色社会主义制度因坚持科学社会主义与中国实际相结合的原则,呈现出其独特的制度工具价值,那就是获得比资本主义制度更高的生产力。当前,促进中国特色社会主义社会比资本主义社会具有更高的生产力发展是中国特色社会主义制度的重要工具价值。允许社会生产力以旧社会所没有的速度迅速发展是社会主义制度优越性的根本表现。江泽民指出:"社会主义应当创造比资本主义更高的生产力,也应当实现资本主义难以达到的社会公正。从根本上说,高效率、社会公正和共同富裕是社会主义制度本质决定的。"② 社会生产力发展程度代表了社会进步的程度,中国长期处于社会主义初级阶段的国情决定了当前中国还不能完全消灭私有制,还没有实现共同富裕,社会不公正的现象仍然存在,因此,解放和发展社会主义生产力是消灭私有制、实现共同富裕、促进人的全面发展的根本途径和方式。社会主义初级阶段的基本国情,使得坚持以公有制为主体、多种所有制经济共同发展的基本经济制度成为必要,只有允许多种所有制经济并存,才符合当前中国生产力发展的需要,才能更好地发展生产力、解放生产力,才能为生产资料的公有制创造更有利的社会条件,才能为实现共同富裕奠定更丰厚的物质基础。中国特色社会主义制度要体现社会主义生产力发展与人的全面发展相统一的价值要求,因此,对中国特色社会主义制度工具价值的认识离不开制度目的价值,工具价值是为目的价值服务的。社会生产力的发展,实质在于促进人的自由全面发展,对生产力发展的工具价值追求,根本目的在于为人的全面发展奠定物质基础和创造各种条件,使人的全面发展这一目标价值具

---

① [美]E.博登海默:《法理学——法律哲学与法律方法》,邓正来译,中国政法大学出版社2004年版,第380页。

② 江泽民:《论社会主义市场经济》,中央文献出版社2006年版,第137页。

有实现的现实可能。因此，工具价值与目的价值应具有内在统一性，要体现制度价值实践手段与实践目的的辩证统一关系。中国特色社会主义制度将生产力的尺度作为实现人的目的尺度的手段，并坚持现实尺度与历史尺度相结合的原则，使得中国特色社会主义生产力的发展既指向现实，又指向未来。基于现实，允许和鼓励非公有制经济存在，解决落后国家建立社会主义制度"不够格"的问题。指向未来，则始终坚持社会主义目标价值所指引的方向，即指向消灭私有制、实现共同富裕。中国特色社会主义制度工具价值与目的价值的内在统一性要求，既遵循了发展的内在规律，又没有忽略社会主义本质，从而实现了中国特色社会主义制度的合规律性与合目的性的统一。

当前，中国特色社会主义制度极大地促进了社会生产力的发展，随着我国温饱问题的解决，人们开始从"生存性需求"转向"发展性需求"。"'发展性需求'是一种高层次需求，关涉到人的政治性、社会性、精神性内容"，"'发展性需求'还是一种共时性需求，同时指向人本身发展的不同方面"[①]。新的发展需求，需要在创新中完善和发展制度，在中国特色社会主义制度完善和发展的过程中，除了继续关注如何促进生产力发展的问题外，如何处理好效率与社会公平的关系、先富与共富的关系，尤其是一个不容忽视的问题。经过改革开放30多年的发展，我国现在生产力远非改革初期生产力所能比及的，在坚持以经济发展为中心的同时，不能忽视人们温饱问题解决后，对制度的认同，已经开始从经济绩效认同向价值认同转变这一客观现实。揭示中国特色社会主义制度的工具价值，目的在于引导人们认识工具价值的有限性，教育人们懂得工具价值作用的发挥不能偏离目的价值，否则就会出现工具价值对理性价值的僭越，最终有害于制度的社会治理效果。比如，当前将改善民生、改善环境等内容作为对干部的考核内容，不再唯GDP，就体现了对以损害环境为代价的不符合可持续发展的经济发展模式的纠

---

① 韩庆祥、张健：《中国特色社会主义建设实践的内在逻辑与发展趋向》，《中国社会科学》2012年第3期。

正,突出了工具价值对目的价值的服务功能。

第三,法的价值取向。价值取向是衡量外在客体或主体行为是否具有价值或价值大小的尺度,因此,法的价值取向有时又叫法的价值准则。制度是社会秩序的产物,在社会多元价值取向下,制度作为一种价值评价机制起着凝聚价值共识的作用。因此,制度的价值取向对一个社会的价值塑造起着非常重要的作用。制度价值取向反映了社会的主流价值观念,"矛盾冲突是人类状态的一个核心要素,共识就成为和平有序地处理社会政治事务的一个头等重要的先决条件;如果没有一些得到广泛接受的价值观念的规范准则,社会和政治组织就都不可能存在"①。价值共识是人类有序生活的前提条件,制度作为人的理性的产物,本身就是一种价值选择的结果,这种选择包含了价值评价标准。古罗马著名政治家、哲学家西塞罗指出:"法律是植根于自然的、指挥应然行为并禁止相反行为的最高理性……其自然功能就是指挥正确行为并禁止错误行为。……当他们将公平的观念归于法律这个词时,我们也就给了法律以选择的观念……如果这是正确的——因为我认为一般来说是正确的——那么正义的来源就应在法律中发现,因为法律是一种自然的力;它是聪明人的理智和理性,是衡量正义与非正义的标准。"②法律制度是人的理性成果,其功能就是通过规定什么是可以做的、什么是不可以做来规范社会秩序,什么可以做、什么不可以做实际就包含了价值评判标准。舍勒指出:"一切应然都必须奠基于价值之中,即唯有价值才应当存在和不应当存在。"③一个社会倡导什么样的价值就有什么样的基于该价值的制度价值观念体系,中国特色社会主义制度价值取向应充分体现社会主义核心价值观的要求,将公平、正义、自由、平等、民主等价值作为中国特色社会主义制度的内在价

---

① [英]戴维·米勒、韦弄·波格丹诺编:《布莱克维尔政治学百科全书》,邓正来译,中国政法大学出版社1992年版,第155页。

② [古罗马]西塞罗:《国家篇·法律篇》,沈叔平、苏力译,商务印书馆2004年版,第158页。

③ [德]马克斯·舍勒:《伦理学中的形式主义与质料的价值伦理学》上册,倪梁康译,生活·读书·新知三联书店2004年版,第98页。

值尺度，以此来统摄整个社会的价值认知。中国特色社会主义制度的评价价值具有历史与现实的统一性，它既要指向对社会现存价值的认知，又指向社会未来发展的价值目标。它作为制度的内在尺度不仅对工具价值具有制约和调节作用，使工具价值始终不偏离价值目标，还必须根据价值目标的实现程度及时调整制度价值尺度。如果制度的评价价值本身定位发生了错误，那么不仅不能对工具价值起到纠正的作用，还可能加重工具价值的偏向。比如中国特色社会主义制度的效率这一价值，运用效率这一价值对社会发展评价时，就不能出现贫富两极分化背离共同富裕的价值目标倾向，一旦出现这种倾向，就要及时根据现实需要，调整制度的价值评价取向。当前中国特色社会主义制度着眼于共同富裕的价值目标，注重制度设计的公平取向，出台了一系列对促进社会公平具有重大作用的制度，比如着力推进对社会低收入阶层的扶助和社会保障，加大对西部的扶贫、开发的政策资助力度，说明中国特色社会主义没有偏离"先富"到"共富"的战略路径，也没有偏离社会主义朝着共同富裕运动的价值目标。

需要强调的是，在这里对中国特色社会主义的目的价值、工具价值和价值取向的分类只是理解制度价值的三个方面，从价值内容上看，有时三者并无严格的区分。比如，制度的生产力价值，从制度促进社会生产力的发展来实现共同富裕这个角度而言，解放和发展生产力是制度的工具价值；从制度能否促进社会生产力的发展来看，解放和发展生产力又是制度的价值准则；从社会主义制度应该比资本主义制度有更高的生产力而言，它还是目的价值。再如，公平、正义既是目的价值，也是制度的价值准则。因此，只有结合具体的话语环境，才能对制度价值有较为准确的理解。

二 中国特色社会主义制度价值认同的层次性

中国特色社会主义制度价值彰显是一个渐进的过程，这种渐进过程与对人们需要满足的层次性，以及由此产生的价值认同的层次性具有相关性。任何制度都内含了一套基本的价值原则，并在这些基本价值原则的基础上，形成自身特定的价值体系，价值体系是由制度的多种价值有机组成的，这些价值并不总是融洽的、相互促进的，各种制度价值之间还会存在对立和冲突关系，而且在不同时候，人们对不同价值需求的优先程度不同，使得不同价值在制度体系中的重要性呈现出差异。美国著名的政治哲学家罗尔斯认为制度的价值原则是有着层次的一个价值体系序列，"一个原则要到那些先于它的原则或被充分满足或不被采用之后才被我们考虑"。"那些在序列中较早的原则相对于较后的原则来说无一例外地具有一种绝对的重要性。"[①] 制度价值具有多元性，制度从政治的、经济的、文化的、社会的等各个方面确立需要社会共同遵守的价值，从而形成一整套制度价值体系，但这些价值的实现并不具有一致性，于是法的价值的冲突便成为常态。为了解决制度价值冲突，制度价值的序位和优先选取原则就成为法的价值冲突解决的不二法则。制度价值的序位决定了价值实现的优先次序。任何一个制度，都会根据时代的要求，确立一个处于主导地位的价值予以优先实现。比如，在改革过程中，制度对效率与公平关系态度的变化，表明确立某一制度价值的优先实现受社会发展各种客观因素制约。不同的历史时期，由于社会发展状况不同，制度价值实现的内涵不同。马克思认为制度价值不是先验的，制度价值的实现总是与一定的社会条件相关联，由社会实践状况决定。制度价值属于上层建筑，必然由社会经济状况决定，不同的社会经济关系，价值观念自然不同，即使是同一价值观念在不同的历史阶段其内涵也并不一样，其实现程度也不一样，并不存在所谓的"普世价值"，因此，西式价值不是包治百病的灵丹妙药。"普世价值"是西方实现其支配世界的思想手段，控制了思想就控制了一切。中国有些学者对西方现代化理论所表现出来的无批判意识或无反思性的"接受"，让一些有识之士深为担忧。著名学者邓正来认为："全球化时代的支配是结构性的和强调性的，它所依凭的并不是赤裸裸的暴力，而是发达社会建构起来的被认为更有效或更具正当性的制度安排——不论中国论者是否进行

---

① ［美］约翰·罗尔斯：《正义论》，何怀宏、何包钢、廖申白译，中国社会科学出版社2003年版，第43页。

合谋，只要中国承认并接受了既有制度的安排，那么，它们就都对中国论者构成了支配。"[1] 因此，中国特色社会主义制度无论是价值的选择，还是价值序位的选择，都要对西方的价值陷阱保持高度警惕，这种极其隐蔽的转换机制极具渗透性，如果中国不想处于被支配的地位，就必须坚持中国特色社会主义道路，谋求制度自身发展的逻辑，在制度价值上保持自身的独立思考，在对待西方价值的态度上学习但决不照搬。

中国特色社会主义制度价值彰显程度与制度价值认同程度密切相关。制度价值序位的排列不仅受制于社会的发展状态，也受制于人们的主观认识。当制度序位的排列与人们的主观认识相一致时，制度价值实现的层次就是人们价值认同的层次，如果制度价值的实现层次与人们的认知不一致，就会形成制度价值认同的阻抗因素。制度价值认同凸显了价值认同的主体性建构，制度价值认同是人们根据自身的价值观对制度价值评价后的一种主观反应，制度价值认同实质包含了认同主体内在的价值尺度与制度实际呈现价值的比较过程。当前中国特色社会主义制度还不完善，中国特色社会主义制度的不完善制约了中国特色社会主义制度应然价值的实现，同时也影响和制约着人们对中国特色社会主义制度的认同。制度价值认同的层次取决于中国特色社会主义制度彰显对人们价值需求的满足程度。根据马斯洛人的需要理论，人的需要具有层次性，马克思也认为人的需要是一个不断满足、不断产生新的需要的过程，"已经得到满足的第一个需要本身、满足需要的活动和已经获得的为满足需要而用的工具又引起新的需要"[2]。价值是满足人需要的客体，人们对价值需求的满足也具有层次性和递进性，制度价值的彰显只有符合人们需求满足的规律、体现人们价值需求的层次性，才能获得较高的、相对稳定的制度价值认同。

中国特色社会主义制度价值的彰显是随着社会发展及人们认识的发展不断彰显的过程，因此，对中国特色社会主义制度价值的认

---

[1] 邓正来：《中国法学向何处去——建构"中国法律理想图景"时代的论纲》，商务印书馆2011年第2版，第364页。

[2] 《马克思恩格斯选集》第1卷，人民出版社1995年版，第79页。

同教育，要坚持现实价值与目标价值相统一的原则，用发展的原则来阐释制度价值及其认同问题。当前，中国特色社会主义制度价值的应然性与实然性之间还没有达到理想的状态，与人们所期待的公平、正义、共同富裕这些价值还存在差距。在中国特色社会主义发展中还存在不得不牺牲一些人利益的情况，人类社会的发展诚如马克思所言，人的发展开始要靠牺牲多数的个人，最终才能实现每个个人的共同发展。"虽然在开始时要靠牺牲多数的个人，甚至靠牺牲整个阶级，但最终会克服这种对抗，而同每个个人的发展相一致。"[1] 虽然马克思指出人类的发展要以个人或阶级利益的牺牲为代价，但是，这种牺牲和利益的对抗只是社会发展的必要进程，而不是社会发展的常态或不可改变的现实。当前，中国特色社会主义制度理想与制度现实之间的落差在客观上影响了人们对制度价值的认同，人们对中国特色社会主义制度价值认同的动力来自于制度实践对人们需要的满足，中国特色社会主义制度价值体系只有充分反映社会主义质的规定性，坚持一切为了人民的制度价值立场，牢牢把握中国特色社会主义制度共同富裕的价值目标，在这一目标的指引下，遵循价值生成规律，反映制度实践发展的需要，完善有利于社会公平正义的制度，发挥制度价值在整合社会价值、平衡社会利益关系方面的作用，不断保障某些观念形态价值的实现，不断满足人们的现实需要，让人们真实地感受到中国特色社会主义制度的价值不是"虚无缥缈的幻想"，而是科学的能够实现的价值目标，才能获得人们内心对制度价值的自觉认同。

三 与社会主义核心价值观认同的内在关系

中国特色社会主义制度与社会主义核心价值观的同质性，决定了社会主义核心价值观与中国特色社会主义制度价值认同的内在一致性和认同的同构性。社会主义核心价值观为中国特色社会主义制度提供价值支撑，规制了中国特色社会主义制度的价值方向，与中国特色社会主义制度共同实现社会价值整合，并为中国特色社会主

---

[1] 《马克思恩格斯全集》第 34 卷，人民出版社 2008 年版，第 127 页。

义制度价值功能的发挥创造良好的制度价值认知环境。中国特色社会主义制度是社会主义核心价值观的制度化,是社会主义核心价值观弘扬和实践的重要途径和方式,它通过相应的制度设计确保社会主义核心价值观得以彰显、得以践行。中国特色社会主义制度与社会主义核心价值观内在逻辑的一致性决定了二者在认同方面具有双向建构性。

首先,社会主义核心价值观规制中国特色社会主义制度的价值取向。社会主义核心价值观对中国特色社会主义制度具有指导调控功能,这一价值尺度要求中国特色社会主义制度无论如何发展完善,均不能脱离社会主义核心价值观的要求。法律制度作为社会规范的主要方式,必然体现一定的社会价值取向,遵循一定的价值判断准则,社会主义核心价值观是中国特色社会主义制度性质的价值评断标准。"价值评判在法中起着重要作用。法律秩序中充满了价值判断。……任何完整的法规范都是以实现特定的价值观为目的,并评价特定的法益和行为方式。在规范的事实构成与法律效果的联系中总是存在着立法的价值判断。"[①] 社会主义核心价值观为立法提供价值选择和价值整合的评断标准,当前,各种制度思想试图影响现行立法的价值取向,这些影响现行立法制度思想既有内生的,也有外来的。内生的既包括传统制度文化思想和社会主义变革过程中新产生的制度思想,也有西方制度思想的影响。这些制度思想代表了不同的价值观,这些价值观既有先进的,也有落后的,甚至是反社会主义的,如何进行价值判断和价值取舍,是中国特色社会主义制度完善过程中必然要解决的问题。社会主义核心价值观是在同封建社会遗留的价值观与资本主义价值观的斗争中逐步形成的,反映了社会主义的本质要求,是社会主义社会的价值内核,是社会主义运动过程中最为稳定的精神追求,必然会贯穿于社会主义建设的整个历史阶段。社会主义核心价值观无疑为中国特色社会主义制度的价值选择指明了方向,社会主义核心价值观成为判断中国特色社会

---

① [德]伯恩·魏德士:《法理学》,转引自梁迎修《价值内核与制度载体——探索建设社会主义核心价值体系的法制路径》,《河北法学》2012年第7期。

主义制度性质的重要标准。中国特色社会主义制度只有立足于社会主义核心价值观才能保持其社会主义性质的运动方向，才能获得拥护社会主义者的广泛认同。社会主义核心价值观是社会主义意识形态的本质反映，它表达了社会主义价值方向，具有定向功能，是中国特色社会主义实践的内在价值尺度，社会主义核心价值观从政治、经济、文化、社会、生态多个方面规制了中国特色社会主义制度的价值取向，确保中国特色社会主义制度沿着预设的价值目标前进。党的十八大提出了"社会主义核心价值观"，即倡导富强、民主、文明、和谐，倡导自由、平等、公正、法治，倡导爱国、敬业、诚信、友善的价值观。由此可见，社会主义核心价值观是个多层次的价值观念体系，它分别从国家、社会、个人三个层面提出了价值要求，集中体现了中国特色社会主义国家意识形态所持的价值立场。社会主义核心价值观从深层次科学地回答了"什么是社会主义"这一根本问题，是社会主义本质的观念形态。因此，"三个倡导"有助于人们对社会主义制度价值追求的理解。

其次，中国特色社会主义制度彰显了社会主义核心价值观的具体内容。一切社会的价值观都是人们对社会客观存在的价值关系的能动反映。"人们的意识，随着人们的生活条件、人们的社会关系、人们的社会存在的改变而改变。"① 价值观是人的意识存在的表现形式，它受社会生活条件的制约。价值观是社会物质关系在思想观念上的体现，它具有历史性和阶级性，不同性质的社会有着不同的核心价值观，并由不同性质的社会制度予以确认和实践。法律制度确认反映这个社会占统治地位的价值，才能保证社会制度的性质。中国特色社会主义制度的社会主义性质决定了其必然承载社会主义核心价值要求。中国特色社会主义制度以宪法的形式确认了富强、民主、文明、和谐的价值目标，规定"推动物质文明、政治文明和精神文明协调发展，把我国建设成为富强、民主、文明的社会主义国家"。党的十八大对社会主义的价值取向做了进一步的阐述，那就是"建设社会主义市场经济、社会主义民主政治、社会主义先进文

---

① 《马克思恩格斯选集》第 1 卷，人民出版社 1995 年版，第 291 页。

化、社会主义和谐社会、社会主义生态文明，促进人的全面发展，逐步实现全体人民共同富裕，建设富强民主文明和谐的社会主义现代化国家"。社会主义核心价值观倡导"自由、平等、公正、法治"的价值观，中国特色社会主义制度不仅以宪法的形式宣示了这些价值观，而且从政治、经济、社会、文化等各个方面的制度对这些价值予以落实，成为制度实践的基本价值准则。对于社会主义核心价值观所倡导的"爱国、敬业、诚信、友善"，在很多人看来，这只是对公民的道德要求，事实上中国特色社会主义制度虽然没有完全以同样的字眼直接确认，但这些价值以理念形式转化为中国特色社会主义制度的具体要求，比如宪法规定公民有维护国家统一和全国各民族团结的义务，有维护祖国的安全、荣誉和利益的义务。敬业、诚信、友善则主要集中体现在私法性质的制度中。比如诚实信用被尊为民法的"帝王条款"。再如，善意原则是民事法律的一般原则，善意原则体现在各种具体的制度中，如善意推定、善意解释条约、善意履行义务、善意行使权利、构成了善意原则的主要内容。善意原则的具体要求及制度规定内含了友善的价值要求。因此，在一定意义上说，中国特色社会主义制度价值观就是社会主义核心价值观在制度层面的体现，社会主义核心价值不是空想的，它既反映现实，又超越现实，它既是价值目标，又是现实价值评价标准，它要求中国特色社会主义制度将改造现实的实践活动与社会主义最终任务结合起来，自觉实践社会主义核心价值观的要求。

再次，中国特色社会主义制度与社会主义核心价值观在认同方面的双向建构性。中国特色社会主义制度与社会主义核心价值观都反映社会主义的国家性质，都立足于中国的实际，均反映时代发展的要求，二者内在的一致性决定了二者相辅相成、相互促进、互为认同的实现方式。二者以不同的存在方式共同规定和塑造着社会行为和价值观念。二者内在一致的关系还决定了对中国特色社会主义制度价值的认同，离不开社会主义核心价值观认同力量的支持，社会主义核心价值观具有导向、激励、凝聚和整合功能。当前，社会转型和利益分化导致社会多元价值并存，各种思想文化传播着不同的价值观念，价值相对主义盛行，人们思想活动在表现出独立性、选择性、多变性、差异性特点的同时，社会价值观分歧加大，甚至庸俗的价值观大行其道，导致人们在价值观方面产生各种困惑。核心价值观对社会诸多价值起着协调、整合和引领的作用，对社会主义核心价值观的认同可以减少价值异见所产生的制度价值认同分歧，并且社会主义核心价值观的凝聚力、感召力、吸引力可以避免由于制度的强制性而产生的虚假认同。而对社会主义核心价值观的认同，也离不开对中国特色社会主义制度价值认同的塑造，罗尔斯曾指出："社会的制度形式影响着社会成员，并在很大程度上决定着他们想要成为的那种人，以及他们所是的那种人。"[1] 制度具有教育和塑造功能，在原有的社会价值共识被破坏，而新的价值共识尚未形成的情况下，制度的教育塑造功能尤其重要，它是实现社会主义核心价值观认同的重要方式。制度是国家意志的体现，它具有强制性，制度的本质及其独特性决定它必然是最能有效影响人的价值取向的手段和方式，制度为人们提供社会主流所倡导的和最终的价值判断标准。制度通过设定各种权利义务关系来调节社会关系，规范人们的行为，解决社会价值冲突，制度与生俱来的价值评价和教育功能内在地确立了其在价值冲突方面的定分止争功能。此外，制度的本质在于利益，中国特色社会主义制度通过利益实现机制让人们感受到了社会主义核心价值观的实践力量和实践价值，人们对社会主义核心价值观的认知就不会停留在抽象的认知层面上，而是具体的、可实践的、可体验的，由此，社会主义核心价值观才能更具有现实的说服力，才能为广大群众所理解和接受。制度实践所带来的利益促进人们将社会主义核心价值观作为自身价值选择的最高标准，进而使得社会主义核心价值观主导地位得以牢固确立，确保了社会主义核心价值观的合法地位，并获得对社会持久的影响力。当然，相对于社会主义初级阶段而言，社会主义核心价值观毕竟具有一定的超前性，社会主义初级阶段的社会生产力决定中国特色社会主义制度目前还不能完全实现社会主义核心价值观的内容，中国特色社会主义制度还不是一个完善的制度，还需要通过生产力的不断

---

[1] ［美］罗尔斯：《政治自由主义》，译林出版社 2000 年版，第 285 页。

发展和中国特色社会主义制度的不断完善来彰显社会主义核心价值观的内容要求。只有这样社会主义核心价值观才成为一种"普照的光",照亮中国特色社会主义前行的方向,并与中国特色社会主义制度形成有效合力,实现对社会价值的整合。

第三节 中国特色社会主义制度的情感认同

情感之所以成为制度认同的话语,在于制度认同具有情感的动因。制度情感是人们在制度实践中产生的一种情绪体验和主观感受。制度不仅内含了社会的情感共识,而且能够激发人们的情感体验。制度情感认同实际上是作为客体的制度内容,作用于制度主体,由此而产生一种积极的情感自我感受。积极的情感对制度认同具有建构作用,是制度认同的心理基础。制度情感认同教育有助于促进制度认同的深度、效度,中国特色社会主义制度情感认同教育目的在于促进人们形成与制度相适应的积极情感体验,消除与社会要求不相适应的消极的情感。

一 制度情感认同是对制度的情感悦纳

制度情感作为与制度紧密相关的一种自我感受,对制度情感认同的内涵可以从两个方面进行理解:一是制度自身包含了情感因素,这种情感可称为制度化的情感,制度情感认同就是指对制度化的情感因素的认同;二是基于制度对人们需要的满足,而在情感上对制度产生的一种悦纳心理。

(一)制度内含了对情感的规定性,这一情感规定性构成制度情感认同的前提

制度通过对人们情感的理性序化来实现对社会情感的制度化,制度化的情感是人们在长期的共同生活和交往过程中形成的被上层建筑所确认的一种稳定的情感取向,这种情感取向成为人们据以共同生活的情感原则,并将人们的情感彼此联结在一起。制度作为人理性的产物,必然内含了人们理性的情感社会共识。波斯特玛认

为:"法律就像其他类似的社会实践一样,不仅是由各种错综复杂的行为互动所构成,也由参与者的信念、态度、判断以及理解所构成。"[①] 穗积陈重也认为,作为法的原质的社会规范主要分为信仰规范、德义规范、习俗规范。[②] 制度作为人们社会实践的产物,不是冷冰冰的规则,它是包含人们情感要求的现实生活。制度化的情感是制度对人的情感进行规范的结果,它支配着人们在情感上接受什么和反对什么,这种被制度所规定了的情感克服了情感的主观任性,具有理性的特点,即情感理性。情感理性是人类更高层次的感觉,"人类精神世界发展的起点是感觉,情感是感觉的序化,理性是情感的序化"[③]。西方传统哲学认为情感与理性相对,认为情感是非理性的表现,针对西方传统哲学将情感与理性对立的观点,德国哲学家舍勒打破了这种见解,对人类的情感进行了重解,他"打破了传统哲学的基本偏见,沟通了理性与情感之间互通的桥梁,把长期人为对立起来的精神的逻辑方面——传统理性,与精神的非逻辑方面——情感,统统置于扩大的理性范畴之中,从而间接地表达出人类理性的两种新形态和表现形式,即逻辑理性与情感理性。他认为情感理性的认识对象是价值及其等级秩序,而价值秩序也只能在意向性的情感感受中闪现出来"[④]。因此,情感理性常常体现在制度价值的判断和选择中,并成为人们理性生活的一种方式,如果"情感是思考的一种类型"[⑤] 的话,那么制度情感就是制度思考的一种类型,这种思考方法"并不是促进盲目的感情的迸发,而是寻找保

[①] Gerald J. Postema, "Juris Prudence as Practical Philosophy", *Legal Theory*, Vol. 329, No. 332, 1998; See also Brian Leiter, "Rethinking Legal Realism: Toward a Naruralized Jurisprudenee", *Texas Law Review*, Vol. 295, 1997. 转引自支振锋《法律的驯化与内生性规则》,《法学研究》2009 年第 2 期。

[②] 转引自程琥《历史法学》,法律出版社 2005 年版,第 189 页。

[③] 杨岚:《人类情感论》,转引自毛豪明《论指向生活意义的情感教育》,《教育研究》2006 年第 8 期。

[④] 冯凡彦:《论舍勒价值情感现象学中的情感理性》,《兰州学刊》2009 年第 3 期。

[⑤] Nussbaum, "Emotions as Judgments of Value", 转引自 [美] 欧文·费斯《如法所能》,师帅译,中国政法大学出版社 2008 年版,第 99 页。

持理性的一种智识上的、有辨识力的方法"①。制度化情感作为人们理性生活的产物,既反映人们情感的共同需求,同时也规制人们的情感和行为,制度通过行为规范告诉人们什么是社会所倡导的,什么是社会所厌恶的,以此来实现制度对社会情感的规范。人们也将制度化的情感作为安宁和有序生活的一种方式予以认同,并以此来调适自身的情感认知和体验。

由于人们情感的多样化,以及人们情感体验的个体差异性的存在,很容易产生情感纠葛,制度通过情感序化来预防和解决情感纠葛,使社会情感获得一种秩序。制度是人们辨别是非赖以共同遵守的规则,因此,制度具有社会情感引导价值,制度以引起人们快乐或痛苦的情感体验来实现对社会情感序化的引导和规约机制,实现制度对人们情感的控制和调整。制度褒贬的立场,代表了制度情感的社会立场,凡是制度所褒扬的行为或价值即是社会情感所认同的、能够引起社会愉悦的情感,凡是制度所制止或反对的行为或价值就会引起人们痛苦感受的情感体验。情感体验具有自我监测与自我控制的功能,它能根据制度化情感的要求,对自身制度情感状态进行调适。有学者指出:"人的情感体验以满意不满意的感受状态把人本身的自我感觉、自我评价、自我监督、自尊心、自信心、自制力携带构成一个主体对自己活动关系(物我关系、人我关系等)的内部监控系统,对活动关系满意,人将注意指向某类信息,择取某类信息,而忽略、回避与主体感情需要相悖的信息,或者对这些相悖的信息做出与主体情感需要相一致的理解,这时,注意会保持得长久,程度也强烈。"② 人的本质是社会性的,个体的情感只有与社会情感相符合,才能够为社会所接纳。如果个体的感受与制度所代表的社会情感立场不同,个体情感就无法融入社会,个体就会产生情感孤独,甚至产生生活无意义感,社会认同也就难以形成。个体只有根据制度情感的立场,在社会实践中不断调适自身的情感需

---

① Nussbaum,"Emotions as Judgments of Value",转引自〔美〕欧文·费斯《如法所能》,师帅译,中国政法大学出版社 2008 年版,第 99 页。
② 朱小曼:《情感教育论纲》,人民出版社 2007 年版,第 25 页。

求，才能融入社会，实现社会认同。与此同时，这种情感认同所产生的制度认同也才会持久。因此，制度化的情感对个人情感具有社会规约性，它要求人们站在社会整体而非个人的立场来审视自己的情感体验。

（二）制度情感作为一种主观感受，因社会主体的个体差异而有所差异

制度情感是与制度紧密相关的一种自我感受，由于制度对人的情感要求的满足和人的情感体验的差异性，决定了人们在制度实践中所产生的情感并不完全一致，呈现出个体的主观感受特性。制度情感认同是人们主观认知与制度客观状态相结合的情感体验，它是在制度与人的互动关系中，伴随着人的制度认知和制度实践而产生的一种情感状态。影响人们情感体验的，既有作为情感认同客体的制度因素，也有作为情感认同主体的人的自身因素，二者相互作用形成认同主体的制度情感状态。制度作为客观因素对人的制度情感的影响往往起决定作用，反过来人们情感的固有认知状态往往也影响人们对制度的评价、制度行为的选择等。制度情感认同过程本质上是主客体相互作用支配下的主体的自我感受，诺尔曼·丹森在其《情感论》中认为，"情感就是自我的感受"，"自我的感受构成情感过程的本质和核心"[1]。制度情感作为一种主观自我感受，因社会主体的差异而有所差异。"在任何特定时刻的人的情感都是他的本性、他的过去历史以及当时处境的复杂产物。"[2] 人的现有认识是建立在他过去的经历基础上，并受当时所处认知环境的影响，这决定了人们在制度实践中呈现出个体情感体验的主观差异性。主体自我感知差异的产生，其一在于主体认知的差异性，其二在于制度对主体需要满足程度的差异。需求是人们追求目的活动的动因所在，对需求的满足构成制度情感认同的动因。在制度实践过程中，由于制度对人需求的满足程度所产生的效应不同，制度效应所激发的情感也不同，具体表现为有的亲法、爱法、敬法、守法，有的则厌法、

---

[1] ［美］诺尔曼·丹森：《情感论》，辽宁人民出版社1989年版，第7页。
[2] ［英］伯特兰·罗素：《权力论：新社会分析》，吴友三译，商务印书馆1991年版，第124页。

惧法甚至抗法。人们的制度情感往往影响人们对制度的评价、制度行为的选择等，人们通过守法、合作、支持或对违法行为的自觉抵制等方式表达对制度的认同，通过违法、抵抗、不合作等行为来表达对制度的不满情绪或不认同。制度表面上看是一种外在的法，是对人们外在行为的规范，并不直接对人们的心理进行规范，但事实上，制度对人们的心理起着很大的作用，积极的制度情感产生良好的制度心理。制度情感作为人们在制度实践中产生的一种情绪体验和主观感受，这种情绪体验和主观感受可能是积极的，也可能是消极的，积极的情感对制度认同具有建构作用，积极的制度情感体现了人们对制度的悦纳，没有了制度的积极情感因素，人们对制度的情感体验只能是对制度暴力的恐惧和无奈的屈从，制度情感影响人们的行为方式，当这种压迫性、强制性的消极情感体验成为一种社会普遍心理时，大规模的对制度的不合作、反抗和抵制行为就会发生，制度变迁就成为必然。

制度的真正权威不是来自于制度的强制而是人们发自内心的认同，"法律功能之一就是要赢得一定程度的赞同，而不总是为武力所强制"[①]。情感认同有助于消除制度强制所带来的负面情绪体验，因此，"法律应当致力于培养所有有关人员——当事人、旁观者和公众——的法律情感"[②]。当然，制度只有充分反映人们的需要、满足人们的需要，才能形成制度情感认同，也才能避免因人们对制度的被动和消极的服从而导致的法律工具主义盛行。

二 对合乎人性的本质存在方式的情感认同

中国特色社会主义制度情感认同是对合乎人性本质存在方式的悦纳。中国特色社会主义制度作为社会主义性质的制度与资本主义制度的最大区别，就在于它以实现真正合乎人性的本质存在方式为最高的"善"。马克思主义的伦理思想坚持从实践的人本身出发，

[①] [古罗马]西塞罗：《国家篇·法律篇》，沈叔平、苏力译，商务印书馆2004年版，第190页。
[②] [美]哈罗德·J. 伯尔曼：《法律与宗教》，转引自董杰、魏纪林《论法律情感的培植》，《理论导刊》2009年第8期。

探讨制度对人性的意义，深刻批判了资本主义制度反人性本质，在强调人的本真性的基础上提出人的自我实现和人类解放的社会理想，并将这一理想表征为共产主义（社会主义）。它以实现真正合乎人性的本质存在方式为最高的"善"。马克思认为人是人的最高本质，基于此，提出"必须推翻那些使人成为被侮辱、被奴役、被遗弃和被蔑视的东西的一切关系"①。人的解放使得人能够占有自己的劳动，劳动对人而言不再是一种奴役和痛苦，而是合乎人性的人的本质存在方式，是人自由的表现，自主劳动成为人之幸福感的源泉、生活的乐趣所在。"我在劳动中肯定了自己的个人生命，从而也就肯定了我的个性的特点。劳动是我真正的、活动的财产。"② 强调劳动的自主性和对劳动的自我占有，是马克思主义自由观的重要内容，在他看来，人不受限制的自主活动就是"对生产力总和的占有以及由此而来的才能总和的发挥"③。马克思主义认为私有制是导致人异化的根源，真正合乎人性的存在方式是人的自由和全面发展，实现这种社会理想的方式就是在生产力充分发展的基础上，消灭私有制，消除人的异化，实现人的本真。马克思主义哲学不仅仅是要对现存一切进行无情批判，而且还要改变世界。马克思指出："批判已经不再是目的本身，而只是一种手段。它的主要情感是愤怒，它的主要工作是揭露。"④ 对于如何改变世界，马克思基于生产力与生产关系之间内在的规律，提出人全面发展自己的能力并获得自由的条件是"真正人的社会的财产占有"，即废除私有制。在马克思看来，"对私有财产的扬弃，是人的一切感觉和特性的彻底解放"⑤。但人向自身复归的这种解放需要借助于社会制度安排，这种社会制度构想就是将生存条件集中在联合起来的无产者手里，因为"在控制了自己的生存条件和社会全体成员的生存条件的革命无产

---

① 《马克思恩格斯选集》第 1 卷，人民出版社 1995 年版，第 10 页。
② [德] 马克思：《1844 年经济学哲学手稿》，人民出版社 2000 年版，第 184 页。
③ 《马克思恩格斯选集》第 1 卷，人民出版社 1995 年版，第 129 页。
④ 同上书，第 4 页。
⑤ [德] 马克思：《1844 年经济学哲学手稿》，人民出版社 2000 年版，第 85—86 页。

者的共同体中,情况就完全不同了。在这个共同体中各个人都是作为个人参加的。它是各个人的这样一种联合(自然是以当时发达的生产力为前提的),这种联合把个人的自由发展和运动的条件置于他们的控制之下。而这些条件从前是受偶然性支配的,并且是作为某种独立的东西同单个人对立的"①。马克思将人的解放的出路置于对私有制的扬弃上,认为只有在共产主义这样的共同体之中,才能消除私有财产这种特殊社会关系对人的异化,人才能作为自由的个人与共同体一致起来,这样共同体才不会成为个人的异己的力量存在。共产主义是马克思关于人类命运的最高伦理和制度理想,自由发展的个人是共产主义制度的目的,马克思在《1844年经济学哲学手稿》中指出:"共产主义是私有财产即人的自我异化的积极的扬弃,因而是通过人并且为了人而对人的本质的真正占有……它是人和自然界之间、人和人之间的矛盾的真正解决,是存在和本质、对象化和自我确证、自由和必然、个体和类之间的斗争的真正解决。它是历史之谜的解答,而且知道自己就是这种解答。"② 马克思将财产的共同占有看作人的合乎理性的本质存在,将共产主义作为历史之谜的解答,认为在共产主义社会里,存在和本质、对象化和自我确证、自由和必然、个体和类之间的斗争才能真正解决,这是一个真正的共同体,在这个共同体条件下,"随着联合起来的个人对全部生产力的占有,私有制也就终结了。"③ 在共产主义制度下,由于占有方式的改变,私有制得以消灭,人与人之间形成了一种真正合乎人性的新的交往形式,人们能够占有自己的社会劳动,劳动成为人的需要,马克思的这种观点充分地表现在这样的描述中:"假定我们作为人进行生产。在这种情况下,我们每个人在自己的生产过程中就双重地肯定了自己和另一个人","在我个人的生命表现中,我直接创造了你的生命表现,因而在我个人的活动中,我直接证实和实现了我的真正的本质,即我的人的本质,我的社会的本质"④。

---

① 《马克思恩格斯选集》第1卷,人民出版社1995年版,第121页。
② [德]马克思:《1844年经济学哲学手稿》,人民出版社2000年版,第81页。
③ 《马克思恩格斯选集》第1卷,人民出版社1995年版,第130页。
④ [德]马克思:《1844年经济学哲学手稿》,人民出版社2000年版,第184页。

马克思抓住了劳动生产的本质，把对象性的人归结为劳动生产的结果。在马克思看来，劳动创造了人本身，人通过人并为了人而创造社会，人的本质是相互证成的，劳动的相互占有过程就是人的本质自我实现和相互实现的过程。然而在人类历史上，人们的劳动生产与其自身相分离，导致了劳动异化，因此，马克思认为，只有多数人获得对他们自身生活的控制时，异化才能消除，而这一切的实现，依赖于私有经济制度的消灭。马克思认为私有制是导致人类不幸的根源，无剥削的社会才是正义的社会。私有制在马克思主义看来，是一切恶的根源，也是人被异化的根源所在，因此，消灭私有制，消除异化现象，实现人的全面发展就成为马克思主义所构想的人类最完满的生活。

中国特色社会主义制度是社会主义与中国特色有机结合的产物，它既体现了马克思主义关于社会主义制度实现合乎人性的本质存在方式思想，又体现了中国优秀传统文化所蕴含的价值。中国优秀的传统文化所蕴含的正向价值与马克思主义实现消灭私有制、实现共同富裕思想的有机结合，形成了社会主义核心价值观，社会主义核心价值观构成了中国特色社会主义制度向"善"的内在品质，这种内在品质指向马克思主义所期望实现的合乎人性的本质存在方式的最高的"善"，这种向"善"的品质构成了中国特色社会主义制度的情感因素，这种情感因素能够满足人们对有尊严的、合乎人性的美好生活的期待。如果中国特色社会主义制度坚持以人为本，维护人民的制度主体地位，维护和保障人民的利益是人们制度情感产生的现实动因的话，中国特色社会主义制度以消灭私有制、实现人的全面发展为终极追求这种向"善"的品质，则是人们对中国特色社会主义制度产生情感的精神动因。基于理想所产生的动因一旦发生作用，它对人的情感作用更为长久。在资本主义这个以工具理性为主宰的社会里，人们以物质财富和利益为追逐的终极目标，私有制通过市场对人实行强制，这种强制以一种非人格的形式出现，这种强制力越来越集中到掌握大量财产的少数人手中，资本主义私有制及其市场经济导致了金钱至上的价值观，拜物主义让人失去了自我存在的价值感，人的自我异化导致人生意义丧失。社会主义制度就是要摒弃资本主义制度生产目的，摒弃资本主义制度功利计算的价值取向，始终将人作为目的，努力改变人的异化现状，维护人的尊严，促进人的全面发展，并基于对私有制的消灭来实现对人的全面解放，即"人以一种全面的方式，就是说，作为一个总体的人，占有自己的全面的本质"[①]，由此唤起人们对制度的激情，由此获得人们由衷的拥戴。人的全面发展意味着人对自我本质的全部占有，根据马克思主义观点，人的本质的实现体现为对自己劳动的占有和对社会财产的占有。

所有制是以物权形式体现人的本质占有状态，中国特色社会主义制度将"消灭私有制"作为制度的价值目标，坚持以公有制为主体，充分尊重人的主体地位，反映人的利益需求，大力发展生产力，目的就在于不断消除产生剥削的社会经济根源。人们只有经济上的平等，才可能实现意志的平等，法律也才能成为人民意志的自觉表现。马克思认为法律制度应当服从于人民的意志，这样才能保证制度能够创造符合人民本质存在的条件，当法律反映社会生产力水平并成为人民意志表现的时候，影响人们本质存在的条件才有可能被消除。当前影响人们本质存在的条件还不具备，但中国特色社会主义制度的人民意志性的本质能够保证制度创造符合人本质存在的条件，形成符合人本质存在的社会主义道德。中国特色社会主义制度本质是人民意志的反映，中国特色社会主义制度确立了人民的主体地位，并坚持以人为本，坚持发展社会生产力，将满足人民的需要作为一切工作的出发点和落脚点。因此，中国特色社会主义制度只有坚持一切为了人民，坚持改革的成果为人民所共享，才能从根本上唤起人们的制度情感，激发人们建设社会主义的热情。当前，由于受生产力发展水平的制约，私有制还不能完全消灭，制度理想和制度现实之间还存在差距，这就需要用社会主义核心价值观和社会主义道德来涵养制度情感，培育制度情感。

[①] ［德］马克思：《1844年经济学哲学手稿》，人民出版社2000年版，第85页。

三 制度情感认同产生制度信仰"红利"

制度情感认同能够产生制度信仰"红利"。制度情感认同是教育对象的一种情感体验结果,而教育对象的情感活动是"教育对象由对教育内容的知识型掌握向信念型掌握转化的必经中介"[①]。信仰是更深层次的信念,因此,制度情感有助于制度认同主体从对制度的知识型掌握向制度信念型转化,有助于制度信仰的形成。可以说没有制度情感认同,就没有制度信仰,失去人们的情感认同,无法培育出人们与制度之间的信任、信仰关系,没有这种信任和信仰关系,制度就没有现实生命力,伯尔曼的"法律必须被信仰,否则它将形同虚设"的著名论断深刻揭示了法律信仰对法律实践的意义。情感是人精神性的存在方式,是人本质力量存在的体现,这种本质力量最终体现为对法律制度的信仰及对法律权威的认可和尊重。法律信仰表征了对法律的信任,法律信任是非常宝贵的一种制度情感,而我国却没有法律信任的传统,无论是社会潜规则大行其道,还是信访不信法的法律运行问题,无不反映了人们对法律不信任的情感状态。当然这种对法律不信任的情感状态,与人们传统的"厌讼"情感思维方式有关,法学家梁治平认为:"我们并不是渐渐失去了对法律的信任,而是一开始就不能信任这法律,因为它与我们五千年来一贯尊行的价值相悖,与我们有着同样久长之传统的文化格格不入。"[②] 在现代性语境下,我国治理体系现代化的建设要求对传统文化进行创造性转换,治理体系现代化的建设离不开法治,而法治离不开制度信任,制度信任有利于法治秩序的建立。制度的权威来自于对制度的信任,没有制度信任,制度权威就无从谈起,自觉守法、护法更是侈谈,中国特色社会主义法治建设也就无法顺利进行。因为,没有获得人们情感认同的制度必然以人的异己力量存

---

① 沈壮海:《论思想政治教育过程的内在构成》,《中国青年政治学院学报》2001年第1期。
② 梁治平:《死亡与再生:新世界的曙光》译者前言,转引自许娟《法律何以能被信仰?——兼与法律信仰不可能论者商榷》,《法律科学(西北政法大学学报)》2009年第5期。

在，这种异己力量终究会遭到人们情感厌恶或情感排斥。卢梭认为人们真正的自由在于不受外力的强制，这时人们才能真正成为自己的主人，他谈到制度与自由的关系时指出："服从人们为自己所规定的法律，才是自由。"① 在卢梭看来，自己为自己所规定的制度，应然地内含了人们的认同，既然是自觉自愿地为自己制定规则，当然就会自觉自愿地遵守和维护，这样的制度对人们来说自然不会有约束感。这种没有约束感赋予了人们自由的情感体验，并从这种情感体验中形成对法律的信仰。被人们信仰的法律，必定是被人们认同的法律，人们以其对法律制度的认同来确证和展示这种信仰情感的存在。法律信仰是法律得以有效施行的内在要求，是人们作为法律主体在与法律互动过程中的信任情感反映。"法律信仰意味着人们关于法律的充满激情的神圣体验，是把法律奉为神圣之物后主体自身所获得的一种心理满足感、亲切感和归属感。"② 这种心理满足感、亲切感和归属感的情感体验有助于本体性安全的形成。本体性安全是指"大多数人对其自我认同之连续性以及对他们行动的社会与物质环境之恒常性所具有的信心"③。本体性安全有助于消除人们的生存焦虑感，制度对人们而言是一套具有抵御焦虑的持续保护机制，人们对制度的信任乃至信仰是对制度所组织起来的具有连续一致性的社会环境感到安全的内在自然反映。

当前，在我国大力倡导中国特色社会主义法治的背景下，制度情感认同教育的意义尤为突出。法治的前提是法律能够被信仰，法律信仰是法律制度情感认同的存在方式，制度情感认同意味着人们对制度的情感接纳，意味着人们愿意将制度内在的精神追求作为自身实践的价值准则。当这种精神成为社会普遍接受的精神追求时，遵从法治便成为一种文化，"只有当法治作为一种制度获得该民族在文化上的认同的时候，在日常的法律生活中深刻体验的时候，才

---

① ［法］卢梭：《社会契约论》，何兆武译，商务印书馆2011年版，第25页。
② 叶传星：《法律信仰的内在悖论》，《国家检察官学院学报》2004年第3期。
③ ［英］安东尼·吉登斯：《现代性的后果》，田禾译，凤凰出版传媒集团、译林出版社2011年版，第80页。

可能成为其生活的有机部分，成为一种现实的法律秩序"①。当前，中国社会转型所面临的问题，迫切需要用法治思维和法治手段来改变社会治理现实，而法治建设离不开人们对制度的情感体验，离不开制度"善"的规定性，因为并非所有的法律都被信仰，被信仰的法律一定是能够满足人们需要的具有向"善"品质的法律制度。法律信仰是深入到价值或精神层面的信仰，人们法律信仰的对象并不是具体的制度规则，而是对赋予法律制度规则以生命和灵魂的制度背后所隐含的法律精神、法律价值等具有终极人文关怀和生活意义"善"的信仰，因此，法律信仰具有超现实性。当然，法律信仰这种超现实性不同于宗教信仰的超现实性，宗教给予人们的是一个虚幻的天国，而法律给予人们的是一个既指向现实又指向未来的真实天国。马克思在谈宗教信仰时指出："宗教是被压迫生灵的叹息，是无情世界的心境，正像它是无精神活力的制度的精神一样。"② 宗教信仰具有非理性特征，而法律信仰是理性的，这是法律信仰不同于宗教信仰的根本所在。法律信仰的理性体现为对现实法律制度不完满的理性认识和情感包容，也体现为对违反"善"法之治要求的"恶"法的反抗。

　　法律信仰的超现实性，具有弥补制度缺陷的功能，制度信仰的超现实性实质体现了人们对超越现实法律规则的"善"的信念，人们信法的理由是因为"法律不只是世俗政策的工具，它也是终极目的和生活意义的一部分"③。对法律的信仰表征了人们对法律意义承诺的信任，这种承诺给予人们坚持法律信仰的信心。在现实中，受种种现实的制约，具体的法律制度规则并不总是能够圆满地实现或传递人们对法律"善"的要求，法律总是在协调社会理想与社会现实的过程中不断完善自己，使自己总是保持指向未来的精神品质。这种品质使得制度信仰具有了精神激励作用，它能帮助人们正确看待现实制度的不完满性，并在情感上包容法律有时的缺场和无力。

---

　　① 叶传星：《法律信仰的内在悖论》，《国家检察官学院学报》2004年第3期。
　　② 《马克思恩格斯选集》第1卷，人民出版社1995年版，第2页。
　　③ [美]哈罗德·伯尔曼：《法律与宗教》，中国政法大学出版社2003年版，第18页。

对于具有法律信仰的人来说，由于法律不完善而产生的缺场或无力，并不代表法律在其生活中的退场，而仅仅是现实对法律光芒的暂时遮蔽。法律制度信仰的未来指向凝结了人们追求理想生活的美好情感，这种美好情感赋予了制度权威，使制度并不因为其存在缺陷而失去其在社会生活中的至尊地位。当前中国特色社会主义制度还不完善，中国特色社会主义制度所追求的价值目标还未实现，人们所期待的制度的"善"还未能完全彰显，人们的制度情感如果不能被超现实性的制度信仰所引领和激励，人们的制度情感就会困于制度的不完满性的现实困扰中。强调制度信仰的超现实性情感，意味着即使中国特色社会主义制度理想与现实之间存在差距，也不会影响人们对中国特色社会主义制度的情感信任，中国特色社会主义制度的"善"的价值目标是制度信任的来源。基于这种对中国特色社会主义制度消灭私有制、实现共同富裕和促进人的全面发展的"善"的坚定信念，人们才会保持对中国特色社会主义制度的热情和期待，才能包容和理性认识中国特色社会主义制度发展过程中存在的曲折和问题，并始终能用制度理想温暖现实，深切反思现实、改进现实。

第四节　中国特色社会主义制度的特色认同

中国特色社会主义制度认同教育离不开对制度特殊性的认同，这种特殊性就是"中国特色"。"中国特色"是制度的独特性所在，是中国本土化和自主发展的"标签"，这一"标签"使得中国特色社会主义制度认同具有可识别性。"标签在塑造行为者决定如何生活的问题上发挥了作用，在一个人认同形成的过程中发挥了作用。"[1] 制度特色认同教育在于解决基于我国现实语境对制度独特性认识的问题，这种独特性正是中国特色社会主义制度的优势所在，

---

[1] ［美］夸梅·安东尼·阿皮亚：《认同伦理学》，张容南译，凤凰出版传媒股份有限公司、译林出版社2013年版，第96页。

它构成了制度竞争性认同的优势内容,这种优势内容是制度的核心竞争力。因此,制度特色构成中国特色社会主义制度认同教育的核心内容。理解是认同的前提,只有理解中国特色社会主义制度的特色,才有可能认同这一特色。对中国特色社会主义制度的中国特色解读,既有制度整体特色的解读,又有对具体制度特色的解读。对制度整体特色的解读在第一章第一节中国特色社会主义制度中已详细介绍,在这里只是从中国特色社会主义制度"一元主导,多元并存"的结构特色出发,对中国特色社会主义制度中具有代表性的政治、经济、文化三个具体制度的特色进行解读。

一 经济制度特色认同

中国特色社会主义经济制度是改革开放以来最富创造性的制度,也是最具争议的制度。对中国特色社会主义经济制度特色认同的教育不仅要让人们了解什么是中国特色社会主义经济制度的内涵、特色,还需要引导人们运用科学的认知方法,只有这样才能对经济制度特色形成正确理解。

中国特色社会主义经济制度特色主要体现在以公有制为主体、多种所有制经济共同发展的基本经济制度上。这一基本经济制度的特色在于它既不同于传统社会主义单一的公有制,也不同于资本主义私有制,形成了一元主体下包容了多种所有制经济形式、多种分配形式的经济制度以及这一经济制度基础之上的社会主义市场经济体制。中国特色社会主义经济制度构成了中国特色社会主义制度中最具活力、最具影响力和关注度高的制度特色因素。对中国特色社会主义经济制度的认识,不能脱离对社会主义市场经济体制的认识,社会主义市场经济体制赋予中国特色经济制度以生命力。列宁指出:"只有首先分析了从一个时代转变到另一个时代的客观条件,才能够了解我们面前发生的极其重大的历史事件……"[1] 从社会主义计划经济向社会主义市场经济转换是一个时代的变化,因此,我们只有把握了社会主义市场经济产生的时代背景,才能理解中国特

---

[1] 《列宁全集》第 21 卷,人民出版社 1959 年版,第 123 页。

色经济制度的丰富内涵和时代意义。社会主义市场经济是邓小平对马克思主义理论的创新与发展,邓小平正是基于时代变化的深刻认识,才没有囿于马克思主义经典作家对社会主义制度的描述,脱离现实而对其做抽象的理解,而是根据马克思主义的基本原理和方法,结合变化了的外部环境和中国社会主义制度的实践经验,创造性地发展了马克思主义,提出社会主义市场经济,发展以公有制为主体的多种所有制经济形式。有专家指出:"中国实行的社会主义市场经济本质上是一种'混合经济',它力求通过市场经济来优化资源配置,通过社会主义来保证宏观稳定和社会公平正义。它是'看不见的手'与'看得见的手'的混合;是计划与市场的混合;是国有经济和民营经济的混合;是'市场经济学'与'人本经济学'的混合。这种制度安排是对西方模式,特别是美国模式的超越。"[①] 社会主义市场经济之所以不同于资本主义市场经济就在于它是与社会主义制度的结合,这种结合造就了中国特色社会主义经济制度鲜明的"一元主体,多元混合"特色,并成为中国特色社会主义制度的主要特色标识。

公有制为主体、多种所有制经济共同发展体现了我国基本经济制度的主要特色,"一元主体,公私混合发展"的特色必然会涉及国有经济与非国有经济力量的对比问题,这一问题成为影响人们对中国特色社会主义经济制度特色认同的一个重要变量,国有经济与非国有经济之间客观上存在着竞争关系,舆论关于"国进民退"与"国退民进"之争反映了这种客观竞争现实。在这里"国"与"民"的关系实质就是"公"与"私"的关系,在我国基本经济制度结构中,所有制形式的公私共存结构,公有制与私有制作为两种不同所有制形式内在地不可避免地存在着紧张关系,相互之间均天然地担心对方对自身存在的侵入及消解,虽然二者在互动中一直试图寻找一个合适的相对明晰的界分,但公和私之间并不总是处于一种理性的状态。从理论上讲,公共利益来自于私人利益的需要,公

---

① 张维为:《"中国模式"成功的制度原因》,《人民日报》2014年9月22日第6版。

共利益与私人利益之间具有统一性,这种统一性是人们理性选择的
预期结果。在具体的某一社会情境中,公共利益与私人利益的融洽
常常是一种理想,人们总是首先维护自身既得的利益和争取未得的
利益,使自身利益最大化,私人利益的固化和贪欲是社会主义实现
共同富裕道路上的障碍,"触动利益往往比触及灵魂还难"的感慨
有其现实的基础。公有与私有经常处于两难困境的现实总是在说明
一个事实:在公共利益与私人利益之间,人总是将理性偏向私人利
益。经济制度特色认同必然会涉及人们对社会主义与资本主义的所
有制的差别性的认识问题,中国特色社会主义经济制度结构的公私
二元混合的独特性,既给予了国内外那些排斥社会主义公有制,妄
想实现完全私有化的人以无限的遐想;与此同时,公有制经济与私
有制经济的不同发展势态也带来了人们对这一特色经济制度发展走
向的担心,人们担心在市场经济下,非公有制不断壮大的地位不仅
不能实现壮大公有制经济的作用,反而有可能超越公有制地位而使
社会主义社会性质不保。虽然邓小平一再强调,在改革中始终坚持
公有制占主体地位,就能防止两极分化,就能保持社会主义的性质
不变,但是如何保持公有制的主体地位,公有制的主体地位如何理
解,还在实践中摸索。"国退民进"与"国进民退"的思考与争论
是源自实践的问题,尤其是非公有制经济的迅速发展,社会主义市
场经济实行以来,国企数量比重大幅下降,其收入比重也在持续降
低,而私营企业数量及其收入规模持续增加,这一退一进不能不引
发人们对公有制主体地位的担忧。国外有些学者甚至认为中国现在
已经或正在走向资本主义。当然也存在另一种声音,认为并不存在
"国退民进",而是"国进民退",认为在市场经济发挥作用的过程
中,国有经济制约了私有经济发展的空间,甚至是入侵已有的私有
经济空间。

舆论关于"国退民进"和"国进民退"之争真实地反映了人们
对公有经济与非公有经济现实状态的不同认知,真实反映了不同利
益群体的社会现实思想,这种争论也是社会生产力和生产关系之间

的冲突在社会意识上的反映。公有制①是社会主义制度区别于资本主义制度的差异性所在，这种差异性就是区分不同性质制度的独特性所在。社会认同理论认为："'我们'与'他们'之间的区分形成了不同群体的边界，因而群体独特性是群体存在的基础。"② 借用这一理论，我们可以发现制度特色在制度认同中的重要价值，此制度与彼制度之间的区分就在于制度的独特性，即特色，特色是不同制度存在的基础。两种性质不同的制度之间的差异性越不明显，它们之间的边界就越模糊，人们感知制度的差异性或独特性时就越容易发生偏差，这种偏差会影响人们的认同度，认同度反映了人们对制度的接纳程度。中国特色社会主义经济所有制形式的非单纯性，是人们对中国特色社会主义经济制度特色认识产生偏差的重要原因，由于中国特色社会主义经济制度既区别于传统社会主义经济制度，又区别于资本主义经济制度，它内含了多种不同性质经济制度因素，这些因素并存与竞争关系，改变了人们的传统认知，导致人们的认同障碍及认同焦虑。

对于中国特色社会主义经济制度特色的认识只有坚持正确的认识方法，才能减小制度特色的认知偏差，实现"公"与"私"两个维度之间认识的最大共性，实现对当前经济制度特色最大范围的认同。对中国经济制度特色的认识，既要着眼于现实，从生产力与生产关系相适应的角度分析，又要着眼于未来，从社会主义生产关系的发展完善来认识公有制经济与非公有制经济之间的关系。在社会主义初级阶段，中国特色社会主义基本经济制度既不搞单一的公有制，也不搞单一的私有制，而是坚持地位不同的公私混合所有制，并使构成经济制度结构特色的"公"与"私"的内在张力关系趋于最佳状态，这样才能符合中国特色社会主义经济发展的整体利益和长远利益。人的主观能动性不能超越社会发展客观规律的制约，马

---

① 当然公有制形式并非社会主义所独有，比如原始社会、俄国社会主义革命前的农村公有制形式的存在等。社会主义公有制与其他公有制形式区别在于它们各自的生产力基础不同。社会主义公有制要求是在生产力高度发达的基础上，而其他公有制形式是在生产力极其低下的基础上形成的。

② 黄殷等：《群体独特性对群际偏差的影响》，《心理科学进展》2013年第4期。

克思指出:"一个社会即使探索到了本身运动的自然规律……它还是既不能跳过也不能用法令取消自然的发展阶段。但是它能缩短和减轻分娩的痛苦。"①因此,从现实而言,非公有制经济有其现实存在的必要性,要充分认识非公有制经济的阶段性和过渡性价值。党的十八届三中全会明确指出,要积极支持非公有制经济的发展,积极发展国有资本、集体资本、非公有资本等交叉持股、相互融合的混合所有制经济,将混合所有制经济作为深化国企改革的有效途径和基本经济制度的重要实现形式。但实行非公有制经济的目的在于壮大公有制经济,增强公有制经济的活力和影响力,而不是逐步销蚀公有制经济并取而代之,为新自由主义大开方便之门。非公有制经济无论以何种形式发展,必须保持一个限度,即不能动摇公有制经济的主体地位,公有制是消除两极分化、实现共同富裕的保障,它只能壮大而不能削弱。为了促进社会生产力的发展,只要没有动摇公有制经济的主体地位这一底线,就要充分保障非公有制经济发展的空间。因为,无论生产关系、意识形态等上层建筑对经济基础有多大的能动作用,具有决定意义的归根到底仍是经济基础。恩格斯指出:"只有在社会生产力发展到一定程度,发展到甚至对我们现代条件来说也是很高的程度,才有可能把生产提高到这样的水平,以致使得阶级差别的消除成为真正的进步,使得这种消除可以持续下去,并且不致在社会的生产方式中引起停滞或甚至倒退。"②在恩格斯看来,阶级差别的消除不是人的主观愿望就能实现的,它需要一定的物质条件来支撑,即社会生产力发展到能够彻底消灭阶级差别的水平,只有社会生产力发展到一定的水平,先进的生产关系才能表现为进步的因素,才能促进社会生产方式的发展。因此,在社会主义初级阶段由于生产力还不发达,还不具备实行单纯的公有制的生产力条件,需要发挥非公有制经济在促进生产力方面积极的一面,实现公有制的经营方式和发展形式的多样化,为单纯的生产资料公有制积极创造条件。

---

① 《马克思恩格斯选集》第2卷,人民出版社1995年版,第83页。
② 《马克思恩格斯选集》第3卷,人民出版社1995年版,第273页。

二 政治制度特色认同

中国特色社会主义政治制度的特色体现了中国政治制度的独特性，对政治制度特色的认同是中国特色社会主义建设的政治力量来源。我国是工人阶级领导的、以工农联盟为基础的人民民主专政的社会主义国家，中国共产党是工人阶级的先锋队，是社会主义事业的领导核心，工农联盟是我国社会主义国家政权的阶级基础。我国政治制度特色充分体现人民民主专政这一国家性质的要求。新中国成立以来的实践充分证明，中国特色的政治制度是符合中国国情和实际、体现社会主义国家性质、保证人民当家做主、保障实现国家富强的好制度。

人民代表大会制度、中国共产党领导的多党合作和政治协商制度、民族区域自治制度和基层群众自治制度共同构成了中国特色社会主义政治制度的基本内容，并充分体现了选举民主与协商民主相结合的中国民主政治特色。与马克思主义设想的巴黎公社形式的政体不同，我国采用了人民代表大会制这样的政体，它解决了在一个农民占人口绝大多数的相对落后的国家实现人民当家做主的问题，因而具有鲜明的中国特色。1949 年 3 月，毛泽东在党的七届二中全会上从阶级基础的不同，对人民代表会议制度的特色做了如下阐述："我们不采取资产阶级共和国的国会制度，而采取无产阶级共和国的苏维埃制度。代表会议就是苏维埃。自然，在内容上我们和苏联的无产阶级专政的苏维埃是有区别的，我们是以工农联盟为基础的人民苏维埃。"人民民主专政是我国的国体，体现了我国国家一切权力属于人民的国家本质，人民代表大会制是人民民主专政国体的具体实现形式，是人民有效行使国家权力的组织形式。人民代表大会制是中国在政治制度上的创造，人民代表大会是按照民主集中制原则建立起来的统一行使国家权力的机构，人民代表具有广泛性，是人民翻身当家做主的重要体现。列宁强调："对我们来说，重要的就是普遍吸收所有的劳动者来管理国家……只有千百万人学会亲自做这件事的时候,他们才能实施社会主义。"①人民当家做主是社会主义民主政治的本质要求,人民代表大会制保证了人民当家做主的主体地位。人民代表大会代表由不同地区、职业、阶级和阶层特征的代表所组成,人民代表大会制保障了人们参与国家治理和社会治理的广泛性和人民性。人民代表大会是我国的立法机构,人民代表大会制能够保障人民认同的法律是经由自己参与制定的"良法",从而使制度获得被人们信仰的力量。当然人民参与立法并不意味一人一票或全国人民集体议政,人民参与国家管理形式是多种多样的,人民代表大会只是人民参与国家管理的一种形式。民主集中制是我国人民代表大会的组织原则,也是中国特色的政治组织原则,这一原则使得人民代表大会既具有民主性,又有集中性,人民代表大会代表的广泛性能够吸收广大人民广泛参与国家治理与社会治理,这种制度不仅有利于重大决策的民主化和科学化,充分显示了社会主义制度的人民性,而且能使各种不同意见得以充分交流、整合,在达成最大共识的基础上,提高决策效率,体现集中优势。人民代表大会制不同于西方金钱政治,西方发达资本主义政治是少数人的金钱游戏,虽然表面上说主权在民,但普通人民很难实质参与到国家权力运行中实现自身的意志。人民代表大会制也不同于西方的三权分立制度,全国人民代表大会行使国家的最高权力,"一府两院"由人民代表大会产生,对人民代表大会负责,受人民代表大会监督。

中国共产党领导的多党合作和政治协商制度,是中国共产党领导人民争取民族解放过程中探索出来的一种新型的政党制度,是我国的政治优势所在,"它既不同于西方国家的两党或多党竞争制,也有别于有的国家实行的一党制"②。党的领导是中国特色社会主义最本质的特征,也是我国政党制度的核心。中国共产党领导的多党合作和政治协商制度是我国特有的政治民主,我国的政治民主既体现为党内的选举民主,也体现为不同政党之间的协商民主。社会主

---

① 《列宁选集》第 3 卷,人民出版社 2012 年版,第 464 页。
② 中华人民共和国国务院新闻办公室:《中国的政党制度》,《人民日报》2007 年 11 月 16 日第 15 版。

义协商民主是我国社会主义政治特有的民主形式,它是我国多党合作和社会各界有序参政的重要渠道,这种民主形式体现巨大的主体包容性和互动性。党的十八大报告首次提出"社会主义协商民主是我国人民民主的重要形式"的论断,这意味着社会主义协商民主将在我国民主生活中发挥越来越重要的作用。中国共产党领导的多党合作和政治协商制度不同于西方的政党制度,西方国家两党或多党竞争容易导致国家力量的分散,一党制又因为缺乏监督和制约容易产生极权。而中国共产党领导的多党合作和政治协商制度既坚持了中国共产党的领导,又发挥了各民主党派参政议政的积极作用;既能集思广益,又能够防止竞争产生的内耗,提高办事效率,提高办事质量。中国特色社会主义政治制度之所以形成不同于西方博弈性的制度结构,就在于中国特色政治制度吸收了中国"多元一体"、"善群则和"、"和而不同"等传统文化群体价值思想的精髓,形成中国和合文化特色,中国文化特色孕育了中国特色的政治制度,这一制度特色既能保证中央的统一领导,又能发挥民主协商、分工合作的优势。社会主义协商民主是我国社会主义民主政治的特有形式和独特优势,既体现了现代民主的要求,又有深厚的中国优秀传统文化的积淀,因而具有鲜明的中国特色。习近平在讲话中指出:"协商民主是中国社会主义民主政治中独特的、独有的、独到的民主形式,它源自中华民族长期形成的天下为公、兼容并蓄、求同存异等优秀政治文化。"[①] 社会主义民主协商之所以成为中国特有的形式和独特的优势,是因为它有着中国优秀政治文化的内涵,有着深厚的长期实践基础,在我国政治生活中发挥着协调关系、社会整合、建言献策、服务大局的重要作用,发挥了统一战线在协商民主中的重要作用,扩大了国家政治的社会民意基础,夯实了中国特色社会主义的合法性根基。

民族区域自治制度,是中国共产党创造性地解决中国民族问题过程中形成的一项中国特色制度,采用民族自治制度是因为这一制

[①] 习近平:《在庆祝中国人民政治协商会议成立65周年大会上的讲话》,《人民日报》2014年9月22日第2版。

度不仅能够保证各少数民族享有各种自治权利,而且符合了中国统一的多民族国家的历史传统和单一制国家要求。邓小平指出:"解决民族问题,中国采取的不是民族共和国联邦的制度,而是民族区域自治的制度。我们认为这个制度比较好,适合中国的情况。"① 近年来,随着现代化进程的加快,我国民族工作的国内外环境发生较大的变化,影响民族团结的因素日益复杂,民族分裂势力、宗教极端势力、暴力恐怖势力等问题使得民族问题的重要性更加凸显,民族自决权成为某些政治阴谋家分裂国家的借口。我国统一的多民族国家历史传统表明我国没有民族自决的历史,民族区域自治制度是符合我国实际的民族制度,如何发挥民族区域自治制度特色,根据时代的变化创造性地开展民族工作,减少民族摩擦和民族冲突,不断丰富中国特色的民族制度,是进一步加强和改进民族工作,加强民族制度认同的重要内容。

人民代表大会制、中国共产党领导的多党合作和政治协商制度、民族区域自治制是在改革开放前已确立的制度,改革后又逐渐加以发展完善,而基层群众自治制度则是改革开放以后探索出来的人民直接参与社会治理的有效制度。列宁指出,群众走向民主"需要的不仅仅是民主形式的代表机关,而且要建立由群众自己从下面来管理整个国家的制度,让群众实际地参加各方面的生活,让群众在管理国家中起积极的作用"②。基层民主自治满足了人民直接地实际地参与国家管理的需要,实现了基层民主选举、民主决策、民主管理和民主监督的有机结合,调动了基层人民群众当家做主的积极性,培育了基层人民群众的主人翁意识,表明人民事实上不是制度的被动接受者,而是积极的参与者和建设者,人民主体地位由此而显现。

我国政治制度及其逻辑无不体现中国特色社会主义制度人民主权的实质要求,这些政治制度形式不仅符合我国现实国情,而且反映了我国政治制度实践的历史,形成了中国政治制度的独特性,因

---

① 《邓小平文选》第3卷,人民出版社1993年版,第257页。
② 《列宁全集》第24卷,人民出版社1957年版,第153—154页。

此，中国特色社会主义政治制度是符合中国实际的具有自身优势的好制度。政治制度认同包含人们的政治态度与政治选择，当前世界各国政治制度的差异性，决定了政治制度认同选择存在的客观性。政治制度认同是一种意识形态机制认同，在社会转型时期，我国政治制度改革面临来自各种非马克思主义思潮的挑战，各种思潮提出不同的政治改革方案和路径，影响人们对现存政治制度的态度，而人们的政治态度是现代国家合法性的来源。西摩·马丁·李普塞特指出："任一民主国家的稳定不仅取决于经济发展，也取决于它的政治制度的合法性与有效性。"[①] 政治认同是政治制度的合法性根基，政治制度由于人们认同而获得合法性。哈贝马斯指出："合法性意味着某种政治秩序被认可的价值。"[②] 可见，认同对政治制度意义的重要性。当前对中国特色政治制度认同面临来自思想领域各种话题的挑战，围绕宪政问题的各种争议不绝于耳，其中不乏借西方宪政观否定中国特色社会主义政治制度的声音，这本质上仍是西方通过舆论试图改变中国政治抛出的话题，在某些人看来，中国改革只有朝着西方政治制度的方向，才是真正的改革。习近平曾一针见血地指出："有人把改革定义为往西方'普世价值'、西方政治制度方面改，否则就不是改革。这是偷换概念，曲解我们的改革。"[③] 近年来西方抛出很多挑战中国政治制度的话题，比如"党的执政合法性问题"、"爱国不等于爱党"以及"法大还是党大"等。由于人们不了解西方宪政的本质及其颠覆社会主义的政治企图，这些声音对人们的思想认识产生了较强的迷惑性。西方宪政是资产阶级革命的政治成果，有其先进的一面，但其本质是维护资产阶级利益的，并不具有普适性。一个国家的政治制度取决于这个国家的社会经济基础和历史文化传统状况，马克思指出："每一历史时代的经济生产

[①] [美]西摩·马丁·李普塞特:《政治人——政治的社会基础》，张绍宗译，上海世纪出版集团2011年版，第47页。

[②] [德]尤尔根·哈贝马斯:《交往与社会进化》，张博树译，重庆出版社1989年版，第184页。

[③] 转引自周新城《改革——"改什么"和"不改什么"》（http://www.gmw.cn/xueshu/2013-10/20/content_ 9226602.htm）。

以及必然由此产生的社会结构,是该时代政治的和精神的历史的基础。"① 马克思认为人们不能自由选择自己的生产力,这种生产力构成全部历史的基础,中国社会经济基础及社会结构状况的特殊性,决定了中国政治制度既不同于资本主义国家的政治制度,也不同于其他社会主义国家的政治制度。

英国著名政治思想家密尔指出,政治制度"绝不是故意的目的的产物","不是做成的,而是长成的"。② 将制度单纯地看成是自然"长成"的,虽然有其片面性,但我们不能忽视制度"长成"的因素。政治制度的形成有其民族性和历史性,不同的国家政治制度所产生的历史背景和传统不同,所代表的阶级利益也常常不同。中国的政治制度特色是扎根本国土壤的制度,习近平强调:"设计和发展国家政治制度,必须注重历史和现实、理论和实践、形式和内容有机统一。要坚持从国情出发、从实际出发,既要把握长期形成的历史传承,又要把握走过的发展道路、积累的政治经验、形成的政治原则,还要把握现实要求、着眼解决现实问题,不能割断历史。"③ 对中国政治制度特色的认识需要结合历史渊源和现实国情才能获得对其特色的准确认知,历史和现实的选择决定了现存政治制度,制度的客观性决定了国家不能脱离一国的具体实际而根据主观意愿随意选择,人的主观能动性只有契合客观现实才能起推动实践的作用。这就要求我们进行政治制度改革时,必须遵循四项基本原则,在区分根本和基本政治制度与具体体制的前提下,明确哪些制度能够改,哪些制度坚决不能改,不能改的制度改了,那不是发展中国,可能毁灭中国。不同的国家,有不同的制度生成历史和环境,西方政治制度是解决资产阶级内部利益争斗的一种制度设计,并与各国资产阶级登上历史舞台的历史背景有关,不具有普适性。法的阶级属性以及法的内生性特征决定了西方的政治制度不可能是万能的。而且目前西方民主失灵的状况也暴露了西方民主制度存在

---

① 《马克思恩格斯选集》第1卷,人民出版社1995年版,第252页。
② [英]J. S. 密尔:《代议制政府》,商务印书馆1982年版,第6页。
③ 习近平:《设计和发展中国政治制度要从国情出发从实际出发》,新华网(http://news.xinhuanet.com/politics/2014-09/05/c_1112384483.htm)。

的缺陷与问题。英国著名学者马丁·雅克日前在《金融时报》撰文，称西方有一种根深蒂固的观点：中国的软肋在于政治制度。由于缺乏西式民主，中国的治理制度脆弱而不稳固，是不可持续的。西方相信，中国将被迫实行同西方一样的政治制度①。他指出，事实上自1978年以来中国政府经历了重大而持续的改革，其规模远远超过美国或英国发生过的任何改革，他呼吁西方必须理解中国"非常成功的"制度，称不能否认中国的治理制度在过去30年中所取得的成绩，也不应将西式民主视为评价政权合法性的唯一标准，认为西方制度是解决治理问题永恒、理想的方案是错误的。他认为美国民主制度已日益变得失灵、短视、两极化。他提出，未来西方在治理方面的问题有可能比中国更严峻。②邓小平认为："按照历史唯物主义的观点来讲，正确的政治领导的成果，归根结底要表现在社会生产力的发展上，人民物质文化生活的改善上。"③改革开放以来，中国社会主义生产力得到了极大的发展，人民物质文化生活得到了极大的改善，用事实证明了党是正确的政治领导。西方社会不断在中国制造各种思想舆论的陷阱，目的在于削弱，甚至推翻党的领导，推翻社会主义制度。党的十八届四中全会关于全面推进依法治国的决定公布后，西方一些主流媒体对于中国超越西式宪政模式的中国特色社会主义法治迅速制造新舆论，开始对党的领导"说事"，并指向中国特色社会主义政治制度，说什么由中共来领导社会主义法治的建设"是自相矛盾的"，党被放在了"法律之上"。这种言论再次反映了西方对中国政治制度根深蒂固的偏见，及"去中共化"的期望。④党大还是法大本身就是一个伪命题，任何一个国家的法治建设都不可能脱离政党的作用，这是法治的普适性规律，区别在于由哪个阶级的、什么样的政党来实现。⑤西方用其法

---

① 参见《中国崛起搅动西方舆论的叛逆声》，《环球时报》2014年10月28日第14版。
② 同上。
③ 《邓小平文选》第2卷，人民出版社1994年版，第128页。
④ 参见《依法治国不是去中共化 西方很失望》，《环球时报》2014年10日30日第15版。
⑤ 参见徐显明、张文显、李林《中国特色社会主义法治道路如何走》，《求是》2015年第5期。

治的理念和制度模式作为制度优越性的普遍标准,在国际和国内掀起舆论热点,将人们的认识引向舆论的旋涡,以此搞乱人们的思想。因此,习近平强调,要向干部群众讲清楚社会主义法治的本质特征,做到正本清源,以正视听。西方舆论及国内某些持西方政见者以其所理解的宪法权威来否定党的领导的合法性,将中国共产党的领导看作法治的最大障碍,其实质在于推销西方宪政,最终达到西化的目的。

中国特色社会主义法治建设离不开中国共产党的领导,党的领导是社会主义法治最根本的保证,党的领导和社会主义法治是一致的,因此,在如何认识党和法治这个核心关系问题上,必须认识到我国的依宪治国、依宪执政与西方"宪政"本质的不同,只有这样才能获得对中国特色社会主义法治的正解。中国共产党是代表多数人利益的政党,党性与人民性是统一的,党的领导地位是历史和人民的选择,因此,党的领导是人民当家做主和社会主义法治的根本保证和要求,如果没有坚持四项基本原则,脱离党的领导把西方民主制度照搬过来,那就会像邓小平所说的,"中国就乱了"[①]。中国作为一个超大规模的国家,需要一个强有力的政党来领导,以保证社会的发展方向,保障政治和社会的稳定。中国共产党的领导地位是历史和人民的选择,我国以宪法根本大法的形式确立党的领导地位,中国共产党经过市场经济的洗礼,仍然具有强大的社会动员能力和社会掌控能力,说明了中国共产党仍是中国当前强有力的、有权威的政党。中国共产党的权威是中国特色社会主义法治的保证,只有坚持中国共产党的领导才能保持中国社会主义法治的正确方向。中国社会治理的现代化和社会主义市场经济的发展要求中国必须实行法治,必须用法治的思维和法治的路径进行社会主义现代化建设,但实行什么样的法治则关系到我国的法治性质。中国共产党的领导是中国特色社会主义法治的保证,坚持党的领导、人民当家做主、依法治国的有机统一,是我国政治实践的总结,也是我国政治发挥其优势的基础所在,因此,只有在坚持三者统一的基础上,

---

[①] 《邓小平文选》第3卷,人民出版社1993年版,第286页。

不断完善中国特色社会主义制度体系，才能保证中国特色社会主义制度能够从根本上反映和维护人民的利益，确保制度始终沿着社会主义的方向前进。

三　文化制度特色认同

文化制度是指关于调整各种基本文化关系的规则、原则和政策的总和，文化制度为国家文化建设提供制度保障。高度的文化认同是国家凝聚力形成不可缺少的因素，也是一个国家综合实力的体现，一个大国的崛起不能不是文化的崛起。中国特色社会主义经济政治制度的发展，必然会促进中国特色社会主义文化制度的发展。中国特色社会主义文化制度涵盖了我国整个文化领域的各个方面，由此形成了文化产业制度、文化事业制度、文化传播制度、文化保护制度、文化安全制度等。文化与经济、政治有着密切的关系，毛泽东在其《新民主主义论》中明确指出："一定形态的政治和经济是首先决定那一定形态的文化的；然后，那一定形态的文化又才给予影响和作用于一定形态的政治和经济。"[1] 文化是社会意识的反映，是建立在一定政治和经济体系之上的思想价值体系，文化与经济、政治的密切关系决定了经济制度、政治制度的特色必然会反映到文化制度特色上来。虽然我国当前的文化制度相比政治、经济制度还不够完善和成熟，还处于改革的初期，对于文化制度，包括文化制度特色的认识，还存在很大的探索空间，但并不妨碍我们基于政治制度和经济制度的认识而探索文化制度及其特色。

文化是一个具有多种属性的概念，它既有经济属性，又有意识形态属性。文化的经济属性决定它的商品价值，它的意识形态属性决定它的政治价值。文化的二重属性决定了制度特色的二重性。文化的经济属性决定了文化制度必然要反映中国特色社会主义经济制度的特色，由此形成了以公有制为主体、多种所有制经济共同发展的文化经济制度特色。中国文化制度特色正确反映了社会主义初级阶段的社会主义市场经济条件下我国文化发展的内在规律，对计划

---

[1] 《毛泽东选集》第2卷，人民出版社1991年版，第664页。

经济体制下的文化体制进行改革，使之适应社会主义市场经济的需求，促进了文化市场体系的形成，满足了人们多样化和多层次的文化需要。以公有制为主体的多种所有制经济共同发展的文化产业格局，是中国文化经济制度特色的体现，这一特色既能满足经济发展的需要，又符合政治的需要，它既有利于正确发挥政府作用，又有利于动员社会力量。在政治上，以公有制为主体能够确保党对文化领域的领导和政府对国有文化资产的监管权，国有文化资产是国家重要的文化宣传资源，通过对国家文化资产的监管能够实现对文化内容的监管，保障主流文化阵地的稳固和主流文化的传播能力与引导能力，尤其是对于坚持、巩固以马克思主义为指导的社会主义核心价值观在中国特色社会主义文化中的主导地位意义重大。此外，公有制还能够确保政府对公共文化事业、公共文化服务的资金投入，保障广大人民群众的基本文化权益，满足人民基本文化需求和享有免费或优惠的基本公共文化服务。近年来，全国博物馆、纪念馆、美术馆、公共图书馆等公共文化设施向人民群众免费开放，文化事业的投入也在不断加大，党的十七大以来文化事业经费累计投入达 1454.99 亿元，年均增长 20%，是进入改革开放以来增长速度较快的一个时期。① 其他非公有制文化企业则保障了文化市场主体的多元性，促进了文化事业和文化产业的迅速兴起，增强了文化发展的活力，优化了文化产业结构，非公有制文化企业成为我国发展文化产业的一支重要力量。

　　文化具有意识形态属性，不同阶级有不同性质的文化，文化为不同阶级服务。文化的意识形态属性决定了中国特色社会主义文化制度建设必然要坚持为人民服务、为社会主义服务的"二为"方向和百花齐放、百家争鸣的"双百"方针，在制度内容上必然要体现社会主义核心价值观作为价值之轴的社会主义文化的先进性，即面向世界、面向未来的，民族的、科学的、大众的文化。文化具有引导社会、教育人民、推动发展的多重功能，这决定了文化本身既是

---

① 参见《文化事业经费投入年均增长 20%》，中工网（http://www.workercn.cn）。

物质生产力，又是精神生产力，既能作为经济的因素促进经济发展，又能作为精神的因素整合社会心理和社会关系。教育的视角决定了在此更关注文化作为精神因素的意识形态属性。在意识形态领域，文化已成为一种影响他人认同的重要力量来源。文化是人类特有的现象，文化实际上是一套内含价值取向的思想体系，能够对人们的思想产生实质影响的思想体系。当前，我国文化建设的一项重要任务，就是社会主义核心价值体系、社会主义核心价值观的培育、弘扬和践行。当今时代，人们思想活动的独立性、选择性、多变性、差异性明显增强，凝聚社会共识变得更加困难。文化成为民族凝聚力和创造力的重要源泉，党的报告中多次强调社会主义文化建设要牢牢把握文化的前进方向，坚持弘扬和培育民族精神，切实加强思想道德建设，大力发展教育和科学事业，积极发展文化事业和文化产业，大力加强文化立法，深化文化体制改革，为中国特色社会主义文化的繁荣和发展提供制度保障。文化制度是对一定文化思想体系的确认和保障，是对文化所蕴含的价值、观念等思想内容的具体呈现。中国特色社会主义文化制度是对马克思主义文化的中国化思想体系的确认，这种文化制度在内容上体现了社会主义文化的科学性、民族性和大众性特点。因此，对中国特色社会主义文化制度特色的认同，实质是对制度所确认的社会主义文化的思想体系的科学性、民族性和大众性特点的认同。

当前，文化借助经济的形式实现意识形态的传播，成为意识形态斗争的一种形式。随着全球化和信息化的发展，不同文化的交融、交流、交锋比以往任何时候都更加频繁，西方文化通过文化产品市场不断影响人们的文化思想观念，人们在接受西方文化产品的同时，也在潜移默化中接受了西方的文化思想、文化价值观念，西方文化借助各种文化载体和文化传播方式的大肆入侵，影响了人们的民族文化自信，威胁到了我国的文化安全和文化主权。我国在开放市场促进文化经济生产力的同时，不能忽视市场的自由属性对社会主义文化的冲击，一些腐朽的、非科学的文化借助市场得以广泛传播，对人们思想造成各种消极的影响，因此，必须巩固马克思主义在意识形态领域的指导地位，坚持将社会效益放在首位，主动做好意识形态工作,切实维护好我国的文化安全。要牢牢把握社会主义先进文化的前进方向,坚持正确的导向,积极探索用社会主义核心价值体系引领社会思潮的有效途径,确保文化市场的正确导向和经营方向,坚持弘扬社会主义主旋律,创造出更多符合人民需要的集思想性和艺术性于一身的优秀文化产品,不断提高人民的思想道德素质和科学文化素质。

中国文化制度的特色认同,不仅要让人们认识到以公有制为主体、多种所有制经济共同发展的文化制度特色是符合我国现阶段生产力发展水平的,而且让人们认识到这种制度特色的形成有其内生性规律支配,更要让人们认识到文化的经济属性背后的意识形态本质。文化作为推动经济发展的重要维度,对国民经济作用逐渐增强的同时,文化的思想体系也在通过文化产品传播,因此,中国特色社会主义文化制度加大对社会主义文化的开发,发挥先进文化的思想引领作用,加强马克思主义文化与中国传统文化的结合,不断赋予当代马克思主义鲜明的实践特色、民族特色和时代特色,加强中国优秀传统文化的现代转化,让社会主义文化获得中华文化的深厚滋养。中华文化是国家软实力的重要来源,是中华民族的精神和灵魂。2013年8月在全国宣传思想工作会议上,习近平指出:"中华优秀传统文化是中华民族的突出优势,是我们最深厚的文化软实力。"[1] 习近平强调,中国优秀传统思想文化体现着中华民族世世代代在生产生活中形成和传承的世界观、人生观、价值观、审美观等,其中最核心的内容已经成为中华民族最基本的文化基因,是中华民族和中国人民在修齐治平、尊时守位、知常达变、开物成务、建功立业过程中逐渐形成的有别于其他民族的独特标识。[2] 文化基因对民族的影响是弥久的,它为民族提供了归宿感,文化寻根的意义也在于此。文化基因这一独特的标识将全国各族人民纳入到同一话语叙述系统中,形成了人们共有的精神家园和价值观念,提升了

---

[1] 《中华优秀传统文化:我们最深厚的文化软实力》,中国网(http://cul.china.com.cn/2013-10/15/content_6372400.htm)。

[2] 参见习近平《从延续民族文化血脉中开拓前进 推进各种文明交流交融互学互鉴》,新华网(http://news.xinhuanet.com/politics/2014-09/24/c_1112608581.htm)。

中国特色社会主义文化的亲和力、吸引力，文化的民族性成为人们实现社会认同的动因之一。因此，继承弘扬中华民族优秀传统文化和保护我国历史文化遗产就成为文化制度的重要内容。中国特色社会主义文化制度只有契合了制度生成规律和人们的文化心理，才能对制度认同产生非常深刻的甚至是决定性的影响。因此，要坚持以民族优秀文化为根基，以中国特色社会主义文化为主体，以外来健康有益的文化为补充，推进文化制度的改革，在制度改革中坚持将社会效益放在首位，坚持马克思主义的指导地位，坚持继承与创新相统一，坚持以人为本，贴近实际、贴近生活、贴近群众，充分发挥社会主义市场作用，不断解放和发展文化生产力，不断推进文化创新，用更多更好的健康的、人民群众喜闻乐见的文化成果教育人民、服务人民，使人民的精神风貌更加昂扬向上。在对外文化交往上，通过文化制度的改革，整合各种文化资源，加强对外的文化传播，增进世界人民对中华文化的了解，提升中华文化的吸引力和凝聚力，增强国家的文化软实力。

第五章

中国特色社会主义制度认同教育的有效实施

制度认同不仅是一种心理情感的归依状态，而且也是一种行动的力量，认同是人们行为的内在动力。中国特色社会主义制度认同教育的有效实施在于解决"如何获得认同"的问题，通过解决人们在制度认同过程中存在的思想问题，使得认同成为实践的力量。中国特色社会主义制度认同教育要坚持阶级性与意识形态性相结合、历史性与时代性相结合以及理论与实践相结合的原则。制度认同的形成，受多种因素影响，这些因素包括历史的、理论的、实践的、方法的等，它们通过不同的作用方式影响中国特色社会主义制度认同教育的有效性，因此，制度认同教育的有效实施的方式必然是综合的、多维的。

第一节 中国特色社会主义制度的历史发展教育

历史的路径是思想政治教育的一种方式，中国特色社会主义制度认同教育必然要涉及对制度从何而来这一重大问题的思考，历史教育是解决这一问题的有效方式。历史是制度认同的动因之一，当我们回顾中国特色社会主义制度历史发展历程，也许对中国特色社会主义制度如何体现合规律性会有更为清晰和深刻的认识。历史蕴含了事物发展的各因素之间的内在逻辑关系及其进程的必然性，将中国特色社会主义制度置于历史的进程中展开教育活动，通过说明制度的选择性与必然性的关系、改革前与改革后的制度关系使人们对中国特色社会主义制度获得整体的、科学的认识。

一 历史是制度认同的动因之一

历史是人们获得认同的基本思维方式,人们总是透过历史来理解现在。现代制度文明栖居于过去制度文明之上,制度需要在历史的维度中才能获得更好的理解,因此,对制度的理解不仅需要依赖历史,而且要体现整体历史观,这是因为历史是具有内在的因果关系的。历史不是孤立存在的历史,现在和未来也不是孤立存在的现在和未来,历史总是现在存在的原因,现在也将成为未来的原因,而现在与未来都是历史的结果。历史是人们理解当下和未来的一个视角。"历史是现在对过去的铭刻。"[①] 制度作为一个历史范畴,既是当下的制度,也是历史和未来的制度,对于制度认同,这个过程不仅意味着对当下的制度识别,也意味着超越当下,指向过去和未来的制度识别。历史是最好的教科书,习近平多次强调要学习社会主义发展史,通过对历史规律的正确认识,对基本国情的准确了解,抵制历史虚无主义等错误思潮对人们的误导,进一步增强中国特色社会主义道路自信、理论自信、制度自信。中国特色社会主义制度形成的历史既是对一个民族文明的优秀基因的传承,也是对一个民族寻求制度变迁的历史记忆,这一历史具有强化制度认同感的社会功能。

历史作为制度认同的动因,构成制度认同的一种话语,"既然历史是认同的话语,谁'拥有'或占有过去的问题就是一个谁有能力在给定的时间和空间上识别他或她自己和他人的问题"[②]。制度的历史性决定了制度认同不能忽视历史因素对人们认同意识的深刻影响,因此,历史法学特别重视法律制度中所包含的历史必然性因素,认为历史的思考模式有助于形成与维持法律秩序的认同力量。制度历史认同的过程就是制度主体进行制度识别的过程,是制度"该认同"和"非该认同"的选择和辨别的过程。克里斯·洛兰兹

[①] [美]乔纳森·弗里德曼:《文化认同与全球性过程》,郭建如译,商务印书馆2004年版,第177页。

[②] 同上书,第214页。

认为:"历史认同从根本上而言是变化结果的积累,或者可以说历史认同是对'该认同'和'非该认同'的辨别。"① 制度认同的发生,不是基于抽象的制度意识或主观意志,而是基于具体的、连续的历史实践经验的积累。每个国家都有其独特的历史,独特的历史决定了现存制度的差异。马克思主义认为:"历史不是作为'产生于精神的精神'消融在'自我意识'中而告终的,而是历史的每一阶段都遇到一定的物质结果,一定的生产力总和,人对自然以及个人之间历史地形成的关系,都遇到前一代传给后一代的大量生产力、资金和环境,尽管一方面这些生产力、资金和环境为新的一代所改变,但另一方面,它们也预先规定新的一代本身的生活条件,使它得到一定的发展和具有特殊的性质。"② 历史并不意味着与现在没有关系,历史作为一种物质的力量规约着现在,能够说明现在形成的必然性。中国特色社会主义制度是伴随着探索中国特色社会主义道路的历史而形成的,因此,对中国特色社会主义制度的认同离不开对中国特色社会主义道路实践和探索历史结果的认同。习近平强调:中国特色社会主义道路是在对中华民族5000多年悠久文明的传承中走出来的,是在对近代以来170多年中华民族发展历程的深刻总结中走出来的,是在中华人民共和国成立60多年的持续探索中走出来的,是在改革开放30多年的伟大实践中走出来的。③ 中国特色社会主义制度是在中国特色社会主义道路实践的过程中形成的,道路决定方向,中国选择了中国特色社会主义道路,也意味着选择了中国特色社会主义制度。中国特色社会主义制度是对中国特色社会主义道路探索成果的保障,二者具有内在的统一性,进行制度历史教育,就要从中国社会主义道路形成发展的历史中阐释中国特色,从中国历史中认识把握社会发展的客观规律。

历史是一个国家之所以成为这个国家的依据。"灭人之国者,

---

① [荷兰]克里斯·洛兰兹:《比较历史学理论框架的初步思考》,《山东社会科学》2009年第7期。
② 《马克思恩格斯选集》第1卷,人民出版社1995年版,第92页。
③ 参见习近平《在第十二届全国人民代表大会第一次会议上的讲话》,2013年。

必先去其史。"① 历史对国家的意义如此重要，因此，历史教化的功能历来被世界各国所重视。历史教化当然包括制度历史的教化，制度历史具有凝聚民族力量、塑造民族共同制度记忆的作用。制度历史承载了一个民族、一个国家的制度文明，承载了一个民族的制度情感和记忆，凝结着一个民族制度的理性思考和制度价值体认，它还让一个民族的人们知道自己的制度文明从哪里来，又要到哪里去。制度历史中蕴藏着制度生成、变迁的内在因果关系，因此，邓小平多次强调要进行历史教育，尤其是近代史的教育。邓小平指出："人们提出这样一个问题，如果中国不搞社会主义，而走资本主义道路，中国人民是不是也能站起来，中国是不是也能翻身？"他接着说，"让我们看看历史吧"②，历史证明"中国搞资本主义不行，必须搞社会主义"。"如果不搞社会主义，而走资本主义道路，中国的混乱状态就不能结束，贫困落后的状态就不能改变。"③ 邓小平用中国近代历史事实反复说明一个道理，中国除了走社会主义道路没有别的道路可走，走社会主义道路必然要选择社会主义制度，而且是要走中国特色社会主义道路，建设中国特色社会主义制度。正是因为历史蕴含了中国走上社会主义道路的必然原因，中国必然选择社会主义才能够在近代历史中求解，而且人们还能够从历史中汲取前进的动力。邓小平指出："要懂得些中国历史，这是中国发展的一个精神动力。"④ 因此，从厚重的中国历史中寻找制度的民族情感，从厚重的制度历史变迁中把握制度历史发展方向，从制度的历史启示中夯实制度自信的基础就成为制度认同的一条有效路径。

二 制度的选择性与必然性关系

必然的东西是通过无穷无尽的偶然事件向前发展的，即使在经济条件必然因素相同条件下，由于偶然事件的作用，形成的法律制

---

① 转引自马文琴《全球化时代的国家认同教育》，《教育学术月刊》2008年第10期。
② 《邓小平文选》第3卷，人民出版社1993年版，第62页。
③ 同上书，第63页。
④ 同上书，第358页。

度也不一定完全相同，必然性与偶然性的辩证关系决定了制度的选择性与必然性的关系。马克思指出，即使是"相同的经济基础——按主要条件来说相同——可以由于无数不同的经验的事实，自然条件，种族关系，各种从外部发生作用的历史影响等等，而在现象上显示出无穷无尽的变异和程度差别，这些变异和程度差别只有通过对这些经验所提供的事实进行分析才可以理解"①。根据马克思、恩格斯的观点，即使相同的经济基础，也可以出现形式上不同的上层建筑，对上层建筑起决定作用的除了生产力决定生产关系这一不变的社会规律外，还受一个国家的历史传统、文化差异、各种重大事件等因素的综合影响。制度作为社会发展的产物，同样受必然性与偶然性相互作用规律的支配，中国特色社会主义制度的选择性与必然性关系，说明了制度的发展既受生产关系与生产力相适应这一规律的制约，也受人的认识规律及社会具体实践条件的制约。中国特色社会主义制度的形成是多种因素综合的结果，经济状态对制度的最终决定力量决定了制度的客观属性，决定了制度不是人们随心所欲地创造和设计的脱离社会现实的人的臆造物，但中国特色社会主义制度也绝不是单纯的社会发展自然演变的产物，中国特色社会主义制度的形成是制度自觉的选择与社会发展客观因素之间相互作用的结果。中国特色社会主义制度的形成历史过程反映了马克思主义哲学的偶然性与必然性辩证统一的关系，是主客观因素相互作用的结果。中国特色社会主义制度的选择是一种主观的因素，而中国现实国情则是一种客观的因素，其中生产力水平是中国特色社会主义制度的最终决定性和必然性因素，而制度的主观选择具有偶然性，二者相互作用，最终形成中国特色社会主义制度这一结果。

中国特色社会主义制度的选择是对历史运动的现实响应，中国特色社会主义制度形成、发展的过程都充分表明它的历史必然性。历史必然地选择了社会主义救中国，也必然地选择中国特色社会主义来发展中国，由此形成了"社会主义"与"中国特色"紧密结合在一起的符合中国实际国情的中国特色社会主义制度。根据马克思

---

① 《马克思恩格斯全集》第25卷，人民出版社1974年版，第892页。

主义的历史分析法，对中国特色社会主义制度历史必然性的理解要将其置于其形成的特殊历史背景下，要把握各种历史事实和历史条件等因素。中国特色社会主义制度是在分析和把握制度变迁的各种历史事实和历史发展过程中，通过制度选择、实践、比较后得出的结论。人们对制度的正确认识也是从制度选择、制度规律探索的历史事实和过程中获得的。恩格斯指出："我们对未来非资本主义社会区别于现代社会的特征的看法，是从历史事实和发展过程中得出的确切结论；不结合这些事实和过程去加以阐明，就没有任何理论价值和实际价值。"[1] 人的观念来自历史和现实，脱离历史和现实的主观推演不是科学社会主义的态度，恩格斯这段关于历史唯物主义观点的表述可以清晰地说明中国特色社会主义制度选择的历史必然性认识是基于一定的历史事实和历史过程才得出的结论。中国为什么没有走资本主义道路，而走上了社会主义道路，中国近代的社会历史给出了准确的答案。毛泽东曾指出："帝国主义侵略中国，反对中国独立，反对中国发展资本主义的历史，就是中国的近代史。"[2] 中国近代史构成决定中国发展道路和制度独特性的历史力量，这种历史力量最终将中国革命的终极前途不是指向了资本主义制度，而是指向了社会主义制度。

历史虚无主义不顾历史客观事实，用曲解的方式和非客观的态度否定党领导的革命和社会主义道路的正当性，颠覆性地重新评价历史人物，重新评价殖民主义，美化资本主义的一切，通过虚化民族历史对人们的思想进行误导，因此，重视历史教育，坚持用历史唯物主义观阐明选择社会主义制度是历史必然，选择中国特色社会主义制度是历史必然，具有重要的现实意义。中国近代以来的历史，让我们从社会主义的思想源头看清楚"历史是怎样经过反复的比较总结，历史地选择了马克思主义、选择了社会主义道路，怎样把马克思主义基本原理同中国实际和时代特征结合起来，独立自主

---

[1]《马克思恩格斯选集》第 4 卷，人民出版社 1995 年版，第 676 页。
[2]《毛泽东选集》第 2 卷，人民出版社 1991 年版，第 679 页。

地走自己的路,开创和发展了中国特色社会主义的"[1]。中国特色社会主义制度的形成离不开长期以来制度探索积累的条件和基础,只有从历史的角度,才能理解中国特色社会主义制度形成和发展的脉络,才能形成中国特色社会主义制度历史必然性的深刻认识。"中国近代以来的全部历史告诉我们,中国的事情必然按照中国的特点、中国的实际来办,这是解决中国所有问题的正确之道。"[2] 历史有助于人们理解各种历史事件或因素之间的相互作用关系,借用历史制度主义的分析路径考察中国特色社会主义制度的形成历史,我们不难从中国近代以来那些具有重大意义的特定事件发生的原因和结果中,理解中国特色社会主义制度的历史必然性。按照历史制度主义基本观点分析,任何制度的选择都是早期历史做出的选择,最初的制度决定影响后来的制度发展。如果不能理解制度的最初决定,就很难理解制度的发展逻辑。历史制度主义的分析路径主要有三个特征:集中关注那些重大的结果或令人迷惑的事件;突出事件的背景与变量的序列;以追寻历史进程的方式来寻求对事件和行为做出解释。[3] 回顾近代以来 170 多年中华民族发展历程,以及中华人民共和国成立 60 多年来对社会主义道路和制度的持续探索和伟大实践,关注那些对中国历史发展产生重大影响的历史事件,我们可以清晰地看出中国制度变迁选择性与必然性相互作用的历史轨迹,从洋务运动到戊戌变法的改良主义运动,再到资产阶级革命派领导的辛亥革命,从君主立宪制到议会制、总统制,各种道路和各种制度的探索均告失败。从十月革命一声炮响给中国带来了马克思列宁主义开始,中国共产党领导人民推翻"三座大山",实现了民族独立和人民解放,最终确立了社会主义制度。并根据社会主义制

---

[1] 中共中央宣传部:《习近平总书记系列重要讲话读本》,学习出版社、人民出版社 2014 年版,第 10 页。

[2] 本刊评论员:《把中国特色社会主义伟大事业不断推向前进——纪念邓小平同志诞辰 110 周年》,《求是》2014 年第 17 期。

[3] Pierson Paul, and Skocpol Theda, Historical Institutionalism in Contemporary Political Science, Paper Prepared for Presentation at American Political Science Association Meetings, Washington, D. C., 2000. 转引自王庆兵《从历史制度主义路径看英、美两国政党认同的转换》,《经济社会体制比较》2004 年第 4 期。

度实践经验的总结，基于对中国现实国情的深刻认识，从改革开放这一决定中国当代命运的关键选择，到最终走上中国特色社会主义道路，形成中国特色社会主义制度，并取得了举世瞩目的成就，实现社会主义中国的极大发展，这些重大事件清晰地勾勒出制度的发展轨迹及其蕴含的内在逻辑。制度的独特性是由一个国家独特的历史、文化传统及其现实国情的独特性决定的。如果说中国特色社会主义是被事实证明了的历史，也是被历史证明了的事实，那么，中国特色社会主义制度也是被事实证明了的历史，被历史证明了的事实。

选择中国特色社会主义不仅有其历史的必然性，还有其现实可能性，也就是说，必然性的形成离不开偶然性创造的条件，这些可能性作为偶然性因素与必然性因素一起决定制度的最终选择结果。首先，有科学理论的指导。马克思、恩格斯在阐述人类社会发展一般规律的同时，也指出了一些民族或国家演进的特殊性。列宁也指出："世界历史发展的一般规律，不仅丝毫不排斥个别发展阶段在发展的形式或顺序上表现出特殊性，反而是以此为前提的。"[1] 马克思对东方落后国家跨越资本主义"卡夫丁峡谷"而直接进行社会主义革命有过相应的论述，列宁将跨越资本主义"卡夫丁峡谷"理论在俄国付诸实践和创新，这种实践和创新也为中国走社会主义道路的探索提供了现实经验，并获得相应的国际援助。其次，党的领导和无产阶级获得领导权，这是社会主义制度建立的根本政治前提。党领导人民通过新民主主义革命推翻了压在人民头上的"三座大山"，社会主义三大改造又为"社会主义的发展扫清更广大的道路"[2]。正是由于党能够带领中国人民正确分析国际国内各种条件，将中国引向社会主义道路，建立了社会主义基本制度，中国才在较短的时间内建立起独立的相对完整的工业体系和国民经济体系，取得以"两弹一星"为代表的科技成果，确立了中国在国际上的影响和地位。十一届三中全会以来，由于有党的领导，坚持了社会主义

---

[1] 《列宁选集》第 4 卷，人民出版社 1995 年版，第 776 页。
[2] 《毛泽东选集》第 2 卷，人民出版社 1991 年版，第 668 页。

方向，坚持改革开放，开创了中国特色社会主义道路，才形成了中国特色社会主义制度，才更大程度地彰显了社会主义制度的优势。

三 改革前与改革后的制度关系

改革前的制度与改革后的制度是两个既有联系又有一定区别的制度，两个制度的区别人们关注得很多，但在二者的内在联系和本质属性上，却存在很多思想分歧。当前存在着改革前后的两个历史时期相互否定的错误观点，这必然导致对两个时期制度的相互否定。如何正确看待改革开放前后两个历史时期问题，党提出了"两个不能否定"。思想政治教育的本质及其任务决定思想政治教育要及时回答现实生活中群众迫切需要解决的思想认识问题，因此，"两个不能否定"的含义及其重大意义是我们进行制度历史认同教育必须要讲清的内容，是阐明改革前后两个历史时期制度内在统一关系的前提。没有对改革前后社会主义道路实践和探索关系的共识，也就没有对改革前后两个历史时期制度关系的共识。

党关于"两个不能否定"的重要论述是认识与阐述改革前与改革后的制度关系的重要依据。加强对"两个不能否定"的教育，就是要将改革前后制度关系的认识统一到党对历史问题的基本结论上来。2013年1月5日，习近平在谈到改革开放前后两个历史时期的关系时明确指出："不能用改革开放后的历史时期否定改革开放前的历史时期，也不能用改革开放前的历史时期否定改革开放后的历史时期。"《光明日报》为此发表"两个不能否定"的重大政治意义专论，指出"两个不能否定"这一命题直接涉及中国特色社会主义的坚持和发展、党执政根基的巩固、全党全国人民思想的凝聚统一等一系列事关党和国家命运的问题，必须从政治高度深入认识其重大意义。[①] 对于当前社会上存在改革前后相互否定的错误观点，从国内舆论形势上分析，这种错误观点既有来自意识形态领域斗争的政治企图，也有来自人民内部模糊的认识，这需要我们加以区

---

① 参见齐彪《"两个不能否定"的重大政治意义》（http：//theory. people. com. cn/n/2013/0507/c49150-21388868. html）。

分，加强正确的历史观的教育引导，纠正一些错误的历史认知，防止历史虚无主义对人们思想的侵蚀，抵御国内外敌对势力通过歪曲历史、否定领袖人物等手段，否定社会主义制度的前期历史成就，否定党的领导来瓦解中国共产党执政的历史依据和思想根基的企图。另外，也要防止极"左"的思想对中国特色社会主义制度的社会主义性质的否定。

"两个不能否定"原则的提出，实质是强调两个历史时期不可割裂的内在统一关系。改革前与改革后是社会主义建设的两个重要历史时段，正确认识这两个阶段的社会主义实践，是正确认识改革前与改革后制度关系的重要前提和依据。习近平曾强调改革前后两个历史时期本质上都是我们党领导人民进行社会主义建设的实践探索。"不能用改革开放后的历史时期否定改革开放前的历史时期"根本原因在于，改革开放前的历史时期是改革开放后社会主义实践和探索的基础和不可分割的整体，它凝结了中国共产党人对符合中国特点的社会主义实践探索的努力和智慧，两个时期的制度成果具有一脉相承的关系。历史唯物主义的观点是对改革开放前的历史时期做出正确评价的依据，也是正确认识改革前后两个历史阶段制度关系的理论依据。马克思在《路易·波拿巴的雾月十八日》中明确指出："人们自己创造自己的历史，但是他们并不是随心所欲地创造，并不是在他们自己选定的条件下创造，而是在直接碰到的、既定的、从过去承继下来的条件下创造。"[①] 中国特色社会主义制度也不是在空地上随心所欲地建起来的，而是在改革前的艰难探索所创造条件和积累经验教训的基础上开创的。对于改革前的历史，习近平指出："没有它积累的思想成果、物质成果、制度成果，改革开放也难以顺利推进。"[②] 改革前的社会主义制度构成中国特色社会主义制度的前提，只有很好地理解这个前提，才能理解中国特色社会主义制度的本质。邓小平指出："我们实行改革开放，这是怎样搞社会主义的问题。作为制度来说，没有社会主义这个前提，改革开

[①]《马克思恩格斯选集》第1卷，人民出版社1995年版，第585页。
[②] 习近平：《在纪念毛泽东同志诞辰120周年座谈会上的讲话》，新华网（http://news.xinhuanet.com/politics/2013-12/26/c_118723453.htm）。

放就会走向资本主义。"① 人们对中国特色社会主义制度的认知和认同，受制于人们对改革前社会主义制度前见的影响。"如果我们没有很好地理解我们曾经经历的状态，我们就不能很好地理解我们以后将会遇到的情况。……路径依赖与其说是一种'惯性'，还不如说是过去的历史经验施加给现在的选择集的约束。要想理解变迁过程，就必须理解路径依赖的本质，以确定在各种环境中路径依赖对变迁所施加的限制的本质。"② 路径依赖理论阐明了制度历史在制度变迁中的作用。运用这种理论，我们可以很好地解释改革前后制度的内在关系。改革前，党领导人民明确了我国是人民民主专政的国家，以宪法的形式确立了人民代表大会制度、中国共产党领导的多党合作和政治协商制度、民族区域自治制度，建立起社会主义基本经济制度。改革前社会主义制度的实践和探索是中国特色社会主义制度形成的基础和条件，它规定了中国特色社会主义制度的性质和方向，规定了中国特色社会主义制度的基本政治关系和经济关系。中国特色社会主义制度在坚守社会主义制度本质规定性的基础上，对改革前所确立的社会主义制度进行完善和发展。在改革开放的过程中，"四项基本原则"成为制度改革不能突破的底线，正是基于"四项基本原则"，中国特色社会主义制度才抵御了国内外各种错误思潮的干扰，坚持了社会主义的价值和方向，并纠正了改革前存在的一些制度性问题，把改革前没有做好的事做了起来，让社会主义制度的优越性得以进一步发挥。

改革前与改革后两个历史时期的辩证统一关系意味着"不能用改革开放后的历史时期否定改革开放前的历史时期"，当然也"不能用改革开放前的历史时期否定改革开放后的历史时期"。虽然改革前后两个历史时期的制度存在很多的不同，但两个时期的制度都是社会主义性质的，它们具有本质的一致性。2013年11月8日《人民日报》就正确看待改革开放前后两个历史时期指出：改革开

---

① 《邓小平年谱（1975—1997）》下，中央文献出版社2004年版，第1317页。
② [美]道格拉斯·C.诺斯：《理解经济变迁过程》，转引自马耀鹏《制度与路径——社会主义经济制度变迁的历史与现实》，人民出版社2010年版，第3—4页。

放前社会主义的实践探索为改革开放后社会主义的实践探索提供了重要条件，改革开放后社会主义的实践探索是对改革开放前社会主义实践探索的坚持、改革、发展。① 习近平在十二届全国人大一次会议上发表的重要讲话中，对中国共产党的不同领导集体实践社会主义道路所做的贡献进行了历史回顾和总结，他用一种整体性思维方式，将改革前后的历史统一到党对社会主义道路实践和探索的过程中，揭示改革前后党接续奋斗、接力探索的历史进程。党的"两个不能否定"的思想实质同"既不走封闭僵化的老路，也不走改旗易帜的邪路"政治立场是一致的，"不能用改革开放前的历史时期否定改革开放后的历史时期"表达了党坚持"中国特色"的决心，"不能用改革开放后的历史时期否定改革开放前的历史时期"表达了党坚持"社会主义"的定力，在中国特色和社会主义两个关键性的问题上，党旗帜鲜明地将二者结合起来，强调中国特色是社会主义的，社会主义是中国特色的，阐明了中国特色与社会主义的内在统一性，维护了党的历史完整性。"两个不能否定"思想要求我们将改革前后两个历史时期的制度作为社会主义实践和探索的制度整体成果看待，并在这一整体框架内分析改革前后制度的相继性和差异性。"两个不能否定"的提出为我们进行制度历史教育提供了认识问题的方法，有助于消除社会片面性认识产生的思想分歧，并以此形成历史的社会共识。

第二节　中国特色社会主义制度的科学理论教育

中国特色社会主义制度的科学理论是一个理论体系，包括马克思主义、毛泽东思想和中国特色社会主义理论体系。通过制度意识形态认同实现制度认同是制度认同建构的重要方式之一，这也是当前制度斗争尤其以意识形态认同斗争最为激烈的原因所在。对中国

---

① 参见《正确看待改革开放前后两个历史时期——学习习近平总书记关于"两个不能否定"的重要论述》，《人民日报》2013年11月8日第6版。

特色社会主义制度的认同，离不开理论为其提供的阐释性视野，理论为制度提供指导，制度是理论的实践，理论与制度的内在统一关系，决定理论教育是制度认同教育的又一个有效的方式和途径。理论一方面是制度认同形成的观念基础，另一方面制度认同与理论认同具有认同叠加效应，对制度与理论任何一方的认同，都有助于另一方认同的形成。此外，理论教育作为一种说理教育，需要从理论依据中汲取制度的思想力量。中国特色社会主义制度认同教育离不开说理教育。毛泽东指出："感觉只解决现象问题，理论才解决本质问题。"[1] 理论比感觉更高一个阶段，理论是对感觉到的现象的抽象和升华，理论有助于提升人们的认识，有助于人们认识现象背后事物的内在联系及其本质。制度理论为制度认同教育提供思想力量，为制度认同提供观念基础，因此，理论教育是非常必要的。在进行制度理论教育时，要坚持理论联系实际，坚持理论认知的整体性思维，把握理论体系内在一致性的认同，以及理论体系内部各内容之间的关系，排除将不同历史阶段的理论割裂开来的错误思想认识。

一 理论是制度认同的观念基础

制度认同依赖于有效的理论观念的支持，离开正确理论指导的制度，必然走向经验主义，也必然导致制度实践的盲目和混乱。理论建构了人们理解和认识国家制度的共同思维框架，观念的支持是制度认同生成、维系的重要维度。制度认同从一定意义上而言，就是一种思想观念的认同。"法律是人类的作品，并且像其他的人类作品一样，只有从它的理念出发，才可能被理解。"[2] 人们常常通过制度规则背后的制度理念来认识制度本质，获得对制度完整面貌的想象，从这个想象中获得生活的意义，从而形成对制度的认同乃至信仰，制度也由此实现了对人们思想的控制。制度理念依赖于理论的滋养和维护，理论为制度提供论证，是支持制度建立、运行的思

---

[1] 《毛泽东选集》第1卷，人民出版社1991年版，第286页。
[2] [德]拉德布鲁赫：《法哲学》，法律出版社2005年版，第3页。

想体系，是理解制度的思想依据，是制度认同形成的观念基础。制度理论建构了人们理解和认识国家制度的共同思维框架，成为人们评价国家制度运行状况的标准。"一种高度发展的主流意识形态，通常既有评价体系中的组织、政策和领袖标准，又有描绘体系实际上如何运行的理想化图景，以及缩小现实与意识形态所规定的目标之间的差距的解说词。"[1] 一种意识形态代表了一种理论体系，主流意识形态代表了占统治地位阶级的理论思想体系，占统治地位的理论必然要合理地说明这个国家为什么要建立这样的制度而不建立那样的制度，并为国家预设社会理想图景，规范和指导制度的运行方向，理论只要掌握了人们的思想，就具有为制度凝聚思想共识的价值，就会变成强大的主体性力量，转化成人们的制度自觉行动的推动力量，从而减小制度的社会运行和实现自身价值的成本。理论在减小制度运行成本方面，尤其突出表现在制度变革的时期，理论常常是制度变革的思想先导，理论为制度变革奠定思想基础。从历史看，国家制度的变革无不以理论的变革为前提，并以理论的变革为制度思想变革的先导。理论的先导表现为理论的发展往往先于制度的发展，当某一种理论的发展导致现行理论与制度之间差距越来越大时，这种理论一旦被人们接受，就成为推动制度变革的力量，推动制度朝着这一理论所倡导的方向发展。因此，制度理论教化往往成为制度变革的重要手段。

制度理论为不同性质的制度斗争提供了一套意义框架，制度理论构成现实制度斗争的一部分。在一个存在阶级对抗的社会中，制度理论为符合本阶级的制度提供思想辩护，并通过制度理论的认同教化实现对本阶级制度的认同。制度理论具有阶级性，不同的理论代表不同阶级的意志，不同阶级由于其在社会中所处的经济地位不同，那么，反映这个阶级思想观念的理论自然不同于其他阶级的理论，理论的阶级性并不意味着这个理论只会被该阶级成员接受，因为制度理论往往既具有反映现实真实性的一面，又有该阶级为获得

---

[1] [美]罗伯特·A.达尔（Robert A. Dahl）、布鲁斯·斯泰恩布里克纳（Bruce Stinebrickner）：《现代政治分析》，吴勇译，中国人民大学出版社2012年第6版，第81页。

多数人的支持而所做虚假性陈述的一面，以此获得制度的合法性。制度理论是一个阶级能否成为国家意志不可缺少的因素，国家制度作为国家意志的体现，都会寻找一套符合占统治地位阶级利益需要的理论体系，目的在于为这一阶级的制度合理性进行辩护，同时防止本阶级的制度由于受其他阶级理论的攻击而更丧失群众基础，进而失去制度的合法性地位。

理论对制度的思想维护和支持功能决定了没有哪个国家会不重视理论对制度认同的意义。西方资本主义制度认同的意识正是建立在对自由主义理论共识的基础之上的，自由主义因而成为西方资本主义制度意识形态，为西方资本主义制度的合理性、合法性辩护，并通过自由主义理论的传播，实现西方资本主义制度的全球传播。"项庄舞剑，意在沛公。"西方资本主义国家进行意识形态的渗透并不是为意识形态而意识形态，其真实意图在于通过缩小社会主义意识形态的生存空间，达到消灭社会主义制度的目的，苏联社会主义国家正是消亡在了意识形态这场没有硝烟的思想斗争中的，由于马克思主义理论没有能够在这个国家继续掌握人们的思想，社会主义制度失去了存在的思想基础，从而失去了它的群众基础。因此，理论不仅能够成为维护一个国家制度的思想武器，也可以成为推翻一个国家制度的思想武器，这也是我国目前高度重视意识形态安全、强调底线思维的原因所在。在经济全球化和信息社会化的背景下，西方国家对制度理论教化的重视值得我们学习，作为为制度辩护的理论如果受到其他制度理论的挑战，造成人们思想的困惑甚至对现存制度理论产生怀疑或不信任时，意味着制度理论的社会认同度降低，意味着该制度理论不再能够有效地发挥其对制度的维护和支持功能，制度就失去了它赖以存在的思想武器，其合法性地位也将受到威胁。正是基于理论对制度的重要意义，理论为制度凝聚共识的价值，助推制度认同的功能，才使得理论的教化成为世界各国维护制度认同或实现制度认同的有效方式。因此，中国特色社会主义制度要想从思想上掌握群众就必须进行适度的说理论证，让人们形成一定的制度观念，内化成一定的制度意识，才有可能形成制度认同。

二 坚持理论联系实际的教育方法

理论为制度提供恰当的解释和辩护，进行必要的理论灌输教育是制度认同教育的有效实施方法，但灌输教育并不等于"填鸭式"教育，思想政治教育的灌输理论是讲方法、讲成效的。理论联系实际是思想政治教育进行理论灌输教育的有效方法之一，理论联系实际的教育方法将有助于人们从具体的实际出发有效地把握抽象理论的内涵。中国特色社会主义制度与中国特色社会主义理论的关系，决定了中国特色社会主义理论体系作为理解中国特色社会主义制度的观念基础，不能脱离中国特色社会主义制度实践这一实际，不能脱离人们的思想实际，理论联系实际就是理论联系制度实际，联系人们思想认识的实际。理论联系制度的实际，就是要为制度提供思想指导，并随制度实践不断发展完善理论自身，才能在理论教育的过程中保持自身较强的阐释力，从而为制度提供有效的说服教育。联系人们的思想认识实际，就是要针对人们在中国特色社会主义制度认同中存在的思想实际问题，及时回应各种错误社会思潮对中国特色社会主义制度的质疑和否定，及时消除人们的思想疑云。比如，为什么在中国要坚持马克思主义的一元指导地位而不能搞指导思想多元化，为什么要坚持制度的中国特色而不搞西方资本主义的私有制和多党制等，通过联系社会制度思想实际展开有针对性的理论教育。开展理论联系实际教育的主要目的在于促进人们对制度的理解，从理论上解答人们在制度认同中实际存在的思想问题。当前，中国仍然处于变革时期，制度的变革必然会带来利益上的调整和各种思想观念的碰撞。因此，理论教育要有针对性，不能为理论教育而理论教育，而要针对人们的思想现实，结合制度实践中政治、经济、文化等重大和现实问题，用说理的方式引导人们在正确理解理论的基础上，实现人们对中国特色社会主义制度认知的提升。

理论与实践的互动互构性，决定了一个能够为制度提供妥当解释的理论，一定是来自实践的、反映实践需求的理论，一定是能够根据实践需要发展自身、完善自身的理论。理论的意义在于实践，没有哪种理论的存在只是一种抽象的存在，否则它的存在就失去任何存在的意义。理论的实践品质决定理论肯定不是僵化的理论，它一定是随着实践不断发展的理论，不断超越自身的理论。由于理论的发展性、超越性，理论才能不断以新面貌展示自身的魅力，并实现自身的教化功能。中国特色社会主义制度理论是随着实践不断发展丰富的，由不同历史时期形成的理论体系，中国特色社会主义制度理论的具体内容包含马克思主义、毛泽东思想和中国特色社会主义理论体系，这些理论体现了与时俱进性。无论是马克思主义、毛泽东思想还是中国特色社会主义理论体系，都是基于实践的需要，依据实践形成的，而且被实践证明了的能够对实践进行正确指导的理论。理论来自实践，又为实践提供指导，只有坚持理论联系实际，理论教育才有说服力、透彻力，受教育者的认识也才能深刻。

改革开放以来，国内外针对中国社会主义制度的舆论环境发生很大的变化，意识形态领域各种思潮的斗争更加激烈，对主流意识形态形成冲击，马克思主义指导地位面临的挑战更加严峻，中国特色社会主义制度意识形态环境极为复杂。因此，中国特色社会主义制度理论联系实际实现自身的教化功能，尤其不能忽视制度意识形态安全实际，不能忽视理论对制度意识形态的政治维护功能。意识形态是不同性质制度之争的思想武器，在一定意义上，制度之争实质是关于意识形态的思想斗争，因为控制了思想，就控制了一切。由于资本主义意识形态与社会主义意识形态的对立，中国特色社会主义制度面临资本主义意识形态的长期挑战。全球化的发展进程不但没有使意识形态的功能弱化反而不断强化，国际上意识形态领域渗透与反渗透的斗争变得更加尖锐复杂。意识形态斗争是西方资本主义国家扼杀、演变社会主义战略的一部分，西方抛出了"资本主义民主论"、"文明冲突论"、"意识形态终结论"和"中国威胁论"等具有反社会主义意识形态色彩的理论，不断地给中国意识形态领域制造麻烦，试图影响中国特色社会主义的建设进程。制度的政治性决定了关于制度的任何思想问题，都可能最终指向政治问题，因此，我们不能忽视制度意识形态的安全问题，不能忽视制度思想问题背后可能存在的政治斗争问题。"意识形态不是一个可以不争议的领域，不自己表达自己，就会被别人表达。中国要应对外来意识形态的渗透、冲击，执政党要在绩效之外寻找更为持久和稳定的合法性依据，中国社会政治需要更深层次的整合……而这些都需要有真正经受实践检验的理论来作支撑。"① 因此，理论自身的建设非常重要，我们必须根据实践需要，加强制度理论建设，加强理论建设就是要建立中国特色社会主义制度的话语竞争优势。

当前，中国特色社会主义制度取得了举世瞩目的实践成效，获得了广大人民群众的认同。但是由于中国特色社会主义制度建设历史很短，还未完全定型，还不完善，年轻的中国特色社会主义制度与成熟的资本主义制度相比，在很多方面还存在一定的差距，尤其是思想体系。资本主义的思想体系相比社会主义的思想体系要久远，相对也成熟得多，更别说相比更为年轻的中国特色社会主义理论体系了，因此，制度理论的建设任务重大而迫切，而且这一任务具有长期性和艰巨性。列宁指出："对社会主义思想体系的任何轻视和任何脱离，都意味着资产阶级思想体系的加强。人们经常谈论自发性。但工人运动的自发的发展，恰恰导致运动受资产阶级思想体系的支配。"② 由于社会主义思想与资本主义思想所占据的平台不同，所拥有的话语资源不同，在思想领域的影响不同，因此，制度理论教育要抓住制度利益的本质，成功地将社会主义制度理论思想灌输到尽可能多的社会成员的意识中，通过教育让社会成员意识到他们未意识到的东西，让隐藏在制度表象后面的东西明晰起来，让更多的人认识到什么样性质的制度才是真正代表自身利益的制度。也就是说，我们不能消极地静等利益机制自发地发挥作用，而是在重视利益机制的基础上，充分发挥思想教化的功能，引导人们透过现象认识本质。因为本质有时并不会自动显现，而人的自发意识的产生又有局限性。中国特色社会主义制度的经济绩效优势虽然增强了人们对中国特色社会主义制度的认同，但是我们不能因此忽视思想领域的制度斗争，制度经济绩效并不必然带来制度认同的稳定

---

① 于丹：《"理论霸权"更值得警惕》，《人民论坛》2009年第5期。
② 《列宁专题文集 论无产阶级政党》，人民出版社2009年版，第85页。

性，人们认同的动机既有物质的，也有观念的。恩格斯指出："经济状况是基础，但是对历史斗争的进程发生影响并且在许多情况下主要是决定着这一斗争的形式的，还有上层建筑的各种因素……"① 制度及其理论作为上层建筑的重要组成部分，尤其是制度理论作为付诸实践的思想体系，具有很强的社会教化功能，我们不能忽视制度理论在历史进程中的作用，尤其是在阶级斗争中的作用。恩格斯指出："物质存在方式虽然是始因，但是这并不排斥思想领域也反过来对物质存在方式起作用。"② 这一论断告诉我们，在关注经济作为社会最终决定力量的同时，绝对不能忽视来自思想领域的各种思想观念的反作用力。经济虽然是基础，但经济基础之上的政治、法、哲学、宗教、文学、艺术等因素也对社会起积极的作用，这些因素之间相互作用的结果决定了一个社会的思想状况。即并不是说，"只有经济状况才是原因，才是积极的，其余一切都不过是消极的结果，而是说，这是在归根到底不断为自己开辟道路的经济必然性的基础上的相互作用"③。也就是说，社会认同没有良好的经济基础是绝对不行的，但有了良好的经济绩效并不必然带来稳定的社会认同，因此，我们在加强经济建设的同时，不能忽视思想领域因素对一个社会状况的影响。"理论的首要工作就是向它的接受者解释他们在对抗性的社会制度中所具有的地位，以及解释他们在这种社会状况中客观上能够意识到的诸种利益就是他们自身的诸种利益。"④

中国特色社会主义理论体系作为中国特色社会主义制度的话语体系，要充分发挥其意识形态的价值，大张旗鼓地批判资本主义制度的阶级本质及其虚伪性，反驳资本主义理论抛出的种种烟幕弹和各种精美包装的理论，运用马克思主义科学社会主义理论教育人们尽可能明确当今世界仍存在两大阶级的对立、两种意识形态的斗

---

① 《马克思恩格斯选集》第4卷，人民出版社1995年版，第696页。
② 《马克思恩格斯文集》第10卷，人民出版社2009年版，第586页。
③ 同上书，第668页。
④ [德] 尤尔根·哈贝马斯：《理论与实践》，郭官义、李黎译，社会科学文献出版社2010年第2版，第25页。

争，让人们充分认识到资本主义国家的一切制度均从资产阶级自身利益为出发点，让人们认识到对中国特色社会主义制度的维护就是对自身利益的认同和维护，并将这种阶级意识作为反对资产阶级的思想武器。要充分阐述清楚坚持中国特色社会主义制度的必然性，阐明中国特色社会主义制度运行的内在逻辑及所要实现的目标，帮助人们正确认识制度运行过程中暂时存在的问题，同时又要对中国特色社会主义制度的不周延性以及现实局限性产生的负效应进行思想引导，通过对社会主义理论的信仰消除现存制度不足对人们思想产生的不利影响，消除人们对中国特色社会主义制度存在的各种错误认识和理解。中国特色社会主义理论体系只有真正为人们所认同，成为人们有力的思想武器，才能应对各种错误思潮对中国特色社会主义制度的挑战，也才能抵御西方制度理论的和平演变。在与资本主义制度竞争的过程中，制度理论教化的过程实质上就是与资本主义制度理论争夺群众的过程，因此，制度认同教育不能忽视理论教化的政治功能，当然这种功能并不是简单的抽象的理论灌输所能实现的，这种教化的有效性依赖于制度理论确实能够联系实际解决人们的制度思想问题。

三 坚持整体性思维的认识方式

制度认同教育的有效性，要求发挥好教育者与受教育者两方面的主体性作用，如果说理论联系实际是对教育者的要求的话，那么整体性思维方式则是对受教育者的要求。坚持整体性思维的认识方式要求受教育者把握中国特色社会主义制度理论体系的整体特点与内在关系，实现对理论体系的科学认识。中国特色社会主义制度理论体系是由反映不同历史时期需要，并具有一脉相承关系的思想所构成的理论体系。恩格斯指出："历史从哪里开始，思想进程也应当从哪里开始，而思想进程的进一步发展不过是历史过程在抽象的、理论上前后一贯的形式上的反映；这种反映是经过修正的，然而是按照现实的历史过程本身的规律修正的，这时，每一个要素可以在它完全成熟而具有典型性的发展点上加以考察。"① 每个时代均有每个时代的理论问题,因此,制度理论话语体系必然是历史演化的话语体系,但不同时代的理论并不是截然分开的,理论的"前后一贯"性体现了不同历史时期理论的承继性和内在一致性,"修正"性则体现了不同历史时期理论的差异性。理论的实践品质决定了理论不能是僵化的理论,它一定是随着实践不断发展的理论、不断超越自身的理论。中国特色社会主义制度理论体系为制度认同提供了整体性理论话语,它要求在建构制度理论话语时要有整体性思维。整体性思维是系统认识思维的表现,它表现为对组成系统体系因素的综合分析和全面把握,它不仅关注系统内部各因素之间的关系,还关注系统内因素之间相互作用所形成的整体性特征。

中国特色社会主义制度理论体系具有整体性特征,这种整体性特征要求理论教育注重整体性思维,强调受教育者整体性思维认识方式,运用该思维将中国特色社会主义制度不同历史阶段形成的理论作为一个整体来看,并通过对不同历史阶段所形成理论之间的关系进行分析,找到能够证明各理论体系具有内在统一性和同质性的"遗传密码",就能说服人们,就能消除人们对制度理论体系的种种困惑或错误认识。运用整体性思维认知中国特色社会主义制度理论,重点在于正确理解两大关系,即中国特色社会主义理论体系与马克思主义的关系、中国特色社会主义理论体系与毛泽东思想的关系,阐明它们之间的内在统一性。

首先,中国特色社会主义制度理论是具有内在一致性的开放性理论体系。中国特色社会主义制度理论是由马克思主义、毛泽东思想、中国特色社会主义理论体系构成的具有内在统一性和本质一致性的大理论体系,这种内在统一性和本质一致性表现为它们都是中国社会主义建设的理论依据,具有共同的社会理想、共同的价值目标追求、共同的世界观和方法论,共同为中国社会主义制度提供理论指导、思想力量。马克思主义、毛泽东思想、中国特色社会主义理论形成于不同的历史时期,在不同的历史时期发挥不同的作用,

---

① 《马克思恩格斯选集》第 2 卷,人民出版社 1995 年版,第 43 页。

它们具有承继性，后面的理论不可能脱离前面的理论而单独形成对制度实践的指导，前一理论构成后一理论的基础，后一理论又是前一理论的发展。无论是马克思主义，还是毛泽东思想、中国特色社会主义理论体系都是开放的理论体系、与时俱进的理论体系，因此，指导中国特色社会主义制度的整个理论体系也是随着实践发展的、与时俱进的开放的体系。开放性是中国特色社会主义制度理论体系的生命力所在，是理论体系与外界互动的表现。马克思、恩格斯曾经指出："一切划时代的体系的真正的内容都是由于产生这些体系的那个时期的需要而形成起来的。"[①] 每个时代的理论总是针对每个时代的重要问题，能够解决时代问题的理论才是具有力量的理论。马克思主义、毛泽东思想和中国特色社会主义理论体系就是根据其所处时期的历史需要而形成的，它们在各自历史阶段所要解决的理论和实践问题不同，所起历史作用也不同。理论具有历史发展性、与时俱进性。恩格斯指出："我们的理论不是教条，而是对包含着一连串互相衔接的阶段的发展过程的阐明。"[②] 马克思主义、毛泽东思想和中国特色社会主义理论体系从历史演变的过程而言，它们都有自己所面对的历史任务，但是，历史的发展是连续的、相互衔接的，所以与之相适应的理论之间也不可能割裂开来，而是一脉相承，具有前后的衔接和承继性，它们处于同一系统内，保持了内在一致性和同质性。因此，绝不能将中国特色社会主义制度的理论指导看作一个孤立的现象，因为中国特色社会主义制度的形成是一个历史的过程，是这个历史过程中各种因素相互作用的结果，对中国特色社会主义制度的理论说明，不能仅仅依靠中国特色社会主义理论体系，还应包括马克思主义和毛泽东思想。

其次，如何理解中国特色社会主义理论体系与马克思主义的关系。社会的变革往往是以思想观念的变革为前提的，马克思主义作为社会主义制度的指导思想，为社会主义制度的合法性提供辩护。它是实现社会主义制度变革非常重要的思想条件，是中国社会主义

[①] 《马克思恩格斯全集》第3卷，人民出版社1960年版，第544页。
[②] 《马克思恩格斯选集》第4卷，人民出版社1995年版，第680页。

制度认同意识形成的思想基础和意识来源。因此,人们如何科学看待马克思主义是中国特色社会主义制度认同教育必然要面对的问题。科学看待马克思主义的态度就是要用具体化的马克思主义来教育人民。对中国特色社会主义理论体系的理解离不开马克思主义的视野,但目前存在将中国特色社会主义理论体系与马克思主义割裂开来的一些错误的观点和看法。关于马克思主义与中国特色社会主义理论体系的关系有两种错误的观点:一种错误的观点认为,如果马克思主义的思想内容发生变化,就已不是真正的马克思主义了,据此,认为中国特色社会主义理论体系背离了马克思主义,所以在中国应回归马克思主义。还有一种错误观点与之相反,认为马克思主义既然不适应中国实际了,就应抛弃它,另寻中国发展的指导思想。这两种思想认识反映了思想领域对待马克思主义与中国特色社会主义理论体系关系上的不正确看法,这种不正确看法,必然会影响人们对中国特色社会主义制度的正确认识,尤其会影响人们对中国特色社会主义制度性质的认识,因此,对这两种错误思想必须予以澄清。这两种观点之所以是错误的,就是因为它们都不是科学对待马克思主义的态度。我们既反对用僵化的思想看待马克思主义,也反对认为马克思主义已过时而否定马克思主义,寻找其他新的什么主义的思想倾向。中国特色社会主义理论体系和马克思主义具有内在本质的一致性,习近平指出:"在当代中国,坚持中国特色社会主义理论体系,就是真正坚持马克思主义。"① 中国特色社会主义理论体系与马克思主义内在本质的一致性主要表现为以下几个方面。

一是中国特色社会主义理论体系对马克思主义根本立场、观点和方法的坚持。实践证明,马克思主义的基本原理是正确的,并没有过时,它仍是我们必然坚持的,用以分析问题、解决问题的立场、观点和方法。比如,中国特色社会主义理论体系正是基于马克思主义关于生产力与生产关系的基本原理,在正确分析社会主义社会基本矛盾的基础上,才提出了社会主义的本质在于解放生产力,

---

① 《习近平在十八届中共中央政治局第一次集体学习时的讲话》(http://news.xinhuanet.com/2012-11/19/c_123967017_2.htm)。

发展生产力，消灭剥削，消除两极分化，最终达到共同富裕。因此，中国特色社会主义理论体系没有背离马克思主义。中国特色社会主义理论体系虽然发展了马克思主义，实现了马克思主义中国化，但也符合马克思主义的观点。在马克思主义看来，不是以观念解释实践，而是从物质实践来解释观念的形成，用抽象的观念硬套不断变化的实践不是马克思主义所倡导的态度。毛泽东也强调了理论发展和创新的重要性，他指出："任何国家的共产党，任何国家的思想界，都要创造新的理论，写出新的著作，产生自己的理论家，来为当前的政治服务，单靠老祖宗是不行的。"[①] 坚持马克思主义与中国实际相结合是党科学对待马克思主义的历史经验总结，毛泽东反对教条主义，提倡根据中国特点创新地应用马克思主义，并用中国人民能够明白的中国特色的语言来表达，从而使马克思主义从形式和内容上均实现本土化，这体现了毛泽东科学对待马克思主义的态度。抽象的、超时空的理论变为具体的实践受制于一定的历史和社会条件的制约，也就是说纸上的理论与客观实际之间常常会存在一定的裂隙，二者之间确立联系需要通过理论调节或创新来弥合它们之间的这种裂隙，科学对待马克思主义就要反对固守马克思主义的个别观点，反对用固化的理论去指导不断变化的客观实际，否则结果只能是理论与客观实际之间裂隙越来越大，甚至与客观实际完全脱节。因此，针对我国所面临的历史性课题，针对社会主义建设的客观实际，理论只有着眼于新的实践和新的发展，通过创造性地发展马克思主义，使之与社会需要相适应，马克思主义才能切合中国实际，满足中国社会主义建设的需要，真正发挥其对实践的有效指导，从而使马克思主义理论在中国获得最大程度的发展。

二是中国特色社会主义理论体系是在马克思主义思想的孕育下形成的，中国特色社会主义理论体系对中国特色社会主义制度的指导离不开马克思主义。中国特色社会主义理论体系是建立在马克思主义对生产力与生产关系正确认识基础之上的，正是认识到中国生产力水平还不具备马克思、恩格斯所设想的社会主义制度的现实条

---

① 《毛泽东文集》第 8 卷，人民出版社 1999 年版，第 109 页。

件，才创造性地提出建立以公有制为主体，多种所有制经济共同发展的中国特色社会主义经济制度，邓小平才创造性地提出"社会主义制度并不等于建设社会主义的具体做法"①，并将社会主义基本制度与实现制度的机制体制等形式区别开来，将改革的重点放在束缚生产力发展的机制和体制上，从而极大地解放和发展了社会主义生产力。改革开放以来，党的几代领导人都既坚持马克思主义基本原理，又不教条地对待马克思主义，能紧密结合时代的实践新要求，应用马克思主义理论提供的系统性观点，实现了社会主义制度在中国的创新发展，马克思主义也因其中国化的理论成果而获得自身的发展，并呈现出强大的、鲜活的生命力。

马克思主义从来不是教条，这是马克思、恩格斯本人，包括继承者列宁、毛泽东、邓小平等对马克思主义的一贯态度。习近平也指出："马克思主义必定随着时代、实践和科学的发展而不断发展，不可能一成不变，社会主义从来都是在开拓中前进的"，"坚持马克思主义，坚持社会主义，一定要有发展的观点"②。在中国，马克思主义是与中国不断发展变化的具体实践相结合的马克思主义，中国特色社会主义理论体系是在马克思主义指导下形成的理论，中国特色社会主义理论体系与马克思主义的内在关联性和统一性，以及相互依赖性决定了坚持中国特色社会主义理论就是坚持马克思主义。

三是马克思主义"过时论"旨在将中国引向偏离完善社会主义制度的方向。多年来一直都有人鼓吹马克思主义"过时论"，要求取消马克思主义指导地位，淡化马克思主义意识形态，并试图用西方资产阶级自由化思想或儒家文化思想来终结马克思主义意识形态。有的则折中调和，认为马克思主义意识形态一元指导的地位不符合社会利益多元的社会现实，试图实现中国意识形态的多样化。马克思主义是判断我们党和国家性质的标志，是党带领人民走向共同富裕、实现共产主义的一面旗帜，这面旗帜没有了，党和人民就

---

① 《邓小平文选》第 2 卷，人民出版社 1994 年版，第 250 页。
② 《习近平在新进中央委员会的委员、候补委员学习贯彻党的十八大精神研讨班开班式上的讲话》（http://news.xinhuanet.com/politics/2013-01/05/c_114258698.htm）。

失去了思想的武器，失去了安身立命的根本。马克思主义作为我们高高举起的一面理论旗帜，失去了这面理论旗帜，也就失去了前进的方向。毛泽东曾经指出："主义譬如一面旗子，旗子立起了，大家才有所指望，才知所趋赴……"① 因此，马克思主义任何时候都不能丢，宣扬马克思主义"过时论"思潮具有明确的政治指向，这种思潮旨在将中国引向偏离完善社会主义制度的方向，其目的是从根本上"消解"和"疏离"社会主义的"正统意识形态"或"主流意识形态"，用西方的自由、民主和人权的政治理论和"后现代观念"，或我国的"新儒学"取而代之。②

马克思主义是解释社会主义的系统方法和理论，反马克思主义思潮把马克思主义的基本原理同它的个别观点和结论混为一谈，一旦某个个别观点不能说明变化了的情况，他们便认为整个马克思主义"过时"了。他们没有把马克思主义看成是"发展的理论"，没有认识到个别观点和个别结论的过时，从另一方面讲正是这种发展精神的体现。马克思主义与中国特色社会主义理论体系是一体的，对马克思主义的否定，就意味着对中国特色社会主义理论体系的否定。一旦中国特色社会主义理论体系被否定，中国特色社会主义制度也就失去了存在的理论依据，"意识形态是指解释一个社会的系统方法，它或者为这个社会辩护，或者批判这个社会，成为为维持、改造或摧毁这个社会而采取行动的依据"。③ 因此，无论是从政治斗争的战略上还是策略上，保卫了马克思主义，也就保卫了社会主义。马克思主义制度思想是马克思主义意识形态的重要内容，对马克思主义的否定，自然会延伸到对马克思主义政治、经济、文化等制度思想的否定。同国内外各种反马克思主义思潮的斗争，事关中国社会的发展路径和未来走向。当前是一个多元思想相互激荡的社会，在一个社会中往往存在多种意识形态，通过国家立法确立起

---

① 《毛泽东著作专题摘编》下，中央文献出版社2003年版，第1885页。
② 参见本刊记者《要自觉划清马克思主义同反马克思主义的界限——访中国社会科学院学部委员靳辉明教授》，《思想理论教育导刊》2010年第8期。
③ ［法］迪韦尔热：《政治社会学——政治学要素》，杨祖功、王大东译，东方出版社2007年版，第8页。

来的用于指导社会实践的一定的法律观念、法律思想,代表了这个社会的主流意识形态,主流意识形态与非主流意识形态既有相融的一面,也有相对立的一面。坚持马克思主义一元指导思想,并不意味着排斥其他与马克思主义相融社会思潮的存在,社会思潮的多样性是社会的一种客观现象,中国利益格局的多样性是社会思潮多样性存在的客观基础,在这个客观基础没有消失之前,与之相适应的社会思潮总是有其生存的土壤和空间,因此,在坚持马克思主义主导地位的同时,坚持用马克思主义整合和规范各种社会思潮,在批判错误思潮、尊重包容其他社会思潮中实现马克思主义的引领作用。

再次,如何理解中国特色社会主义理论体系与毛泽东思想的关系。中国特色社会主义理论体系与毛泽东思想都是马克思主义中国化的理论成果,都内含了马克思主义的思想精华,又都根据中国的实际创新地发展了马克思主义,都对中国社会主义建设提供了有效的思想指导。当前除将中国特色社会主义理论体系与马克思主义割裂外,还存在着一种将中国特色社会主义理论体系与毛泽东思想割裂开来的思想倾向,这种思想倾向必然会引起人们对我国指导思想认识的混乱,也会影响人们对改革前后制度关系的正确认识,因此,对二者关系的正确解读具有重大的现实意义。毛泽东思想与中国特色社会主义理论体系作为改革前后的两大理论产物,由于形成于不同的历史阶段,人们自然会自觉或不自觉地对两大理论进行比较。透过对前一个历史时期的认识,分析现在这个历史时期,这是人的一种历史意识的自觉反应。中国特色社会主义理论体系是一个具有特定内涵的概念,从时间上看,中国特色社会主义理论体系是指十一届三中全会以来党的理论。从现有内容上看,是指邓小平理论、"三个代表"重要思想和科学发展观,并没有包括毛泽东思想,但这并不意味着中国特色社会主义理论体系与毛泽东思想是对立的。毛泽东思想与中国特色社会主义理论体系具有承继性,将二者割裂开来,甚至认为二者相互否定的思想认识,必然会影响对改革前后制度的认识,影响对党的历史的整体认识。新自由主义、新"左派"等错误思潮无形之中加剧了人们对毛泽东思想和中国特色社会主义理论体系理解的分歧,加剧了社会共识的分裂,因此,这种将改革前后思想、制度对立或割裂开来的错误认识特别有害于中国特色社会主义的发展。毛泽东思想是中国特色社会主义理论体系的思想渊源之一，毛泽东思想的精髓，也是中国特色社会主义理论体系的积极诉求，毛泽东提出走独立自主的适合中国发展之路的思想，被中国特色社会主义理论体系积极吸纳并予以创新发展。党的八大前后，以公开发表的《论十大关系》、《关于正确处理人民内部矛盾的问题》等开创性理论成果为主要标志，毛泽东阐述了一系列对建设中国特色社会主义具有长远指导意义的思想观点，比如提出必须正确区分和处理敌我矛盾和人民内部矛盾，并基于我国社会主义社会主要矛盾的判断，提出大力发展社会主义生产力是根本任务，提出社会主义可分为"不发达"和"比较发达"两个阶段，提出坚持民主集中制、加强社会主义法制建设等一系列指导社会主义建设重要的方针和政策，这些重要思想成果均构成中国特色社会主义理论体系的重要思想来源，毛泽东提出的许多卓越的思想观点由中国特色社会主义理论体系予以坚持和发展，并在中国特色社会主义理论体系的指导下对实践进行了有效的指导。诚如邓小平所言："从许多方面来说，现在我们还是把毛泽东同志已经提出、但是没有做的事情做起来，把他反对错了的改正过来，把他没有做好的事情做好。今后相当长的时期，还是做这件事。当然，我们也有发展，而且还要继续发展。"[①] 邓小平的这段话，清楚地表达了改革前后思想和实践的内在统一性和相继性。中国特色社会主义理论体系在坚持了毛泽东思想"实事求是"的精髓，坚持了毛泽东独立自主、群众路线和人民利益至上等社会主义建设基本思想的基础上，又根据实践发展的需要，创造性地发展了毛泽东思想。哈贝马斯指出："实践中提出的理论，不是金科玉律，不能被神圣化；它要经受不断变化的社会现实的检验；实践和经验可以驳倒理论；理论可以被证伪。理论必须放下手里拿着解释世界的钥匙的架势。"[②] 也就是说，理论来自实践，经受实践的检验，并随着实践的变化而变

[①] 《邓小平文选》第 2 卷，人民出版社 1994 年版，第 300 页。
[②] ［德］尤尔根·哈贝马斯：《理论与实践》，郭官义、李黎译，社会科学文献出版社 2010 年第 2 版，"译者的话"第 2 页。

化，理论不能被神圣化为不可变化的教条。"当理论的解释用以替代行动者在行动中使用的实践的掌握或实践的可理解性的时候，研究者就陷入了'唯智主义谬误'，或被'唯智主义的假象'所蒙蔽。"① 理论应该是一门实践的科学，当把理论当作凌驾于实践之上的抽象教条的时候，就不免会陷入"唯智主义谬误"，或被"唯智主义的假象"所蒙蔽。中国特色社会主义理论体系并未教条地继承毛泽东思想，而是基于实践，在总结社会主义建设正反两方面历史经验的基础上，对毛泽东思想进行了一分为二的分析，纠正了一些错误的观点，实事求是地评价了毛泽东思想，肯定了改革前毛泽东思想指导下所取得的一些制度成果，对毛泽东思想中闪烁着真理光芒的观点予以吸收并发扬光大。恩格斯指出："伟大的阶级，正如伟大的民族一样，无论从哪方面学习都不如从自己所犯错误的后果中学习来得快。"② 中国共产党和中国人民是具有强大反思能力的政党和民族，虽然党在探索中国特色社会主义之路期间走过弯路，犯过错误，但每次党都能领导人民依靠自身力量从自己所犯的错误中走出来，并能及时从历史中总结经验，汲取前进的力量。党和人民正是基于这种反思性能力，即"在过去经验的基础上，依据将来可能出现的结果，解决现在所面临的问题的能力"③，才最终克服了各种困难和挫折，开创出中国特色社会主义道路，形成了中国特色社会主义理论体系和中国特色社会主义制度。

中国特色社会主义理论体系与毛泽东思想的关系表现在与其相对应历史时期的制度上，也具有相继性和内在统一性。中国特色社会主义制度是对毛泽东时期制度的坚持、发展和创新。对毛泽东时期制度的坚持表现为坚持"四项基本原则"不动摇，保持了社会主义的本质和制度根基，从而保持了社会主义制度的优势，发挥了社会主义制度的优越性。邓小平指出，当前的改革是在坚持社会主

---

① ［美］戴维·斯沃茨：《文化与权力——布尔迪厄的社会学》，陶东风译，上海译文出版社 2012 年版，第 69 页。
② 《马克思恩格斯选集》第 4 卷，人民出版社 1995 年版，第 432 页。
③ ［英］帕特里克·贝尔特：《时间、自我与社会存在》，陈生梅等译，北京师范大学出版社 2009 年版，第 77 页。

原则下开展的，而不是走资本主义道路。对社会主义原则的坚持，表明了有些制度可以改革，有些绝对不能改，正如习近平所言"不能改的，再过多长时间也是不改"。中国特色社会主义制度对毛泽东时期所创立制度的发展和创新，主要体现在对单纯公有制的突破上以及实行社会主义市场经济上，它将发展社会主义生产力与发展市场经济结合起来，允许多种所有制经济存在并参与市场竞争，通过市场经济体制的改革实现政治、经济、文化等各个领域具体制度的发展和完善。中国特色社会主义制度的开创性特点决定了制度建设过程不会是一帆风顺的，一定会遇到各种困难和重重障碍，这种困难和障碍既有客观现实条件的制约，也有主观思想认识的制约。当前，包括新自由主义、历史虚无主义、民主社会主义等各种错误社会思潮影响着人们对中国特色社会主义制度的正确认识，为了抵御和消除这些错误思潮的影响，应对来自意识形态领域的思想挑战，有效地批驳这些错误观点，及时消除这些错误观点的影响，中国特色社会主义理论体系就要根据实践的需要发展自身，为中国特色社会主义制度提供有效的理论辩护，尤其是要消除一些将毛泽东思想与中国特色社会主义理论体系之间内在关系割裂开来甚至将二者对立起来的错误观点的影响，教育人们正确认识毛泽东思想的历史价值和历史地位，正确认识中国特色社会主义理论体系的社会主义本质。中国特色社会主义理论体系包含了党对历史问题的基本结论的主要论述，也包含了中国特色社会主义制度建设的基本原则、价值、目标等内容的阐述，在加强中国特色社会主义理论体系的教化的同时，也要阐明改革前后两个历史阶段思想、制度的内在统一关系，从而巩固中国特色社会主义制度的思想基础和群众基础。

第三节 中国特色社会主义制度的实践成效教育

拿事实说话，事实最具说服力，制度实践成效为中国特色社会主义制度认同教育提供了事实依据。实践成效教育不仅体现了思想政治教育与物质利益相结合的基本原则，体现了利益认同机制的作用,而且制度的实践性也决定了制度认同教育离不开制度的实践成效。人们是制度实践的参与者,人们在制度实践中关注制度、评价制度,制度实践成效成为人们检验和评价制度的首要事实依据。人们对制度的认同意识不仅来自科学的制度理论的引导,更来自人们在实践中对制度成效的真实感受和体验。制度实践成效是制度认同的现实客观基础,正确的制度实践成效教育有利于增强制度认同的事实说服力。

一 实践成效是制度认同的现实基础

中国特色社会主义制度在实践中取得了巨大的成效,焕发出巨大的生命力,在实践中得到了广大人民群众的认可和拥护。人们与制度认同关系的形成,离不开实践成效支撑,认同是主客体互动的结果,制度实践成效是制度认同的客观现实基础。制度的实践性特征决定了制度认同一定是建立在实践基础上的证成逻辑。

制度认同与制度实践活动密不可分,制度实践成效影响着社会主体的认同感,决定着社会主体的评价取向和行为取向。人们的认同感不是完全脱离现实的主观想象,而是来自于对现实世界的真实感知。根据马克思主义唯物史观,社会存在决定社会意识,人们的制度认同意识受制于中国特色社会主义制度运行水平和运行成效。邓小平指出:"社会主义国家要把生产力搞上去,证明社会主义制度优于资本主义制度。"[1] 中国特色社会主义制度实践成效所取得的伟大经济成就为中国特色社会主义制度认同奠定了坚实的物质基础,它证成了制度的正确性,显示了社会主义制度的优越性。经过30多年的改革,中国经济快速增长,GDP总量仅次于美国,成为世界第二大经济体,人民的生活正向全面小康迈进。对于中国特色社会主义的实践成效,"《经济学人》杂志文章感叹:中国每十年,人民生活水平就翻一番,而美国崛起最快的时候,要30年才翻一

---

[1] 《中国特色社会主义理论体系形成与发展大事记(1978—2008)》,中央文献出版社 2008 年版,第 153 页。

番"①。中国特色社会主义制度在摆脱贫穷、促进经济社会发展方面所取得的成绩举世瞩目，"如果以脱贫的人数为指标，那么中国过去30年所取得的成就超过了世界上所有发展中国家的总和，因为世界上70%的脱贫是在中国实现的；如果以经济发展为指标，那么中国的成就超过所有转型经济国家的总和，因为过去30年中，中国经济增加了18倍之多，而转型经济国家总体上为1倍左右"②。中国的经济腾飞，不仅造福国内，还造福世界，"研究表明，2014—2020年间，中国将累计为世界提供超过17万亿美元的进口商机，对世界经济增长的平均贡献率达27%"③。中国的包容性发展，促进了世界与中国经济的深度融合，让世界共享中国改革发展的成果是中国合作共赢外交政策的生动实践写照，目前"一带一路"的发展战略，进一步创造了中国与世界各国新的发展合作的机会，世界各国将有更多机会与中国一道共享发展成果。中国制度实践成效用事实证明了中国特色社会主义制度是适合本国国情、历史传统的科学的、合理的制度，也用事实让西方国家的新自由主义制度一统天下的预言落空，让世界看到了发展模式多样性的可能性与现实性，中国所取得的这一切成就，客观上影响和改变着国内外对中国特色社会主义制度的认识，也影响和改变着人们对资本主义制度的认识。

不同制度的社会有不同的社会运行成效。中国快速崛起虽然是多种因素综合的结果，但不能忽视中国特色社会主义的制度因素。张维为指出："理解中国，特别是解释'中国模式'得以成功的制度原因，可以把重点放在解读中国的国家性质以及中国的一整套制度安排上。这种解读可以简称为'一国四方'——'一国'，即中国是一个'文明型国家'，'四方'指的是中国在四个方面的制度安排：在政党制度方面，是'国家型政党'（或'整体利益党'）；

---

① 转引自张维为《民本主义是个好东西》，《环球时报》2014年9月19日第14版。
② 本刊记者：《谈中国的制度自信与话语自信———访复旦大学特聘教授张维为》，《思想教育研究》2013年第3期。
③ 《中国改革，领跑世界竞赛》，《人民日报》2014年9月22日第23版。

在民主制度方面，是'协商民主'，包括决策领域内的'新型民主集中制'；在组织制度方面，是'选贤任能'；在经济制度方面，是'混合经济'。这些制度安排保证了中国的迅速崛起，也是'中国模式'超越西方模式的重要制度保证。"[1]张维为用简洁的话语将"中国模式"成功的制度因素概括为文明型国家及具有中国特色的政治、经济制度，这一概括应当说切准了中国迅速崛起的制度核心要素。中国特色社会主义的实践成效是道路、理论与制度共同作用的结果，实践成效一方面反映了道路的正确性、理论的科学性，另一方面也反映了制度较强的生产力。制度是生产力的重要因素之一，中国的崛起离不开中国特色的制度因素，制度特色为中国社会主义制度提供制度竞争力，并使之释放出巨大的制度生产力，极大地满足了人们物质和生活的各种需求。当然，制度作为各种社会关系的总和，在其运行的过程中，并不可能实现或满足所有人的利益需求，那么人们对制度的态度也就不完全一样。制度认同是社会不同认同状态相互作用的结果，是社会总体反映出来的一种态度或行为，是认同与不认同博弈的结果。当前，制度实践所产生的巨大经济成效成为人们坚持和完善中国特色社会主义制度的强大物质力量。

二 实践成效是以经济为基础的综合成效

中国特色社会主义制度的实践成效不仅表现为一种经济成效，而且还是一种综合国力的提升。因此，要全面认识制度的实践成效。从历史上看，没有一个国家的崛起仅仅是经济的崛起，一个国家的强大一定是综合实力的强大。"富强与文明是近代西方崛起的两大秘密"[2]，历史告诉我们，中国的崛起注定不仅仅是经济的崛起，也是文明的崛起。

当前，中华文明成为解读中国和平崛起的重要依据。中国之所

---

[1] 张维为:《"中国模式"成功的制度原因》，《人民日报》2014年9月22日第6版。
[2] 许纪霖:《中国如何走向文明的崛起》，载许纪霖《何种文明？中国崛起的再思考》，江苏人民出版社2012年版，第4页。

以没有像资本主义国家一样通过扩张和掠夺实现经济的积累，而是通过自力更生实现自主发展，与中国是一个包容性的文明型国家不无关系，表现为中国经济发展也是一种包容性的发展，因此，对中国这种包容性发展模式的理解离不开对中国文明的理解。美籍日裔学者福山指出，必然从上下五千年来理解"中国模式"的文化根基与民族底蕴。① 因此，对"中国模式"的理解离不开文化根基与民族底蕴，同样对中国特色社会主义制度的理解也离不开中国文化的根基与民族底蕴，作为中国传统文化组成部分的制度文化表征了一个民族对制度的认知、态度、情感，中国特色社会主义制度遵循了中国传统制度文化的内在要求，沿袭了中国传统文化的基因，确认和呈现了中国优秀传统文化所蕴含的价值、观念等。当前，中华优秀传统文化已经成为中华民族的基因，植根在中国人内心，潜移默化地影响着中国人的思维和行为方式，因此，制度只有吸取传统文化的养分，才能获得最强大的群众基础。中国独特的历史和文化决定了中国制度的独特性。一个国家的制度只有与该国的民族文化、历史相契合才可能获得本国人民持久的认同，也才能在国际上获得独立的制度地位。马克思指出："极为相似的事变发生在不同的历史环境中就引起了完全不同的结果。"② 一定的历史事件是在特定的历史环境中发生的，并受一定规律支配。特定的历史和文化是影响制度生成的重要因素，密尔在其《代议制政府》中提出："一国人民的根本的政治制度是从该国人民的特性和生活成长起来的一种有机的产物。"③ 制度是建立在特定历史、文化价值和观念之上的制度，历史和文化是制度生成、维系和变迁的重要影响因素，现代制度的文明栖居于过去制度文明之上，制度文明的历史离不开制度文化的滋养，文化能够影响制度文明的发展方向，规制着制度的价值取向和制度变迁。中国特色社会主义制度之所以能在中国显示出强大的生命力，正是因为它获得中国传统文化的滋养，秉承了中国传

---

① 参见王义桅《中国模式既发展中国又造福世界》，《人民日报》2014年11月11日第7版。
② 《马克思恩格斯选集》第3卷，人民出版社1995年版，第342页。
③ [英] J. S. 密尔：《代议制政府》，商务印书馆1982年版，第6页。

统文化的价值观念。任何一种社会制度,均有价值理念做支撑,"根据雷加森斯·西克斯的观点,法律本身并不是一种纯粹的价值,而是一个旨在实现某些价值的规范体系"①。中国特色社会主义制度作为一种规范体系,具有实现某些价值理念的功能,我国的制度价值观吸收了中国传统文化中"和而不同、相容并蓄"的思想精华,这些思想精华构成中国当前制度、文化建设秉承的核心价值理念。这种价值理念所倡导和而不同的多样化制度存在状态展示了中国制度认同视野的独特性,它不仅有助于塑造他者对中国的认同,而且对当代国际关系的处理能够产生启发,指导世界建构良性的互动互信的制度认同。中国制度建设所秉持的价值理念,在国际社会饱受战乱、动乱之苦的背景下,将焕发其独有的生命力、凝聚力和感召力,同时,中国的制度文明也将是对"中国威胁论"的有力回击。

中国特色社会主义制度对构建世界新秩序的意义并不仅仅在于为世界制度文明的多样性提供一个成功的案例,还在于对他者的影响力,这种影响力来自中国制度特色对他国的价值,这种价值决定着中国在与世界各国自觉交往中谋求发展的广度与深度。中国的崛起在制度层面能够塑造世界、产生深远影响的必然是独特的制度文化,而且这种制度文化能够符合世界的需要,为世界发展提供意义。美国学者曼纽尔·卡斯特认为:"认同是人们意义与经验的来源。通过涉及社会行动者的认同概念,我把意义建构的过程放到一种文化属性或一系列相关文化属性的基础上来理解,而这些文化属性相对于意义的其他来源要占有优先地位。"②文化赋予制度认同以意义,可见文化在认同中的地位非同一般。意义契合是世界各国相互认同的坚实基础,中国制度文化特色如果能够为世界各国提供意义,那么中国制度特色才不会因其独特性而成为与世界各国交往的思想障碍,也才能减少交流过程中的冲突与对抗。中国的崛起之所以是一种文明的崛起、和平的崛起就在于中国传统文化基因起决定

---

① [美] E. 博登海默:《法理学——法律哲学与法律方法》,邓正来译,中国政法大学出版社 2004 年版,第 214 页。

② [美] 曼纽尔·卡斯特:《认同的力量》,曹荣湘译,社会科学文献出版社 2006 年版,第 6 页。

因素，中国"和而不同"的文化价值取向决定了中国在世界上的地位和影响力，这种"和而不同"的思想理念为当代国际社会的发展和国际秩序治理提供来自中国的智慧。由"和而不同"衍生出来"共建、共享、共赢"的互利观，增强了中国特色社会主义制度的认同度和影响力，增强了中国话语的道义力量。英国历史学家汤因比在《历史研究》一书中写道："将来统一世界的，大概不是西欧国家，也不是西欧化的国家，而是中国。并且正因中国有担任这样的未来政治任务的征兆，所以今天中国在世界上才有令人惊叹的威望。"①汤因比对中国未来如此看好，并不是一种主观臆断，而是建立在对中国历史文化的深刻认知之上的。

中国的传统文化是中国软实力的重要来源，改革开放30多年来，随着中国经济、政治、社会、文化等各项事业的快速发展，人民的生活水平日益提高，国家综合实力和国际影响力不断提升，中国发展模式成为西方关注和热议的话题，中国模式的制度因素也日益成为人们关注的对象，中国特色社会主义制度的世界意义开始显现。也就是说，中国特色社会主义制度不仅体现为经济实力增长形成的硬实力，还体现为制度社会影响力增长形成的软实力。美国学者约瑟夫·奈指出："中国的经济增长不仅让发展中国家获益巨大，中国特殊的发展模式和道路也被一些国家视为可效仿的榜样……更重要的是将来，中国倡导的政治价值观、社会发展模式和对外政策做法，会进一步在世界公众中产生共鸣和影响力。"② 中国特色社会主义制度的影响力不在于制度的可复制性，而在于中国特色制度所蕴含的价值观在世界公众中产生的共鸣和影响力。中国特色是中国特色社会主义制度建构的逻辑起点，中国文化特色赋予了中国特色社会主义制度以世界意义和生命力，制度价值内含了对中国传统文明的传承，对中国传统文明的传承构成中国制度的独特性来源，这种独特性成为中国迅速崛起的文化缘由。

---

① 转引自王义桅《中国模式既发展中国又造福世界》，《人民日报》2014年11月11日第7版。
② 转引自朱可辛《国外学者对"中国模式"的研究》，《科学社会主义》2009年第4期。

制度认同的动力也并不仅仅是基于经济成效,还基于制度对人们精神需要的满足,因此,制度认同的动力来自两个方面:一个方面是物质利益的满足,另一个是精神利益的满足。制度认同的动力不同,形成的制度认同形式也不同。基于物质利益的满足而产生的认同,是制度对人们自身物质利益满足后的一个结果;而基于精神利益的满足产生的认同,则是制度软实力增长产生的认同。这种基于软实力所产生的精神性认同,即使人们一时没有从制度中获得任何有益于自身的经济利益,也不会影响人们对制度的认同。制度认同的精神动力价值在于,即使制度运行出现曲折,没能体现较好的成效,也不会因制度一时的运行问题,而对制度丧失信心。基于硬实力产生的制度认同与基于软实力产生的制度认同是制度认同的两种不同表现形式,两种认同相互影响,相互支撑,软实力产生的制度认同更为稳定和持久,但失去硬实力的认同,软实力认同也就没有了根基,最终将失去认同的根本动力。因此,通过制度成效教育实现制度认同,既要强调制度经济成效,也要大力宣传制度所具有的文化、价值等精神性因素产生的成效,只有这样,才能实现制度持久和稳定的认同。

三 辩证地看待制度的实践成效

虽然中国特色社会主义制度实践成效举世瞩目,经济实力和综合国力得到极大增强,社会获得了全面进步,但我们必须辩证地看待中国的制度实践成效。一方面要肯定中国发展的制度成效,另一方面需要正视中国发展中存在的问题,正视中国制度不完善所带来的问题。这是因为我国将长期处于社会主义初级阶段,中国特色社会主义制度的完善客观上还需要一定的时间,人民群众日益增长的物质文化需求同落后的社会生产之间的矛盾仍是我国当前的主要矛盾,我国仍然是不发达的国家,发展仍是当前的主要任务。

当前,随着中国实力的变化,国际上对中国的国际地位产生了一些争议,国内对中国自身地位也存在一些模糊认识。这些争议和模糊认识产生的根本原因在于对中国制度实践成效缺乏辩证的认识,当然也不排除国际上某些国家企图以中国实力变化为由要求中国承担与其实力不相适应的责任。英国学者巴瑞·布赞指出:"关于中国崛起之后会发生什么的问题仍然是一个恰当的、有必要回答的问题,它需要获得比得到其答案更多的东西。除非它的确获得一个答案,否则,对中国长期意图的各种猜疑将仍然存在着,这些猜疑会使得它的'和平崛起'变得比它所需要经历的更加艰难。"[1]西方学者认为对中国崛起之后会发生什么需要给予一个正确的答案,这一观点本身没有什么问题,但是在回答这一问题之前,首先应对中国崛起的实力现状有个科学的认知和判定,否则对中国的发展就会人为地造成一些无形障碍。改革开放以来,我国坚持以制度的发展和完善为出发点,破除与生产力不相适应的机制体制,从而赋予社会生产力以生机和活力。改革开放30多年来,我国以高于西方发达国家国民生产总值7—8个百分点的速度发展,制度特色和制度效率优势逐步显现,从经济总量、经济规模、经济发展速度上看,中国的经济实力不容置疑。与此同时,我国人均国民总收入在世界排名仍然较为落后,工业现代化、科技进步和人民科学文化素质的总体水平也落后于西方发达国家,中国经济发展仍存在经济结构性问题的制约,这充分显示中国与发达国家之间的差距。我国将长期处于社会主义初级阶段的现实,意味着我国作为发展中国家的身份具有相对稳定性,意味着有些问题并不能按人的主观愿望能在当下予以解决,还需要依靠发展来解决。因此,在我国发展任务仍然很重,我们必须要辩证地看待中国的制度成效,牢牢把握中国是一个正在崛起的发展中国家这一科学定位,对中国的实力有一个客观理性的辩证认知。一方面基于制度所取得的成效要增强制度自信,不受西方敌对势力"唱衰"中国的影响;另一方面,要防止只讲成绩、不讲问题的盲目自信,尤其要警惕西方国家对中国的"捧杀"。

对中国制度实践成效的辩证认识,不仅仅是一个认识方法的问题,更是一个政治问题,列宁认为:"如果不从政治上正确地看问

---

[1] [英]巴瑞·布赞:《中国崛起过程中的中日关系与中美关系》,刘永涛译,《世界经济与政治》2006年第7期。

题，就不能维持它的统治，因而也就不能完成它的生产任务。"① 对于中国特色社会主义制度成效的辩证认识，要将其作为一个政治问题予以认真对待。对制度实践成效认知的正确与否将决定对中国国际地位定位的准确与否，中国国际地位的定位是否准确不仅会影响中国未来发展的定位，而且也会影响中国在国际社会作用的正确发挥和对国际社会关系的处理。对中国国际地位的定位，必然要涉及国家身份的认同问题，也必然涉及自我认同与他者认同的关系问题，但首先要有一个正确的自我认同，才能正确地影响他者的认同。一个国家正确的自我认同离不开该国实力现状的制约，中国将长期处于社会主义初级阶段的现实国情，以及中国当前综合国力发展程度，决定了中国目前不可能是一个发达国家，不可能在国际上承担超出发展中国家所能承受的责任和义务。当前，对于中国而言，不管他者如何认识中国实力状态，我们首先要对自己处于发展中国家这一身份保持清醒的认识，虽然中国迅速崛起的事实确实改变了中国的国际地位和国际影响力，但没有改变中国发展中国家身份，以经济建设为中心仍然是中国当前最大的政治。制度的竞争归根结底是生产力的竞争，中国特色社会主义制度只有高于资本主义制度的生产力才能证明自身优越性。"在当代，一切历史谋划都势必在两个对立的总体——资本主义和共产主义——之间分化，结果看来要取决于两组对立的因素：（1）更大的破坏性力量；（2）更大的没有破坏性的生产能力。换言之，更高的历史真理将属于那种提供更大和平机会的制度。"② 因此，中国特色社会主义制度要赢得相对于资本主义制度的胜利，必须坚持和平发展，坚持用发展的成果凝聚制度共识，才能促进和改善国内外制度认同的状态，才能赢得"更高的历史真理"，最终成为邓小平所曾期望的"世界上最好的制度"。

中国特色社会主义有着不同于资本主义以博弈和竞争为特色的

---

① 《列宁选集》第 4 卷，人民出版社 1995 年版，第 408 页。
② ［美］赫伯特·马尔库塞：《单向度的人——发达工业社会意识形态研究》，刘继译，上海译文出版社 2008 年版，第 177 页。

制度文化，中国的和平崛起、合作共赢的外交理念，无不表明，中国特色社会主义制度是那种给世界提供更大和平机会的制度。当前，我国将全面深化改革的目标锁定在推进中国特色社会主义制度的完善上，通过全方位的改革推进各个领域制度的协调发展，不断解放和发展生产力，有效地协调和整合各种利益冲突，实现社会全面、均衡的发展，在不断彰显中国特色社会主义制度本质的同时，让世界不断分享中国制度改革的红利。

第四节　中国特色社会主义制度的比较优势教育

中国特色社会主义制度是独特的，与此同时，相比资本主义制度它又必须是优越的，这种优越性就是中国特色社会主义制度的优势所在。人们认同中国特色社会主义制度不仅因为制度的独特性，而且还因为制度的优越性，没有了优越性，也就丧失了制度独特性的意义。对中国特色社会主义制度优越性的认知，离不开与西方发达资本主义制度的科学比较。比较是认同形成的重要过程，认同理论认为，他者是自我认知的镜子，在和他者的比较中体现自身的独特性和优越性是认同建构的一个重要方式。当今世界，社会主义制度与资本主义制度竞争并存，并互为自我认知的镜子，"两刃相割，利钝乃知；二论相订，是非乃见"。因此，对中国特色社会主义制度的认同教育，不能没有制度比较优势的视野。中国特色社会主义制度相比资本主义制度的优势，既可以表现为总体的制度优势，也可以表现为具体的制度优势。

一　比较是认同形成的重要过程

比较是区分的前提，是一个社会群体获得其自身特殊性的重要过程，人们通过比较明确自身，获得对自身确定的理解。社会认同理论认为，社会认同是经由社会分类、社会比较和积极区分原则三个基本心理过程建立的。① 人们通过社会类化、社会比较、积极区分的过程来形成社会认同。社会分类，即社会的范畴化，是社会认同理论认为形成认同的第一个基本心理过程、泰弗尔和特纳通过实验表明社会分类在认同中的作用，也就是说人们在进行认知时会进行自我归类，通过区分内群体与外群体进行自我定型，并产生内群偏好现象。泰弗尔认为，比较是人们获得认同的重要手段之一，社会比较使社会分类过程的意义更明显，在进行群体间比较时，人们倾向于在特定的维度上夸大群体间的差异，而对群体内成员给予更积极的评价，即通过差异化的比较和评价来判断和提升自己。积极区分原则是个体为了满足自尊或自我激励的需要，会使自己在群体比较的相关维度上表现得比外群体成员更为出色。② 社会类化、社会比较、积极区分将此群体与彼群体区分开来，形成不同群体内各自共享的信念、态度、行为。心理群体的归属与行为和社会现实不可分割地联系在一起，内群共识增强了与内群的相似性以及与外群的差异性，"仇富"、"仇官"现象就是社会类化、社会比较、积极区分的社会心理表征。社会认同理论认为认同是通过差异建构的，即"只有通过与他者的关系、与其所不是之物的关系、与其所缺乏之物的关系、与其构成之外在方面的关系，任何术语的'肯定'意义即它的'认同'才能被加以建构"③。因此，不管是何种认同理论，均将比较作为认同不可缺少的环节。

通过对社会认同理论的简单梳理，我们可以知道比较是人类获得自我认知的基本方法，也是认同建构的重要过程。从比较的视野看，中国特色社会主义制度认同是一种关系性认同，资本主义制度与社会主义制度是国际上两种基本的制度形态，当前，两种制度既相互联系依存，又相互对立斗争，国际和国内围绕两种制度争议日

---

① Henri Tajfel, "Social Psychology of Intergroup Relations", *Annual Review of Psychology*, 转引自周晓虹《认同理论：社会学与心理学的分析路径》，《社会科学》2008年第4期。

② 参见张莹瑞、佐斌《社会认同理论及其发展》，《心理科学进展》2006年第3期。

③ 转引自樊义红《从本质的认同论到建构的认同论》，《武汉科技大学学报（社会科学版）》2012年第2期。

益激烈,各种思潮的交流、交融、交锋更加频繁。中国特色社会主义制度以其特有的运行逻辑,改变了当今世界资本主义制度独大的局面,引发人们对两种不同制度孰优孰劣的再思考。制度的比较优势实质体现的是制度的竞争优势,中国特色社会主义制度以其实践成效,再次证明了社会主义不只是基于历史替代理论上的应然优势,制度绩效证明了社会主义实然的优越性。制度比较优势不仅让中国制度的特色更加耀眼,更富有吸引力,而且让社会主义在世界得以延续并展示出其旺盛的生命力,改变了国际共运的被动局面。制度比较优势认同作为一种通过比较产生的认同,比较的内容、比较的视角是多向度的,因此,如何通过科学的比较,辩证地看待资本主义制度与中国特色社会主义制度之间的差异,阐释中国特色社会主义制度的比较优势,是当前建构中国特色社会主义制度认同需要认真思考的问题,也是中国特色社会主义制度认同教育不能忽视的问题。

二 在科学比较中把握制度优势

从社会主义制度与资本主义制度目前的关系来看,是一种并存关系;从历史发展规律来看,它们又是一种替代关系。但中国特色社会主义制度又不是在替代资本主义制度的基础上建立的,这使得二者之间的比较不再是一个简单的问题,获得相对于资本主义制度比较优势认识受各种复杂的因素制约。因此,只有坚持科学的态度和方法才能防止认识的片面性,才能获得对中国特色社会主义制度优越性的全面而正确的认识,也才能在正确认识制度优势的基础上,保持和弘扬制度优势。

每种制度的存在,都有其自身的比较优势,关键是如何认识这种比较优势,如何进行科学比较,只有在科学比较的基础上,才能获得科学的认识。科学地进行制度比较,一方面,要坚持比较的全面性和辩证性;另一方面,要有科学判断优劣的标准。

首先,要坚持比较的全面性和辩证性。马克思主义唯物辩证法注重矛盾分析,注重全面、发展地看问题,注重透过表象看本质和规律,注重抽象和具体相统一的思维规律。比较的全面性要求制度比较进行多个维度的思考，比如制度的发展历史，制度赖以存在的现实国情、国际环境、文化传统等各种因素均应考虑。此外，国家制度具有体系性，任何一个国家制度都是包括了根本制度、基本制度、具体制度等多个层次的制度体系，从内容上看，还可分为经济制度、政治制度、文化制度等不同领域的制度，因此，中国特色社会主义制度与资本主义制度比较不仅要进行整个制度体系优势的比较，还要进行具体制度优势的比较，尤其是决定制度性质的根本制度与基本制度的优势比较。"一个国家在国际竞争中的比较优势，在微观意义上表现为内含于产品之中的成本竞争、技术竞争，在宏观意义上却是制度竞争、战略竞争。"[1] 公有制为主体的基本经济制度，以及人民代表大会制度、中国共产党领导的多党合作和政治协商制度的根本政治制度和基本政治制度，将社会主义集中力量办大事的优势充分发挥了出来，并充分体现了制度的效率优势，避免了西方两党或多党之间相互牵制，以及由于以私有制为基本经济制度导致不同的利益集团博弈对国家决策影响所带来的制约。邓小平指出："社会主义同资本主义比较，它的优越性就在于能做到全国一盘棋，集中力量，保证重点。"[2] "社会主义国家有个最大的优越性，就是干一件事情，一下决心，一做出决议，就立即执行，不受牵扯。"[3]《美国人》专栏作家弗里德曼也通过与西方资本主义制度的比较指出中国制度的效率优势："制度优势可以使得中国迅速凝聚力量解决议题，而这些议题在西方国家的讨论和执行，要花几年甚至几十年。"[4] 中国经济奇迹的发生，得益于我国经济体制改革对制度优势的释放，也得益于中国特色政治制度强大的战略规划和实施能力。当前，中国"一带一路"战略迅速推进，再次体现中国特色社会主义制度效率的比较优势，中国政府强大的规划能力、决策和

---

[1] 张幼文：《改革开放：使中国在世界发展竞争中赢得比较优势》，《求是》2015年第6期。
[2] 《邓小平文选》第3卷，人民出版社1993年版，第16—17页。
[3] 同上书，第240页。
[4] 转引自宁骚《比较中西制度，方知中国道路魅力》，《环球时报》2014年4月11日第14版。

执行的能力不得不让世界惊叹。"一带一路"这一战略让中国再次吸引了世界的目光，并凝聚了来自世界各国的力量，说明世界对中国的看好，为"一带一路"战略服务的亚投行所凝聚的爆满人气也表明了世界对"一带一路"这一战略的信心、对中国的信心、对中国特色社会主义制度的信心，这一切也许是对"唱衰中国"的各种论调的最好回应。

辩证地进行制度比较，要求我们一分为二地客观看待制度的优劣。当前，中国特色社会主义制度还不成熟，还未定型，制约科学发展的体制机制障碍还比较多，同发展了几百年的比较完善的资本主义制度相比，一定还存在这样或那样的问题。诚如邓小平指出的，"党和国家现行的一些具体制度中，还存在不少的弊端，妨碍甚至严重妨碍社会主义优越性的发挥"①，但不能就此否定中国特色社会主义制度的优越性所形成的比较优势。在实践中，受他国制度体验的碎片化和受西方虚假性宣传的影响，人们在制度优势比较的过程中存在一定的认识偏差。人们往往不能用辩证的方法客观地进行制度比较，比如用发展了不到100年的尚未成熟定型的社会主义国家同发展了几百年成熟且完善的发达资本主义国家进行综合国力的比较，这就如同用一个儿童同一个成年人进行实力比较一样，是一个没有可比性的问题。如果要比，那就必须寻找二者可比的地方，比如，那个成年人的儿童期，是否达到这个儿童现在的发育水平，也就是说资本主义初期的发展水平是否达到中国特色社会主义初期的发展水平。制度比较，不仅要同发达的资本主义国家比，还要同不发达的资本主义国家比。事实上，即使中国特色社会主义制度处于未完善和未定型的时期，也不时地表现出让世人刮目相看的一面，成熟和完善的资本主义制度也经常有让人大跌眼镜的时候。"根据美国人口普查局2013年进行的调查，2012年美国的贫困率为15%，4650万人生活在官方贫困线以下，18岁以下青少年的贫困率更高达21.8%。相当一部分有工作的美国人收入不足以养家，

---

① 《邓小平文选》第2卷，人民出版社1994年版，第327页。

需要公共救助。"① 而中国经济快速发展,却为世界减贫做出了巨大的贡献。虽然从人均收入水平方面同西方发达资本主义国家比较,中国还不富裕,人民生活水平还有待于进一步提高,但如果将制度的经济绩效放在相同单位时间内进行比较,我们就更为清晰地看到中国特色社会主义制度的经济发展优势。以国民经济年增长率为例,中国建立社会主义制度以来,年增长率超过了西方发达资本主义国家的增长率,"从1949年到2013年我国保持了连续60年的经济高速增长,这个在世界经济史上你找不出第二家。有人统计过美国的百年经济增长率,年均增长1.96%;我们64年的经济增长,平均每年8%"②。这充分说明了中国特色社会主义制度在解放和发展生产力方面的优势。中国新一轮的制度改革让世界继续分享中国经济增长红利。2020年,中国将释放64万亿元购买力,有望成为世界规模最大的进口市场和增长最快的进口市场。预计今后十年,中国高科技市场年增长率将达到20%—40%。③ 再如,人们在进行政治制度比较时,往往只谈西方民主如何有利于权力制约和监督的一面,却忽视西方选举式民主在选举时漫天许诺、选举后无人过问的现象,无视西方政党竞争导致相互掣肘、内耗严重,影响国家治理效率的现象。而中国由于有民主集中制这一独特的民主运行体制,能完全有效地避免西方民主制度的这些弊端,体现出中国政治制度的优势。邓小平指出:"我们实行的就是全国人民代表大会一院制,这最符合中国实际。如果政策正确,方向正确,这种体制益处很大,很有助于国家的兴旺发达,避免很多牵扯。"④ 中国特色社会主义政治制度优势已引发了一些西方学者的关注,美国智库曾指出:"中国正准备为发展中国家提供一个样板,这个样板将成为西

---

① 吴成良:《贫困问题给"美国梦"敲响警钟》,《人民日报》2014年6月26日第21版。
② 韩德强:《否定改革"前三十年"是由于缺乏纵向比较》(http://news.ifeng.com/mainland/detail_ 2013_ 06/27/26879151_ 0. shtml)。
③ 参见张茉楠《中国引领全球经济持续增长》,《瞭望》2014年第52期。
④ 《邓小平文选》第3卷,人民出版社1993年版,第220页。

方民主制度的一个独特的替代物。"① 当然,中国无意为发展中国家提供制度样板,也不主张不顾自身实际的制度拿来主义,但是,这一席话至少表明了美国智库已感受到西方民主制度不再是被世界认可的唯一好制度,西方制度有其局限性。任何制度都存在自身优缺点,我们虽然总不能以己之长比他人之短,但也不能总以他人之长比己之短,因此,我们要防止简单的或一刀切的比较,要清晰地认识到两种制度比较存在的复杂性,科学地分析不同性质制度的优劣。

既然谈制度的比较优势,就应该有判断优劣的标准,即用什么标准来说明何为优,何为劣。没有判断标准,优劣自然无从谈起。因此,进行制度比较不仅涉及一个可比性的问题,还有一个同一标准的问题。

在制度比较优势中,经济发展水平往往成为人们判断制度优劣的首要标准,原因就在于经济基础决定上层建筑,没有生产力的优势,替代资本主义制度就无从谈起。邓小平多次强调社会主义优越性要通过制度生产力优势和人民生活水平的提高来体现,认为这是最起码的标准。邓小平认为:"如果在一个很长的历史时期内,社会主义国家生产力发展的速度比资本主义国家慢,还谈什么优越性"②。他指出:"社会主义制度优越性的根本表现,就是能够允许社会生产力以旧社会所没有的速度迅速发展,使人民不断增长的物质文化生活需要能够逐步得到满足。"③ 更高的社会生产力在制度优势比较中具有决定性的作用,如果经济搞不上去,其他所谓的优势均是空中楼阁。列宁明确指出:"劳动生产率,归根到底是使新社会制度取得胜利的最重要最主要的东西。"④ 因此,经济发展成为硬道理,只有经济发展,才能更好地彰显制度的其他优势。

新中国成立以来,经过60多年的建设,经济成效举世瞩目,人民生活水平不断得到改善,社会主义事业呈现出快速发展的趋势,

---

① [美]战略与国际研究中心、彼得森国际经济研究所:《美国智库眼中的中国崛起》,中国发展出版社2011年版,第294页。
② 《邓小平文选》第2卷,人民出版社1994年版,第128页。
③ 同上。
④ 《列宁选集》第4卷,人民出版社1995年版,第16页。

体现了中国更快的发展优势。国际舆论评论："中国只用了一代人的时间，取得了其他国家用了几个世纪才能取得的成就。"[①] 而且中国特色社会主义坚持和平发展、共享发展，并没有像西方发达资本主义国家那样通过侵略和掠夺其他国家的方式实现大国的崛起。当然，中国总体发展水平与西方发达资本主义国家还存在一定的差距。西方发达资本主义国家目前仍凭借着其先进的技术和雄厚的资本主导着国际经济交往规则，并通过规则制定权保障自身利益的最大化，资本主义制度与社会主义制度的竞争将随着社会主义制度的发展而更加激烈。马克思指出："无论哪一个社会形态，在它所能容纳的全部生产力发挥出来以前，是决不会灭亡的；而新的更高的生产关系，在它的物质存在条件在旧社会的胎胞里成熟以前，是决不会出现的。"[②] 这句话一方面说明了资本主义制度在它所容纳的全部生产力发挥出来之前是不会灭亡的，资本主义制度通过自我调节机制还将继续发展；另一方面说明中国特色社会主义制度只有在高水平生产力的基础上，更高的生产关系与更高的精神文明才能彰显其作为制度的比较优势。因此，当前，发展社会生产力是中国特色社会主义制度获得比较优势的根本所在，社会主义只有更快地发展生产力，才能实现共同富裕，而实现共同富裕是对资本主义制度价值的超越，资本主义制度自身是无法消灭两极分化、实现共同富裕的。共同富裕反映了社会主义的本质，如果说更快的生产力是制度的工具优势，那么共同富裕则是社会主义制度的价值优势。邓小平指出，只有这样的超越才是社会主义制度相比资本主义制度的最大优势。也就是说，中国特色社会主义制度只有始终坚持最广大人民利益至上的立场，通过发挥中国特色社会主义制度生产力的工具优势，实现中国特色社会主义制度共同富裕的价值优势，才有可能获得超越资本主义制度的最终优势。

制度能否解决国家自身面临重大问题是判断制度优劣的另一条重要标准。这条标准相对于生产力标准而言，要求更为严格，相对

---

① 转引自孙道同、蔡玮《坚信社会主义制度的优越性》，《安徽师范大学学报（人文社会科学版）》2001年第3期。

② 《马克思恩格斯选集》第2卷，人民出版社1995年版，第33页。

于制度较高的经济生产能力，制度解决国家自身所面临的问题体现了制度的综合治理能力。习近平指出："中国共产党人干革命、搞建设、抓改革，从来都是为了解决中国的现实问题。"当前中国特色社会主义制度在解决国家自身面临问题方面卓有成效，《澳门日报》认为："中国举国一体，集中力量办大事、办急事、办难事的制度优势，已成为中国抗击各类灾难和危机的强大保障。"① 中国特色社会主义制度是扎根于本国土壤的制度，它从中国的实际出发，着眼于现实要求，经受了我国发展所面临的一系列矛盾、困难和风险的挑战与考验，通过实践成效证明了中国特色社会主义制度是符合中国历史传统和文化特性，与中国发展阶段相适应的最可靠、最管用的制度，诚如胡锦涛所指出的一样："它有利于保持党和国家活力、调动广大人民群众和社会各方面的积极性、主动性、创造性，有利于解放和发展社会生产力、推动经济社会全面发展，有利于维护和促进社会公平正义、实现全体人民共同富裕，有利于集中力量办大事、有效应对前进道路上的各种风险挑战，有利于维护民族团结、社会稳定、国家统一。"西班牙胡安·卡洛斯国王大学中国研究中心秘书长费利佩·德巴萨说："有人认为中国的制度无法适应新问题和新需求，但事实上，中国的政治经济制度是与时俱进的。"② 正是由于中国特色社会主义制度扎根于中国国情，并能面对新形势和新挑战不断地进行制度的创新和发展，保持制度的与时俱进，才能在解决国家面临的各种问题时充分体现出制度的优势，并有效地承担起国家富强、民族复兴和人民幸福的历史重任。与中国特色社会主义制度呈现出强大活力不同，西方资本主义则在经受制度危机的考验，美国金融危机的爆发和欧债危机的持续暴露了西方资本主义制度许多深层次的问题，说明新自由主义也无法帮助资本主义制度克服其内在矛盾。在一向以政治民主典范示人的美国，也出现民主制度频频失灵的现象，奥巴马甚至发出这样的感叹："灰

---

① 转引自秦正为《中国特色社会主义制度体系的形成及其历史意义》，《探索》2012年第1期。
② 张建波等：《符合本国实际才是最好的发展道路》，《人民日报》2014年3月3日第3版。

暗消极心理的人不能理解脚下的大地正在改变，没看到长期困厄我们的陈腐政治争论已经不再适用。"[1] 由于政党之争，使得美国政府的改革难以有效推行，政党之争甚至不顾公众利益，上演政府关门事件，美国的党派之争已经发展到前所未有的境地，政府面对政党之争，经常陷入僵局和混乱，以致不能有效解决国家所面临的重大问题。而中国制度的良好表现则越来越吸引国际社会的关注和对资本主义制度的反思。中国特色社会主义制度的比较优势改变了世界对社会主义制度的认知，影响着世界的发展进程，也引发了西方一些国家的不安，对中国的发展设置种种障碍，使得中国特色社会主义制度运行的国际环境也越来越复杂。因此，中国特色社会主义制度创新发展的任务仍然重大，通过制度创新和发展，统筹好国内与国际两个大局，破解发展中面临的各种难题，不断顺应人民的新期待，不断促进社会的公平正义，不断增进人民的福祉，不断接近制度价值目标，是制度保持竞争优势的根本所在，也是制度获得认同的根本动力所在。

三 阐明制度优势彰显的长期性

中国特色社会主义制度是建立在落后社会生产力基础上的，这一特殊国情，决定了中国特色社会主义制度比较优势彰显的长期性。中国特色社会主义制度优越性在短期内还不能充分彰显，这要求引导人们既要看到中国特色社会主义制度已经彰显出来的优势，还要看到制度潜在的优势、制度的未来优势；既要说明制度优势当前不能充分彰显的原因，也要说明制度优势彰显的必然性与复杂性。

首先，认识中国特色社会主义制度比较优势，不能脱离社会主义初级阶段这一客观的特定历史阶段，我国经过60多年的社会主义建设，制度优势已有所彰显，但还不充分和全面。我国将长期处于社会主义初级阶段的现实决定了中国特色社会主义制度优势充分彰显的长期性，与西方发达资本主义制度优势力量对比的变化必然

---

[1] 《美众院授权起诉奥巴马 政治内讧加速"美国下滑"》（http://world.huanqiu.com/exclusive/2014-08/5092776）。

也是一个长期过程。这要求我们一方面要从理论上讲透中国特色社会主义制度优势未能充分显示的原因，也要阐明中国特色社会主义制度已有的优势和未来的发展优势，随着生产力的发展，中国特色社会主义制度将呈现出相对于资本主义制度更多更强的优势；另一方面也要教育人们看到制度优势彰显的复杂性。中国特色社会主义制度是在落后的生产力基础上形成的，马克思指出："人们不能自由选择自己的生产力——这是他们的全部历史的基础，因为任何生产力都是一种既得的力量，是以往的活动的产物。"[1] 马克思主义告诉我们，现实的生产力是历史与现实相结合的产物，现实的生产力都是在历史已获得的生产力基础上产生的。新中国成立前的生产力的客观条件制约了社会主义制度优势的发挥，旧的落后的生产力是社会主义制度生产力无法逾越的前提，这一前提造成了中国特色社会主义制度生产力的起点建立在较低生产力水平上。按照马克思主义经典作家的设想，社会主义制度作为资本主义制度的替代，应建立在资本主义发达的生产力基础之上，不仅要有比资本主义制度更高的社会生产力、更快的发展速度，而且还要有比资本主义制度国家更高的社会文明，比资本主义国家更公正、平等、正义，社会更具保障。但理论不能代表现实，由于现实的社会主义制度并不是按照马克思、恩格斯所设想的在高生产力水平基础之上建立的，不是"以生产力的巨大增长和高度发展为前提的"，尽管中国特色社会主义制度在单位时间上表现出更快的发展能力，与西方发达资本主义国家生活水平的差距也在快速缩小，但由于国家底子薄，物质基础条件还是从根本上制约了社会主义制度优越性的发挥、优势的彰显。也就是说，马克思主义理论所阐述的应然优势，在实践中还没完全成为现实。制度优势的发挥受一国的历史文化传统、现实国情、国际环境、制度自身的成熟完善与否等各种因素制约，这决定了制度优势的比较不是一个简单的事情。当前，随着国际交往越来越广泛和频繁，制度优势的彰显越来越受国际环境的影响，制度与环境互动关系决定了制度优势发挥具有一定的相对性，尤其是一些

---

[1] 《马克思恩格斯选集》第4卷，人民出版社1995年版，第532页。

具体的体制、机制方面的制度,在这样的环境中可能是优势,在另一个环境中可能不再是优势。因此,有些制度是否具有优势一定要一分为二地看待,要将制度应有的优势与制度实际发挥的优势相区分,制度优势没有发挥出来,并不等于制度自身没有优势。同样,社会主义在东欧、苏联剧变并不意味着社会主义制度没有优越性,导致这一问题产生的原因很多,其中,西方敌对势力的"西化"、"分化"和"和平演变"发挥的作用不可忽视,人的思想认识出现问题,也会葬送社会主义事业。

其次,人认识的有限性在一定程度上制约了中国特色社会主义制度优势的发挥。由于人认识的有限性,中国特色社会主义制度从不完善到完善的探索是一个长期的曲折过程。众所周知,马克思、恩格斯只是从社会发展的内在规律方面提出两个"不可避免",即"两个必然",但什么是社会主义,怎样建设社会主义,经典作家给予的知识有限,而实际情况复杂,需要后人在实践中探索。中国建设社会主义的曲折历史告诉我们,社会主义制度的建设是一项艰巨而复杂的任务,由于受人的认识的制约,我们曾走过弯路,受过挫折,并将非本质的东西当作本质的东西来看,没有将决定制度性质的根本制度与不体现制度本质的具体机制与体制等不同等级层次的制度区分开来,将计划与市场两种不同的手段,当作反映两种不同性质制度本质特征的东西来看,并将它们对立起来,使得社会主义建设遭受了波折。邓小平曾指出:"社会主义是一个很好的名词,但是如果搞不好,不能正确理解,不能采取正确的政策,那就体现不出社会主义的本质。"[①] 此外,随着社会的发展,资本主义制度为了延续自身的生命,吸收了社会主义制度一些好的做法,社会主义制度也不断借鉴资本主义制度促进自身的发展,两种不同制度的相互借鉴,增加了人们对二者区分的难度,也增加了二者比较的复杂性。而且,中国也出现了在马克思看来,只有在资本主义制度的社会才会出现的一些社会丑恶现象,比如,黄、赌、毒的泛起,各种社会道德事件也不断冲击着社会道德底线。此外,贫富差距的拉

[①] 《邓小平文选》第2卷,人民出版社1994年版,第313页。

大、社会不公、官员贪腐等社会现象的存在，阻碍了人们对中国特色社会主义制度优势的认识。同样，对于资本主义制度，人们的认识也常常是停留在表象上，无法透过现象看本质，只看到资本主义社会表面的繁华，看不到繁华后面隐藏的危机，只有当资本主义这种危机周期爆发后才会唤醒人们对资本主义制度的反思意识和批判意识。因此，人主观认识的有限性，一方面要求我们加强对社会主义建设规律的认识，提高中国特色社会主义制度的科学性；另一方面，在强调辩证地看待资本主义制度历史作用的同时，也要引导人们正确认识当代资本主义的新变化。虽然当代资本主义已不同于原始资本主义，但其根本属性并没发生变化，要通过科学理论揭示资本主义制度不变的本质，阐明社会主义制度优势一定会随着生产力这个条件的充分发展而必然充分彰显。中国特色社会主义制度从理论上来讲代表着制度历史发展的必然方向，作为社会主义性质的制度还具有未来发展优势。马克思、恩格斯在《共产党宣言》中庄严宣称，"资产阶级的灭亡和无产阶级的胜利是同样不可避免的"。[①]这两个"不可避免"是马克思主义在充分考察资本主义内在矛盾基础上得出的，社会化大生产与资本主义生产资料私有制之间的矛盾是资本主义制度不可克服的，只要社会化大生产这一社会现实不发生变化，资本主义私有制一定会成为资本主义制度发展的桎梏，作为资本主义制度罪恶根源的东西就会不时暴露出来，社会主义制度的替代优势最终得以充分体现。对于马克思主义这个结论的科学性，列宁指出："正像一个自然科学家已经知道某一新的生物变种是怎样产生以及朝着哪个方向演变才提出该生物变种的发展问题一样。"[②] 当前，在中国特色社会主义制度的优势尚未充分发挥的情况下，基于科学社会主义的科学性，引导人们通过深刻理解社会发展规律，坚定人们中国特色社会主义制度优势的信念是一个科学的方法。社会主义从科学的理论变为现实的国家制度实践后，已经在一定历史时期和一些领域显示出其强大的制度优势，在未来，随着生

[①]《马克思恩格斯选集》第1卷，人民出版社1995年版，第284页。
[②]《列宁选集》第3卷，人民出版社1995年版，第187页。

产力的发展，这一制度将焕发出更旺盛的生命力。中国特色社会主义制度只要坚持发展成果由人民共享，就能使生产力发展目标逐渐与社会主义核心价值相契合，相对于资本主义制度的优势就会更加明显，社会主义的巨大优越性也必将越来越充分地显示出来。

第五节　中国特色社会主义制度的舆论引导教育

舆论斗争是当前思想斗争的新特征，制度能够获得人们认同，不仅需要制度"做"得好，还要制度"说"得好。好的制度需要好的舆论宣传。舆论是群体意志的反映，认同形成的内在机制决定了舆论是影响认同的重要因素，因此中国特色社会主义制度认同教育不仅要重视制度的正面宣传，还要重视制度的舆论斗争。制度认同的舆论引导教育是争夺制度意识形态话语权、获得制度思想领导权的重要途径，舆论阵地的丧失意味着思想领导权的丧失。因为舆论可以影响人们的思想认识，改变认同的状态。舆论引导是掌握社会思想的一种方式，它体现了制度认同教育的开放性，舆论引导教育的特点是教育对象即认同主体的开放性、教育内容的开放性以及教育环境的开放性。舆论是社会的思想场，它能够集中反映社会的思想状态，因此，掌握了舆论也就掌握了社会思想。毛泽东曾指出，"掌握思想领导是掌握一切领导的第一位"，① 而思想政治教育的本质在于"思想掌握群众"，② 无论是从舆论对制度认同的重要意义来看，还是从思想政治教育的本质来看，制度认同的舆论引导教育不能忽视。舆论引导通过消除不真实信息或人们不安的心理状态，来实现思想政治教育的功能。当前，世界不再依靠武力征服，而以软实力征服为特征。舆论的引导能力成为一个国家软实力的重要表现，因此，没有一个国家不重视舆论的引导，制度认同教育同样离不开舆论。大众媒介对舆论的引导教育效果得益于有效的方式方

---

① 《毛泽东文集》第2卷，人民出版社1993年版，第435页。
② 骆郁廷：《思想政治教育的本质在于思想掌握群众》，《马克思主义研究》2012年第9期。

法，通过舆论建构制度认同，重视舆论争锋、增强舆论的话语优势、创新舆论传播手段是提升制度认同舆论引导教育效果的有效措施。

一 舆论建构制度认同

认同理论因研究取向不同，从而形成有差别的认同理论。伯克的认同控制理论认为，每一个认同都是带有四个组成部分的控制体系，由认同标准、输入、比较器和输出四个主件构成。[1] 认同标准界定了个体在一个特定情境中"作为谁"的意义。输入是一种认知，指在特定情境中个体如何看待自身的意义。比较器的作用是将输入的意义与认同标准中的意义进行比较并记录两者的差异。输出关注的是认知与认同标准之间的差值。如果人们发现他们在一个情境中的意义与认同标准一致，即差值为零，人们就会继续他们的行动；如果差值不是零就会改变他们的行为以消除不一致，使得差值趋于零。认同控制理论认为，每个认同都是一个控制体系，通过不断地控制情境中的认知使之与认同标准协调一致。[2] 伯克的认同控制理论说明，认同通过控制体系可以维持，也可以再造。消除人们对制度意义的认知与制度实际意义之间差值的过程实质就是建构制度认同的过程。人的观念因素是制度认同得以建构、维系的重要因素，当制度与人们的观念较为契合时，制度认同就比较容易形成或维系。

舆论的实质是群体观念的表达，它是人们与制度互动后输出意见汇聚后的结果。舆论代表了制度认同的社会现状，因此，可以说舆论是制度认同状态的风向标，一个社会中占主流地位的制度思想，只有成为舆论的主导话语，才能通过舆论影响人们的观念，使得人们朝着制度要求的方向发展。根据伯克认同控制理论所提供的分析方法，舆论引导是对认同控制体系的一种干预，舆论引导关注认知与认同标准之间的差值，通过宣传、说服、灌输等方式向人们

---

[1] Burke, P. J., "Identity Control Theory", In G. Ritzer (ed.), *The Concise Blackwell Encyclopedia of Sociology*, Malden, 转引自吴作富《社会心理学视野下的两种认同理论：整合抑或分立？》，《南京师大学报（社会科学版）》2010年第5期。

[2] 参见吴作富《社会心理学视野下的两种认同理论：整合抑或分立？》，《南京师大学报（社会科学版）》2010年第5期。

传递认同标准界定的意义来影响舆论观念，消除认同主体观念中输入意义与认同标准意义之间的差异，只有两者之间的差异趋于零时，认同才有可能产生。根据认同控制理论，认同的建构强调情境性的互动，以及意义在互动中的塑造和阐释。制度认同的形成与社会情境的优化有着紧密的关联，社会情境对人们的情感、认识具有感染性，舆论所带来的情境化刺激是认同形成的外在因素之一，舆论引导就在于优化那些给制度认同带来负面效应的社会舆论情境，并通过优化舆论情境发挥社会情境对人们认同形成的影响力和控制力，将社会情境化环境想要传递的制度思想观念植入人们的前理解中。舆论引导实际上就是创造了一种互动的情境，通过这种互动来影响和支配集体的情感和态度。如果将中国特色社会主义制度表达的意义视为特定情境中所界定的认同标准，这一制度意义就是制度认同建构的标准，当人们对制度的体验与想象和制度传递的意义之间有差异时，舆论引导就根据舆论的现实状态采取相应的策略来影响和改变人们对制度的认识，如果舆论引导所传递的制度意义成为舆论主导话语时，舆论与制度认同主体之间的互动就建立起来了。舆论引导的实质是通过影响多数人群体实现对个体或少数人群体的影响，舆论是群体评价和情感的重要来源，也是人们进行自我反思、减少自我认知的不确定性、获得自我概念的重要方法。个体观念容易受群体观念的影响，根据社会认同理论，人们常常通过某种认同获得一种归属，为了实现这种归属，人们会根据自己想融入群体的认同观念来修正自己的认同观念。舆论代表了一种社会观念的认同状态，根据舆论形成心理机制，当人们发现自己与舆论状态不一样时，为了自己不被社会孤立，从众心理就会形成，"沉默的螺旋"[①]效应也会形成，因此，舆论能够成为制度认同的心理驱动机

[①] "沉默的螺旋"由德国女舆论学家诺埃勒·诺依曼提出。诺依曼强调人的社会天性，为防止交往中的孤立，人总是寻求与周围关系的和谐。这样，就形成一种"沉默的螺旋"现象：当人们感觉到自己的意见（可能是一种新的意见，或者是一种业已存在的意见）属于"少数"或处于"劣势"时，遇到公开发表的机会，可能为防止孤立而保持"沉默"。意见一方的沉默造成另一方意见的增势，如此循环往复，便形成一种一方越来越强大，另一方越来越沉默下去的螺旋发展过程。参见陈力丹《舆论学——舆论导向研究》，上海交通大学出版社 2012 年版，第 176 页。

制,舆论通过影响人们的心理状态来影响人们的认同状态。舆论塑造认同的功能,使得舆论建构和制造制度认同成为可能。

当前,网络的开放性、互动性,使得制度认同的舆论建构、改变相比传统更加容易,网络造就了一种新的舆论形态,也决定了社会治理的新思维。当前,网络是各种舆论的集散地、发源地,网络舆论形成的特殊性,决定了必须增强制度舆论的敏锐性,强化对制度舆论的主导和控制意识。当前,西方资本主义国家利用技术优势,在国际上左右着制度的表达权和传播权,西方资本主义通过不断美化甚至神化资本主义制度形象,歪曲和诋毁社会主义制度,误导舆论,制造资本主义制度认同。由于西方发达资本主义国家控制着国际舆论,中国的制度形象在很大程度上是由西方来定义的,这种定义不仅影响国际对中国制度的认知,也影响国内人们甚至是国内知名学者对中国制度的认知,人们习惯用西方制度的标准来衡量和评判中国制度的优劣,因此,在当前国际较少使用武力改变认同的背景下,舆论作为政治斗争的手段的重要性凸显出来,舆论成为控制和影响制度认同的重要方式。依据认同控制理论,当前控制了舆论,实质就控制了制度认同的标准、输入,进而影响认同的比较器和输出。如果中国特色社会主义制度在国际舆论中不能让世界听到自己的声音,就会失去国际舆论这个重要的阵地,国际舆论的失声不仅不能改变两种制度的影响力在国际环境中的对比,还有可能导致国内制度舆论话语权的丧失。有学者指出,中国特色社会主义制度建设中存在的问题之一,就是"制度宣传重视不够,导致人民群众对制度的了解、接纳程度不够"[1]。在当前信息技术下,加强制度宣传和舆论引导的现实意义尤为突出,舆论的形成依赖信息的产生和传播,信息的传播成为舆论形成的重要方式,而且网络技术使信息的传播突破了国家地理边界,信息的无边界意味着谁占有信息的主导权和传播权,谁就控制了舆论和掌握了舆论话语权。因此,深刻认识舆论引导教育对制度认同的重要意义,牢牢掌握国内舆论

---

[1] 肖贵清等:《中国特色社会主义制度基本问题研究》,人民出版社 2013 年版,第 14 页。

思想领导权并加强国际舆论引导就成为当前制度认同教育的重要方式。

二 重视制度的舆论交锋

舆论交锋是对争辩性、对立性舆论内容进行舆论引导的一种方式，中国特色社会主义制度与资本主义制度的对立决定了制度认同离不开与资本主义制度的话语交锋，舆论交锋是有效舆论引导不可缺少的环节。制度的舆论交锋是制度舆论引导中话语双方语言的"对对碰"，是价值激荡和交锋的表现。在舆论斗争中，重视制度的舆论交锋能实现有针对性的制度认同引导，能够防止自说自话、独白式认同教育状态的出现。

社会主义与资本主义的长期并存，决定了思想斗争的尖锐性和长期性。中国特色社会主义制度与资本主义制度之争，决定了两种不同性质制度的意识形态之争，是两种制度通过争夺思想实现争夺群众的斗争。对于思想领域斗争的重要性，尼克松深刻地认识到决定历史的归根到底是思想而不是武器，他认为："如果我们在意识形态斗争中打了败仗，我们所有的武器、条约、贸易、外援和文化关系都将毫无意义。"[①] 意识形态是维护制度的重要思想力量，为了巩固资本主义制度，资本主义国家通过意识形态的操纵加强了对人们思想的控制。约翰·B.汤普森在《意识形态与现代文化》一书中，将资本主义意识形态的运行分为五种运行模式："合法化"、"虚饰化"、"统一化"、"分散化"和"具体化"。[②] 其中"合法化"和"虚饰化"的运行模式正是我们熟悉的马克思对资本主义意识形态虚伪性的揭示："合法化"模式即资本主义意识形态将服务于资产阶级的利益安排描述为服务于普遍人的利益；"虚饰化"操作法就是"通过掩饰、否认或含糊其词、或者对现有关系或进程转移注

[①] [美] 尼克松：《1999：不战而胜》，世界知识出版社 1989 年版，第 96 页。
[②] 参见 [英] 约翰·B.汤普森《意识形态与现代文化》，凤凰出版传媒股份有限公司、译林出版社 2012 年版，第 67 页。

意力或加以掩盖的方式来建立和支撑"。①舆论引导是资本主义实现其意识形态运行目的的重要方式，通过舆论的欺骗实现对资本主义制度的普遍认同，从而挽救资本主义的认同危机。针对社会主义制度的舆论攻势事实上构成资本主义意识形态的另一操纵策略，即"分散化"运作方式，其中与之有关的谋略称为"排他"，即"构造一个敌人，不论是内部的或外部的，它被描写为邪恶、有害或可怕，它被要求人们一起来抵制或排除"②。长期以来，西方发达资本主义国家不断树立社会主义这一对立的"他者"，通过渲染"他者"的威胁或邪恶来强化国内制度认同。二战刚结束，以英美为首的国家就极力渲染"苏联威胁论"，英国首相丘吉尔的"铁幕"演说，拉开了东西方"冷战"的序幕。当苏联这面红旗倒下，"他者"威胁消除，资本主义在欢庆自身胜利的同时，也不得不开始面对自身制度所带来的问题。为转移国内矛盾，资本主义社会再次"通过为对付外来威胁而动员起来的方式，使国内显示出一种在工业文明的先前阶段闻所未闻的联合和团结"③。中国作为正在崛起的最大的社会主义国家，成为西方为加强内部团结而人为主观建构的具有威胁的"他者"。西方发达国家从制度意识形态出发，在国际上极力渲染"中国威胁论"，将中国视为潜在的最有威胁的敌人进行抵制和压制，将中国的崛起看作对他国的威胁，将中国的崛起与"霸权扩张"联系起来，不时抛出各种言论对中国进行丑化或制造"中国威胁论"，并用越来越隐蔽的话语方式对中国进行西方制度思想和价值的渗透，企图通过制造思想认识的混乱来实现"分化"和"西化"中国的目的。

西方资本主义通过操作舆论塑造本国公民认同的同时，也试图塑造异质制度国家公民对资本主义制度的认同。西方资本主义利用自身的经济实力和话语优势，精心打造各种议题，牢牢掌握国际公

---

① ［英］约翰·B.汤普森：《意识形态与现代文化》，凤凰出版传媒股份有限公司、译林出版社2012年版，第69页。
② 同上书，第72页。
③ ［美］赫伯特·马尔库塞：《单向度的人——发达工业社会意识形态研究》，刘继译，上海译文出版社2008年版，第19页。

共舆论的主导权与控制权，通过"文化全球化"、"普世价值"、"市场万能论"等各种形式的话语包装，试图将自己的话语变成世界的话语，将自己所信奉的意识形态变成世界的意识形态，换句话说就是"它按照自己的面貌为自己创造出一个世界"①。西方敌对势力常常利用舆论斗争来激发人民内部的矛盾，并将矛盾指向中国特色社会主义制度。我国以公有制为主体、多种所有制经济共同发展的基本经济制度，决定了我国国内制度认同思想状态的复杂性。不同的所有制经济形式，代表着不同利益群体的思想，这些不同利益群体的思想意识在现实生活中也会以不同的方式表现出来，各种思想除了进行碰撞、交流、交融还形成一定的思想对立，并在舆论上经常呈现出分化，但这些不同利益群体之间存在的思想矛盾和斗争，属于人民内部的矛盾，不同于敌我之间的矛盾斗争，不同性质的舆论斗争交织在一起，使得国内制度意识领域的思想意识状况更加复杂。

舆论引导是掌控社会思想的一种方式，中国特色社会主义制度的宣传必然要利用好舆论这一思想斗争方式，针对西方资本主义对中国制度的舆论攻击，必须予以及时有力的回击。在舆论交锋中要利用好资本主义制度的内在矛盾，坚持理论联系实际的方式增强舆论交锋的说服力。对于资本主义制度的批判不能是教条主义的、形而上学的，"应当力求用辩证方法。要有科学的分析，要有充分的说服力。教条主义的批评不能解决问题"②。当前，资本主义制度表现出的种种危机，再次唤起了人们对资本主义制度的反思，这为世界重新认识马克思主义、重新认识社会主义制度实践提供了新的历史机遇，也为中国特色社会主义制度有效地统筹国际和国内两个舆论场提供了说服力很强的事实材料，为制度的舆论交锋提供了最为有效的论证材料。无论是金融危机、"占领华尔街"，还是欧债危机、政府破产，都是资本主义制度内在矛盾的表现，资本主义制度的输出在东欧和拉美遭遇的经济和政治问题，都在一定程度上动摇

---

① 《马克思恩格斯选集》第1卷，人民出版社1995年版，第276页。
② 《毛泽东文集》第7卷，人民出版社1999年版，第233页。

了资本主义制度的自信，也在一定程度上表现了资本主义制度意识形态的失灵。资本主义国家的这些表现，越来越像马克思所指出的："当前社会的交往形式以及统治阶级的条件同走在前面的生产力之间的矛盾愈大，由此产生的统治阶级内部的分裂以及它同被统治阶级之间的分裂愈大，那末当初与这种交往形式相适应的意识当然也就愈不真实，也就是说，它不再是与这种交往形式相适应的意识了；这种交往形式中的旧的传统观念（在这些观念中，现实的个人利益往往被说成是普遍的利益）也就愈发下降为唯心的词句、有意识的幻想和有目的的虚伪。"[①] 当前资本主义国家表现出的种种矛盾，意味着资本主义社会交往形式以及统治阶级的条件同走在前面的生产力之间的矛盾增大，意味着当初与这种交往形式相适应的意识不再与目前的交往形式相适应了，并越来越表现出其虚伪的一面。但由于资本主义意识形态的欺骗性和生产力发展对资本主义国家阶级矛盾的缓和等表象掩盖了资本主义制度本质，再加上社会主义思想与资本主义思想所占据的平台不同，所拥有的话语资源不同，在思想领域的影响不同，导致人们对资本主义制度本质认识的模糊。在资本主义国家内部，资本主义虚假的意识形态已植入人们的日常生活中，并内化到人们的日常意识中，将人们变成了马尔库塞所批判的单向度的没有了反抗精神的人。与此同时，西方资本主义不断抛出针对中国特色社会主义政治制度的各种议题，利用自身的宣传优势及其培植的政治代言人，大肆攻击中国特色社会主义政治制度，对人们进行各种舆论误导。

从第一个社会主义制度国家建立起，社会主义制度与资本主义制度之间的博弈与争锋就没有停止过，为了从思想上瓦解社会主义制度，资本主义从不吝啬其宣传机器，批判与反批判也就成为两种制度斗争的舆论常态，舆论争锋成为夺取舆论控制权的必要方式。列宁曾指出，无产阶级思想政治工作的基本任务之一"就是用我们的真话来揭穿资产阶级的'真话'，并使人们承认我们讲的是真

[①] 《马克思恩格斯全集》第3卷，人民出版社1960年版，第331页。

话"①。列宁这句话揭示了思想交锋在思想政治教育中的任务，同时也能借以说明舆论交锋的目的就在于用我们的真话来揭穿资本主义制度的"真话"。在争夺舆论的过程中，我们不可避免地要与资本主义抛出的各种思想观点、各种议题进行针锋相对的思想斗争和舆论斗争。在进行舆论争锋时，要区分不同性质的舆论斗争，对敌我之间的舆论斗争，既要辩论说理，也要专政。对于属于人民内部矛盾的舆论斗争，只能通过批评和说服的方式，而不能用专政的、压制的方式。在舆论争锋的过程中，尤其是要重视敌我之间的舆论争锋，针对各种攻击、诽谤党的领导和抹黑社会主义的言论进行抵制与澄清。制度认同离不开人们的日常体验和感受，离不开受教育者的认知状态，更离不开利益这一根本问题，对人民内部矛盾性质的舆论争锋，必须从影响人们切身利益的问题入手，将利益问题作为解决人们思想问题的切入点，并抓住各种有利时机，及时提出有说服力的理由和解释，增强舆论交锋的说服力，把握舆论引导的适度性，防止过犹不及，才能为人们所欣然认同和接受。

三　增强制度的话语优势

话语优势是指在话语较量中，某一方话语获得能够压倒另一方话语的一种态势。制度话语优势实际是一种基于经济硬实力之上的软实力优势。在多元化社会共存的时代，那种诉诸武力来维护某种认同的方式再也行不通了。在现代社会交往中，对某一观念、思想的维护和肯定往往是建立在话语权的基础上。话语优势影响和决定话语权，与此同时，话语权的大小也影响话语优势的发挥。话语权是软实力的体现，在制度话语的博弈中，哪种制度能够获得话语优势，除了经济实力做基础外，很大程度是由制度所包含的思想、观念、价值等对他人所产生的吸引力和感染力大小决定的，这种吸引力和感染力的大小决定了话语权的大小。因此，制度话语是否具有优势决定了制度话语权的大小，决定了制度对他人的影响力，也决定了制度的国际地位。增强中国特色社会主义制度话语优势的目的

---

① 《列宁专题文集　论社会主义》，人民出版社2009年版，第170页。

就在于增强表达自己的能力，增加引导舆论的力量和舆论的聚合效应，让更多的人听到中国特色社会主义制度的"声音"。

"话语既是解释和理解世界的一种手段和方法，又是掌握和控制世界的一种工具和武器。"[1] 按照福柯的话语权理论，"人类的一切知识都是通过'话语'而获得的，任何脱离'话语'的事物都不存在，人与世界的关系是一种话语关系，因此话语权意味着一个社会群体依据某些成规将其意义传播于社会之中，以此确立其社会地位，并为其他群体所认识的过程"[2]。马克思也指出："语言和意识具有同样长久的历史；语言是一种实践的、既为别人存在因而也为我自身而存在的、现实的意识。"[3] 语言作为人们交往的产物和手段，它能够承载制度意识，传递制度意识，人们常常从话语所传递的信息中获得对制度的认识和想象。目前在资本主义制度话语占优势的前提下，增强中国特色社会主义制度的话语优势的紧迫性尤为突出。英国前首相希思认为："中国有很多想法是很好的，问题是如何让别人听到她的声音。"[4] 列宁指出："任何一个代表着未来的政党的第一个任务，都是说服大多数人民相信其纲领和策略的正确。"[5] 中国特色社会主义制度是党的纲领和策略的实践形态，说服大多数人民相信政党的纲领和策略的正确离不开好的话语，因为话语在实践中建构人们的认同。斯图亚特·霍尔认为，认同是在话语的实践中形成的，话语实践是建构认同的典型途径。[6] 随着中国的崛起，中国经济实力的增强使得中国特色社会主义制度在国际上受到越来越多的关注，但经济实力的增强，并不意味着就一定自然形成认同，好内容还需要好的话语表达。传播中国制度的好故事，让

---

[1] 刘国普：《当代中国马克思主义意识形态话语权建设研究》，博士学位论文，华南理工大学，2014年，第1页。
[2] 陈越：《政治与哲学》，转引自韩健鹏《当代西方意识形态新变化对中国意识形态安全的影响与对策》，博士学位论文，吉林大学，2012年，第139页。
[3] 《马克思恩格斯选集》第1卷，人民出版社1995年版，第81页。
[4] 刘洪潮、蔡光荣：《外国要人名人看中国》，中共中央党校出版社1993年版，第188页。
[5] 《列宁选集》第3卷，人民出版社1995年版，第476页。
[6] 参见樊义红《从本质的认同论到建构的认同论》，《武汉科技大学学报（社会科学版）》2012年第2期。

更多的人听到中国制度的好声音,展示中国制度的好形象,需要更好的话语表达。

当前,西方资本主义凭借自身的话语优势让自己始终处于"言说者"的地位,并根据自己的利益需要,塑造着"被言说者"。资本主义制度历史悠久,资产阶级思想体系的渊源比社会主义思想体系更为深厚长远,无论是概念的创新、话语逻辑,还是价值观和意识形态基础,资本主义加工得已非常全面,因而一直在国际舆论上占据话语优势,把持着话语权,并将自己的话语变成世界的话语,从而建构了一个符合自身利益的世界秩序。在资本主义话语体系的逻辑思维下,国际舆论在很大程度上被西方主流媒体控制着,并左右着世界各国对中国舆论的感知。西方主流媒体经常制造各种话题,对中国形成种种舆论高压态势,中国作为一个"被言说者",常常处于舆论的被动局面。因此,如何脱离别人话语体系的逻辑,主动发出自己的声音,形成自己的话语优势,免于落入西方资本主义设下的种种话语陷阱,需要我们转变话语的思维立场,建立以我发声为主的话语战略。

建立以我发声为主的话语战略,要坚持从中国实际出发,构建人们容易接纳的中国特色社会主义制度话语体系。影响制度话语优势形成的因素很多,因为"话语包含的诸种要素和特性,如概念的创新、话语逻辑、说服力、价值观和意识形态基础等"[①]。虽然中国特色社会主义制度所创造的制度绩效为增强制度话语优势奠定了一定的话语基础,但基于话语所包含的丰富内涵,相比资本主义制度话语体系的完善性与丰富性,需要做的努力还很多,比如制度理论的创新、制度核心价值观的表达和凝练等,有了好的内容,还需好的话语方式,比如话题的选择、话语载体形式都是影响话语优势形成的重要因素。因此,制度的话语优势需要通过优化制度话语内容、改进话语表达方式等,来提高话语表达能力和话语传播能力,准确反映和解释我国的制度思想和制度实践。具体而言,在话语内容上,尤其要针对资本主义制度话语优势所依赖的三大制度内容,

---

[①] 张志洲:《话语质量:提升国际话语权的关键》,《红旗文稿》2010年第14期。

即"普选制"、"多党制"、"私有制",针锋相对地建立与之相对应的能够体现中国特色社会主义制度优势的话语体系来提升制度话语优势。斯图亚特·霍尔认为:"认同的话语实践绝不是单一或统一的,往往跨越了许多不同的、复杂的甚至互相敌对的话语实践。"[①]认同话语实践的敌对性,要求我们在加强自身话语优势的同时,也要关注话语对手的话语实践,但绝不意味着我们被别人的话语体系牵着鼻子走。近年来,我国加强了对西方话语的研究,增强了在国际上制度话语的交流、交融与交锋,但仍迫切需要加强自身话语创新的自觉性,在打造融通中外新概念、新范畴、新表述的过程中,形成具有中国特色的制度话语传播内容体系,通过话语创新增强制度的阐释力、吸引力,学会用自己的话语体系化解他人抛出的别有用心的议题,由被动发声转化为主动发声,引导人们从当前众所周知的材料和事例中进行更深入的制度思考,通过批判与建构的双重逻辑来确立中国特色社会主义制度的话语优势,增强制度舆论引导的效果。在话语表达方式上,要善于运用国内外易于理解和接受的表达方式传播中国制度思想。制度话语能否"接地气",也是影响制度话语优势的重要因素,列宁提出要用人们日常生活熟悉的简单、明了、易懂的话语来提高宣传工作的效果,他强调,要"坚决抛弃难懂的术语,外来语,背得烂熟的、现成的但是群众还不懂、还不熟悉的口号、决定和结论"[②]。运用百姓话语、大众话语进行制度思想和价值的表达,使其达到能为老百姓接受、理解的程度是提高制度话语优势的一个重要方面。关注百姓话语的根本目的在于让制度思想变得容易理解,能够与百姓产生情感共鸣,这样才能入百姓的"脑"和"心",才能成为人们日常的制度意识。接受理论告诉我们,在进行舆论引导时,不仅要关注进行舆论引导的一方,还要关注被引导的一方,要求将关注的重心从引导一方转移到被引导的一方,研究被引导一方如何接受所传递的信息,是提高舆论引导效果非常重要的一面。因此,制度话语优势的建构要注重制度话语

---

① 转引自樊义红《从本质的认同论到建构的认同论》,《武汉科技大学学报(社会科学版)》2012年第2期。

② 《列宁全集》第14卷,人民出版社1988年版,第89页。

与人们日常意识的联系，注重制度话语环境的变化，进行有效的议程设置。议程设置产生效果是有条件的，只有与人们的兴趣相关度高的议程才会被关注。因此，要特别注意制度议程设置与公众议程的相关性。比如，当前各国文化交流日益频繁，这为制度思想和价值的传播提供了良好的外部环境，那么制度话语就不能离开文化的话语，不能离开人们日常的文化生活，制度文化是制度生长的土壤，通过制度文化间接地进行制度舆论引导，要优于通过制度信息直接传递的舆论引导。文化对制度舆论的影响是潜移默化的，它能在不知不觉中实现对舆论的支配作用，它的隐性教育功能、情感教育功能有利于形成积极的舆论氛围。话语优势需要话语的艺术，而文化能够体现话语的艺术，因此，制度思想和价值要搭上文化传播的便车，将制度显性宣传转换成隐性宣传，通过文化议程的设置，不仅要实现文化传播的工具价值，还要通过文化的非工具价值，即思想价值或实质价值，让人们了解中国特色社会主义制度所蕴含的独特思想和价值传统，这样会大大增强制度议程的传播效果。

此外，文化还有利于建构中国特色的制度话语优势。首先，制度具有文化的质地，"文化是制度之母"[1]，文化与制度的内在逻辑关系，决定了制度不能脱离文化的支持，文化有助于实现制度认同。文化既是影响制度认同的外在环境因素，又是制度内在结构因素。"法律必须适合社会文化和被普遍接受的法律模式。"[2] 文化是制度获得认可的天然的社会心理，制度只有契合了人们的思维模式和文化心理，才能对制度认同产生非常深刻的甚至是决定性的影响。文化是人们理解制度的一个维度，一个好的制度必然是承载了本民族优秀传统文化的制度。中国特色社会主义制度的形成是从中国历史、文化和现实条件出发探索出来的，它坚持以马克思主义为指导，坚持制度文化的民族性，中国特色社会主义制度的文化根基，使得中国优秀传统文化成为中国特色社会主义制度认同的强大

---

[1] ［美］塞缪尔·亨廷顿、劳伦斯·哈里森：《文化的重要作用：价值观如何影响人类进步》，新华出版社 2002 年版，第 119 页。

[2] ［英］罗杰·科特威尔：《法律社会学导论》，潘大松译，华夏出版社 1989 年版，第 67 页。

的文化心理支撑，它能激发人们内在的制度情感，引起人们思想和情感的共鸣，从而成为制度认同教育的优势话语。其次，通过文化来建构制度话语优势，不仅因为制度具有文化的质地，能够契合本民族人民的思维模式和文化心理，影响本民族人民的认同，还在于文化已成为一种影响他者认同的重要力量来源。文化是实现他者对中国特色社会主义制度认同的一个路径。德国学者哈贝马斯曾指出："认同以对可领会性、真实性、真诚性、正确性这些相应的有效性要求的认可为基础。"① 基于文化构成制度可领会性的基础，中国传统特色文化才能具有对中国特色社会主义制度的各种错误观点或各种思想困惑的澄清功能。不同的制度有着不同的制度文化，中国传统文化特色孕育了中国的制度文化特色，中国传统文化有着区别于西方竞争性文化的独特性。中国传统文化思想历来强调"求同存异"、"和而不同"，这些传统文化思想要求制度遵循世间万物有别的规律，同时又要强调万物之间的普遍联系，要求在制度差异中寻求世界各国制度之间的和谐共生。中国优秀传统文化强调差异性认同，而"对差异的调和是真正的平等的本质"②。基辛格在《论中国》一书中指出中国与美国传经布道式观念不同，"中国不试图改变他国的信仰，不对海外推行本国的现行体制"③。中国在对外交往中，从历史上看就存在不试图改变他国的信仰，不对海外推行本国的现行体制的历史传统，这其实就是中国"和而不同"思想在国际交往关系中的自觉运用。中国优秀传统文化是滋养中国特色社会主义制度的精神资源，只有阐明中国特色社会主义制度扎根于中国"和合"传统文化，让他人了解中国优秀传统文化的独特内涵，了解中国"强者不劫弱，贵者不傲贱，多诈者不欺愚"④ 的传统兼爱

---

① [德] 尤尔根·哈贝马斯：《交往与社会进化》，张博树译，重庆出版社1989年版，第3页。
② Andrews V., *Law Society of British Colunbia* (1989) 10C. H. R. R. D. /5719 (S. C. C.)，转引自 [美] 塞拉·本哈比（Seyla Benhabib）主编《民主与差异：挑战政治的边界》，黄相怀等译，中央编译出版社2009年版，第150页。
③ [美] 亨利·基辛格：《论中国》，中信出版社2012年版，序Ⅵ。
④ 《墨子·兼爱中》，转引自李泽厚《中国古代思想史论》，天津社会科学出版社2003年版，第54页。

文化思想，才能更有信服力地说明为什么中国的崛起必然是和平崛起；才能说明中国的发展是一种合作共赢的发展，而不是一种排他的发展；才能获得他者的信任，让国际社会对中国历来秉承国家不分大小、强弱、贫富的民主平等外交政策有更深刻的理解，使各种"中国威胁论"不攻自破。

普适与差异是当前政治理论关注的核心问题，也是全球化进程中所面临的问题。当今世界各国在强调自身特色发展的同时，也越来越关注与世界其他国家的协调，谋求一种融入世界秩序的发展与进步，而世界秩序的维系离不开大家共同认同的意义。中国优秀传统文化作为一种认同力量，有利于引导世界从普遍性制度认同向多样性制度认同、差异性制度认同转变，从而形成中国制度在国际上的话语优势。"和而不同"强调尊重差异，包容多样，这种文化思想实际上在自我认知中包含了对他者的认知，体现了差异性制度认同的特征，体现了对各国自主选择社会制度和发展道路权利的尊重。有学者指出，仅就国际关系而言，存在着三种不同的境界：第一种是依靠强权造就的国际秩序。这种凭借外力由强迫与高压方式造就的秩序是最不稳定的，形成了一个易于相互冲突与战争的世界。第二种是基于收益成本比较下的利益核算和理性选择。这种工具主义性质的考量，使得一旦服从规则的代价超过收益，行为体就会改变行为方式。第三种是由集体认同维系的国际秩序。这种认同是经过长期的良性互动建构起的互信集体认同，这种集体认同将自我的认知界限延伸开来，包含了他者。在集体认同构筑下形成了一个良性的、高水平的、持久和平与稳定的和谐世界。① 当今世界需要一个互信的集体认同，中国"和而不同"的思想展示了中国认同视野的独特性，这种独特的文化视野契合全球化和现代化进程中世界各国制度相互认同的需求，能够指导世界构建起良性互动互信的集体认同，因而具有独特的话语影响力，容易被世界各国人民所认同，从而形成中国特色的制度话语优势。

---

① 参见封永平《大国崛起困境的超越：认同建构与变迁》，中国社会科学出版社2009年版，第259—260页。

四 创新制度大众传播手段

关于大众传媒对公众思想的影响，美国传播媒介评论家本·巴格迪有过一段精辟的阐述："大众传媒在任何时刻都成了判断真与假、现实与虚构、重要与琐细的权威，在形成公众观念上，没有比这更强大的力量；甚至残暴的力量也只有通过创造一种接受残暴者的态度才能获得胜利。"[①] 可见，大众传媒对人们观念的影响力量之大，因此，制度的舆论引导离不开媒介，尤其离不开大众传媒。将创新大众传播手段作为一个独立的话题提出，并不仅仅在于提升制度话语优势，还在于大众传媒已成为意识形态不可分割的部分。汤普森认为：第一，现代社会中的意识形态分析必须把大众传播的性质与影响放在核心位置，虽然大众传播不是意识形态运作的唯一场所。第二，大众传播的发展大大扩大了意识形态在现代社会中运作的范围，因为它使象征形式能传输到时间与空间上分散的、广大的潜在受众。第三，我们不能只通过分析传媒机构的组织特征或传媒信息的特点来分析大众传播的意识形态性质；传媒信息也必须联系它们被接收它们的人所取用时的具体背景和过程加以分析。第四，大众传播的各种媒体，以及它们造成和支持的准互动的性质，界定了这些媒体所传输的信息具有意识形态性质的广泛参数，但它们并不构成这些信息是意识形态的。[②] 大众传播与意识形态的关系，决定大众传播必然是政治社会化的重要工具。

传播理论有个著名的观点，即"媒介即讯息"，它强调媒介技术对讯息的决定作用。不同的传播技术，决定了讯息的不同呈现方式，也决定了不同的舆论效果。当前互联网络的广泛应用，不断催生出新的大众传播方式，尤其是一些微博、微信等新型传播手段的出现，正在悄然改变着舆论生态，发挥着重要的舆论导向和思想动员作用。网络作为人们获取和交换信息的主要载体，拥有众多的受

[①] 转引自龙小农《从形象到认同——社会传播与国家认同建构》，中国传媒大学出版社 2012 年版，第 199 页。

[②] ［英］约翰·B. 汤普森：《意识形态与现代文化》，凤凰出版传媒股份有限公司、译林出版社 2012 年第 2 版，第 286—291 页。

众，网络的特殊地位及网络舆论的复杂性，决定了国家绝不能忽视网络舆论的引导教育。根据中国互联网络信息中心（CNNIC）在京发布的第36次《中国互联网络发展状况统计报告》的数据，截至2015年6月，中国网民规模达6.68亿，互联网普及率为48.8%，其中手机网民规模达5.94亿，手机作为网民主要上网终端的趋势进一步明显。[①] 随着中国互联网的发展及普及，网络将拥有越来越多的网民，网络化生活成为人们生活的新常态。大众传媒的重要特点之一就是受众的普遍性，而网络新技术、新媒体的出现，相比传统媒体而言，使得网络受众的参与更为普遍和广泛，因此，网络更容易被视为一种大众媒介。网络传播手段的多样性，受众广泛性以及传播的实时性、互动性和无时空性决定了网络在大众传媒中的地位，决定了大众传媒不能没有网络思维。不同的传播技术能产生不同的舆论效果，随着网络技术的不断发展，网络的传播能力从根本上改变着社会舆论生态，新的传播技术改变了传统舆论传播的物质基础和形成机制，网络对舆论的引导力量越来越强，网络这个新场域已成为各种舆论的"发源地"和"集散地"，成为各种政治力量争夺话语权、掌控舆论主导权的新场域。

大众传媒作为意识形态传播不可缺少的载体，实质上成为国家制度意识形态的重要组成部分，影响和控制着人们的认识，大众传媒运用得如何在一定程度上决定了制度受众的多寡、制度舆论影响力量的大小。不同的大众媒介有着不同的信息内容表达形式和机制，在新技术条件下，舆论引导教育的效果取决于各种媒介之间的兼容性。因此，舆论引导能力的提升必须根据传播技术的发展，及时创新制度大众传播手段，整合各种媒介资源，才能适应传播技术日新月异的变化，保持对舆论的影响，才能保持主流媒体的舆论影响力和对舆论掌控的主动权。目前我国形成了传统媒体与新兴媒体逐渐相互整合的多层次、多方位的传媒体系，这为我国舆论引导奠定了良好的媒体平台，但是如何利用好网络媒体，实现网络媒体与

---

① CNNIC发布的第36次《中国互联网络发展状况统计报告》（http：//news. xin-huanet. com/politics/2015-07/23/c_ 128051995. htm）。

传统媒体的有效融合，还有大量的工作要做。习近平在谈到推动传统媒体和新兴媒体融合发展时强调，"要遵循新闻传播规律和新兴媒体发展规律，强化互联网思维，坚持传统媒体和新兴媒体优势互补、一体发展，坚持先进技术为支撑、内容建设为根本，推动传统媒体和新兴媒体在内容、管道、平台、经营、管理等方面的深度融合，着力打造一批形态多样、手段先进、具有竞争力的新型主流媒体，建成几家拥有强大实力和传播力、公信力、影响力的新型媒体集团，形成立体多样、融合发展的现代传播体系"。舆论引导能力是国家治理能力的重要体现，形成融合发展的现代传播体系是强化媒体舆论传播、增强舆论引导教育的重要举措，传统媒体与新兴媒体的融合发展将为创新制度的大众传播手段奠定良好的物质基础。

当前，我国官方媒体虽然在内容权威性和可信度方面优于非官方媒体，在舆论引导过程中往往能够起到正视听、扭转舆论走向的作用，但在基础设施和受众开发等方面还需进一步改进。在新的舆论格局中，为了增强官方媒体的舆论引导能力，要加大对大众媒体的技术投入，提升官方大众媒体的软、硬件设施，发挥主流传统媒体优势的同时，吸收新兴媒体的技术优势，搭建对内对外的各种舆论平台，扩大大众传媒的受众群体，净化舆论生态环境，提高官方大众传媒的信息传播能力和舆论引领能力。目前一些权威官方媒体为扩大国际传播能力，增强国际舆论影响能力，在吸引国际受众方面已做出了一些努力和尝试。例如，新华通讯社主办的中国新华新闻电视网于2009年12月31日在京举行开播仪式，并于2010年7月以"CNC World News"（中国电视网环球新闻频道）为呼号，播出了以新华社自采新闻节目为主的英语电视新闻；中央电视台更加注重"国际化"发展，于2009年成立了首个"全球视频发稿中心"；《求是》杂志也于同一时期推出了面向欧美国家的英文版；等等。[1]"新华社海外分社已达171个，驻外机构数量居世界首位。中

---

[1] 参见吴立斌《中国媒体的国际传播及影响力研究》，博士学位论文，中共中央党校，2011年，第1页。

央电视台开播 9 个国际频道,成为全球唯一用中、英、法、西班牙、俄、阿拉伯 6 种联合国工作语言播出的电视机构。中国国际广播电台使用 64 种语言对外播出,是全球语种最多的媒体机构。"[①] 这些新平台、新话语形式同样有助于中国特色社会主义制度的传播,有助于及时就制度的国际舆论进行引导,甚至可以主动设置议题,主动发声,传播好中国特色社会主义制度,使中国特色社会主义制度获得更多的理解和认同,在世界范围内产生更大的影响力。事实上,西方主要资本主义国家也普遍把加强对外传播作为传递本国价值观念、塑造国家形象、提升对外影响的重要途径。"美国之音向境外用 52 种语言进行广播,每周播出新闻等节目长达 1500 个小时。近年来,美国更是大力加强网络宣传,开办了'推特中文版',积极利用社交网络","西方四大通讯社——美联社、路透社、法新社、合众国际社占据世界新闻发稿量的 80%"[②]。这些国家通过上述媒介用自身的视野来向世界传递信息,影响国际舆论。传播力决定影响力,中国权威媒体海外传播平台和传播渠道的拓展无疑会增强中国的国际传播能力,扩大传播的受众面,同时也有利于提升国家对外话语的主导权和影响力。

[①] 《党的十八届三中全会〈决定〉学习辅导百问》,党建读物出版社、学习出版社 2013 年版,第 145 页。

[②] 同上书,第 144—145 页。

主要参考文献

一 马克思主义经典著作

1.《马克思恩格斯选集》(第1—4卷),人民出版社1995年版。
2.《马克思恩格斯文集》(第1—4、8—10卷),人民出版社2009年版。
3.《1844年经济学哲学手稿》,人民出版社2000年版。
4.《列宁选集》(第1—4卷),人民出版社1995年版。
5.《列宁专题文集 论无产阶级政党》,人民出版社2009年版。
6.《毛泽东选集》(第1—3卷),人民出版社1991年版。
7.《毛泽东文集》(第2卷),人民出版社1993年版。
8.《毛泽东文集》(第6—8卷),人民出版社1999年版。
9.《邓小平文选》第2卷,人民出版社1994年版。
10.《邓小平文选》第3卷,人民出版社1993年版。

二 国内著作

1. 封永平:《大国崛起困境的超越:认同建构与变迁》,中国社会科学出版社2009年版。
2. 马耀鹏:《制度与路径——社会主义经济制度变迁的历史与现实》,人民出版社2010年版。
3. 肖贵清等:《中国特色社会主义制度基本问题研究》,人民出版社2013年版。
4. 费孝通:《中华民族多元一体格局(修订本)》,中央民族大学出版社1999年版。
5. 骆郁廷:《精神动力论》,武汉大学出版社2003年版。

6. 周文章:《狡黠的心灵——主体认识图式概论》,中国人民大学出版社 1990 年版。

7. 郑永廷等:《社会主义意识形态发展研究》,人民出版社 2002 年版。

8. 龙小农:《从形象到认同——社会传播与国家认同建构》,中国传媒大学出版社 2012 年版。

9. 骆郁廷:《思想政治教育原理与方法》,高等教育出版社 2010 年版。

10. 程琥:《历史法学》,法律出版社 2005 年版。

11. 邓正来:《中国法学向何处去——建构"中国法律理想图景"时代的论纲》(第 2 版),商务印书馆 2011 年版。

12. 韩庆祥、亢安毅:《马克思开辟的道路——人的全面发展研究》,人民出版社 2005 年版。

13. 赵鼎新:《社会与政治运动讲义》,社会科学文献出版社 2012 年第 2 版。

14. 沈壮海:《思想政治教育有效性研究》,武汉大学出版社 2008 年第 2 版。

15. 张耀灿等:《思想政治教育学前沿》,人民出版社 2006 年版。

16. 骆郁廷:《文化软实力:战略结构与路径》,中国社会科学出版社 2012 年版。

三 国外译著

1. [英]戴维·米勒、韦农·波格丹诺编:《布莱克维尔政治学百科全书》修订版,邓正来译,中国政法大学出版社 2002 年版。

2. [澳]迈克尔·A. 豪格(Michael A. Hogg)、[英]多米尼克·阿布拉姆斯(Dominic Abrams):《社会认同过程》,高明华译,中国人民大学出版社 2011 年版。

3. [加]查尔斯·泰勒:《自我的根源:现代认同的形成》,韩震等译,译林出版社 2001 年版。

4. [德]哈贝马斯:《交往与社会进化》,张博树译,重庆出版社 1989 年版。

5.［英］德雷克·格利高里、［美］约翰·厄里编：《社会关系与空间结构》，谢礼圣等译，北京师范大学出版社2013年版。

6.［英］威廉·葛德文：《政治正义论》第1卷，何慕李译，商务印书馆2009年版。

7.［俄］伊·亚·伊林：《法律意识实质》，徐晓晴译，清华大学出版社2005年版。

8.［美］E.博登海默：《法理学——法律哲学与法律方法》，邓正来译，中国政法大学出版社2004年版。

9.［法］卢梭：《社会契约论》，何兆武译，商务印书馆2011年版。

10.［德］尤尔根·哈贝马斯：《重建历史唯物主义》，郭官义译，社会科学文献出版社2000年版。

11.［美］昂格尔：《现代社会中的法律》，吴玉章等译，中国政法大学出版社1994年版。

12.［美］赫伯特·马尔库塞：《单向度的人——发达工业社会意识形态研究》，刘继译，上海译文出版社2008年版。

13.［美］罗伯特·A.达尔（Robert A. Dahl）、布鲁斯·斯泰恩布里克纳（Bruce Stinebrickner）：《现代政治分析》，吴勇译，中国人民大学出版社2012年第6版。

14.［美］夸梅·安东尼·阿皮亚：《认同伦理学》，张容南译，译林出版社2013年版。

15.［美］R.G.佩弗：《马克思主义、道德与社会正义》，高明华译，高等教育出版社2010年版。

16.［英］安东尼·吉登斯：《现代性的后果》，田禾译，凤凰出版传媒集团、译林出版社2011年版。

17.［英］丹宁勋爵：《法律的正当程序》，李克强等译，法律出版社1999年版。

18.［美］乔纳森·弗里德曼：《文化认同与全球性过程》，郭建如译，商务印书馆2004年版。

19.［美］戴维·斯沃茨：《文化与权力——布尔迪厄的社会学》，陶东风译，上海译文出版社2012年版。

20. ［英］帕特里克·贝尔特：《时间、自我与社会存在》，陈生梅等译，北京师范大学出版社 2009 年版。

21. ［美］曼纽尔·卡斯特：《认同的力量》，曹荣湘译，社会科学文献出版社 2006 年版。

22. ［英］约翰·B. 汤普森：《意识形态与现代文化》，凤凰出版传媒集团、译林出版社 2012 年版。

23. ［美］塞拉·本哈比（Seyla Benhabib）：《民主与差异：挑战政治的边界》，中央编译出版社 2009 年版。

24. ［美］亨利·基辛格：《论中国》，中信出版社 2012 年版。

四　论文类

1. 骆郁廷：《思想政治教育的本质在于思想掌握群众》，《马克思主义研究》2012 年第 9 期。

2. 郑永廷：《论社会主义意识形态的功能发展》，《中山大学学报》（社会科学版）2002 年第 6 期。

3. 沈壮海：《论思想政治教育过程的内在构成》，《中国青年政治学院学报》2001 年第 1 期。

4. 佘双好：《当前意识形态领域值得关注的观点及发展特点分析》，《毛泽东研究》2014 年第 1 期。

5. 于丹：《"理论霸权"更值得警惕》，《人民论坛》2009 年第 5 期。

6. 李灿金：《认同理论研究多学科流变》，《贵州大学学报》2014 年第 1 期。

7. 周晓虹：《认同理论：社会学与心理学的分析路径》，《社会科学》2008 年第 4 期。

8. 秦宣：《中国特色社会主义制度的多层次解读》，《教学与研究》2013 年第 1 期。

9. 郑云天：《中国特色社会主义制度研究评析》，《中国特色社会主义研究》2011 年第 6 期。

10. 杜志章、欧阳康：《论中国"一元主导与多样共存"制度结构的逻辑依据和历史根源》，《理论月刊》2013 年第 8 期。

11．王勇：《中国特色社会主义制度研究综述》，《南方论丛》2013 年第 3 期。

12．邓曦泽：《中华认同的形成》，《国际社会科学杂志（中文版）》2010 年第 1 期。

13．江必新：《关于中国特色社会主义制度体系的若干思考》，《红旗文稿》2011 年第 17 期。

14．张浩：《制度移植与本土资源：中国政治发展的制度逻辑》，《青海社会科学》2013 年第 3 期。

15．秦国民、陈凯：《政治稳定视角下制度认同的理性思考》，《河南大学学报（社会科学版）》2010 年第 3 期。

16．阎树群、张艳娥：《论中国特色社会主义制度体系的生成逻辑》，《马克思主义研究》2012 年第 8 期。

17．李开盛、胡贵生：《民族复兴背景下当代中国的国家身份选择》，《国际社会科学杂志（中文版）》2010 年 1 期。

18．杨保军：《主体需要与法律价值》，《中外法学》1991 年第 2 期。

19．林振林、马皑：《从规则到行为：试论我们为何守法》，《政法学刊》2010 年第 4 期。

20．汪雄：《论康德的守法观——从被迫守法到自律守法》，《武汉大学学报（人文科学版）》2010 年第 4 期。

21．张莹瑞、佐斌：《社会认同理论及其发展》，《心理科学进展》2006 年第 3 期。

22．吴作富：《社会心理学视野下的两种认同理论：整合抑或分立？》，《南京师大学报（社会科学版）》2010 年第 5 期。

23．姚建宗：《法律行为本体论论纲》，《中央检察官管理学院学报》1996 年第 4 期。

24．肖小芳、曾特清：《"合法律性的正当性"何以可能——哈贝马斯对哈特法哲学的批判与修缮》，《道德与文明》2011 年第 4 期。

25．朱明权：《领导世界还是支配世界——分析美国国家安全战略的一种视角》，《国际观察》2004 年第 1 期。

26. 申文杰、陈春琳：《西化分化战略对我国意识形态的新挑战及对策分析》，《河北师范大学学报》（哲学社会科学版）2013年第2期。

27. 何怀远、贾强：《资本主义对社会主义的意识形态战略攻势及其演变逻辑》，《学术交流》2000年第4期。

28. 《要自觉划清马克思主义同反马克思主义的界限——访中国社会科学院学部委员靳辉明教授》，《思想理论教育导刊》2010年第8期。

29. 程恩富：《解放思想必须摆脱各种教条主义》，《学习月刊》2008年第9期。

30. 翟昌民：《拒走"老路""邪路"的历史经验研究》，《理论探讨》2013年第6期。

31. 张传鹤：《改良主义的民主社会主义思潮产生和传播原因再认识》，《当代世界与社会主义》2009年第6期。

32. 李志军、邓鹏：《当代主要反马克思主义思潮批判——基于划清"四个重大界限"的思考》，《马克思主义研究》2011年第8期。

33. 刘同舫：《在应对当代各种社会思潮的挑战中发挥马克思主义的威力》，《马克思主义研究》2010年第3期。

34. 韩庆祥：《共产党人的看家本领》，《求是》2014年第5期。

35. 王锟：《工具理性和价值理性——理解韦伯的社会学思想》，《甘肃社会科学》2005年第1期。

36. 李红专、陈路：《现代西方工具理性的扩张及其反思》，《天津社会科学》2005年第1期。

37. 孙来斌：《如何对待马克思恩格斯的"跨越论"——关于跨越"卡夫丁峡谷"问题的思考》，《当代世界与社会主义》2007年第6期。

38. 董金明：《中国特色社会主义：历史新路的自觉探索——基于社会主义制度和资本主义制度相互关系的辩证分析》，《思想理论研究》2011年第15期。

39. 黄殷等：《群体独特性对群际偏差的影响》，《心理科学进展》2013年第4期。

40. 徐显明等：《中国特色社会主义法治道路如何走》，《求是》2015年第5期。

41. 王国征：《"法的价值"与"法的价值取向"概念研究述评》，《东方论坛》2009年第6期。

42. 梁迎修：《价值内核与制度载体——探索建设社会主义核心价值体系的法制路径》，《河北法学》2012年第7期。

43. 支振锋：《法律的驯化与内生性规则》，《法学研究》2009年第2期。

44. 冯凡彦：《论舍勒价值情感现象学中的情感理性》，《兰州学刊》2009年第3期。

45. 朱祥海：《走出法律教育的"囚徒困境"》，《现代教育科学》2011年第5期。

46. 董杰、魏纪林：《论法律情感的培植》，《理论导刊》2009年第8期。

47. 叶传星：《法律信仰的内在悖论》，《国家检察官学院学报》2004年第3期。

48. ［荷兰］克里斯·洛兰兹：《比较历史学理论框架的初步思考》，《山东社会科学》2009年第7期。

49. 《谈中国的制度自信与话语自信———访复旦大学特聘教授张维为》，《思想教育研究》2013年第3期。

50. 张幼文：《改革开放：使中国在世界发展竞争中赢得比较优势》，《求是》2015年第6期。

51. 秦正为：《中国特色社会主义制度体系的形成及其历史意义》，《探索》2012年第1期。

52. 辛向阳：《中国特色社会主义制度的三个基本问题探析》，《理论探讨》2012年第2期。

53. 张志洲：《话语品质：提升国际话语权的关键》，《红旗文稿》2010年第14期。

54. 梁培林：《中国特色社会主义制度实施与思想政治教育话语创新发展》，《广西社会科学》2012年第11期。

55．周昭成：《社会主义核心价值观与中国特色社会主义制度价值认同的内在逻辑》，《当代世界与社会》2013年第4期。

56．席书旗：《法律权威与公众法律认同问题研究》，《山东师范大学学报》（人文社会科学版）2010年第2期。

57．骆郁廷：《论社会主义核心价值》，《马克思主义研究》2014年第8期。

58．包心鉴：《论中国特色社会主义制度的内在规律》，《科学社会主义》2012年第5期。

59．肖贵清、刘玉芝：《中国特色社会主义制度体系的逻辑分析》，《马克思主义研究》2012年第8期。

60．黄晓波：《中国特色社会主义制度：构成、特点与完善》，《马克思主义研究》2011年第9期。

61．樊义红：《从本质的认同论到建构的认同论》，《武汉科技大学学报》（社会科学版）2012年第2期。

62．沈壮海：《文化软实力的中国话语、中国境遇与中国道路》，《马克思主义研究》2009年第11期。

63．骆郁廷：《综合国力竞争中的软实力建设》，《武汉大学学报》（哲学社会科学版）2010年第6期。

64．秋石：《中国特色社会主义民主政治的制度优势与基本特征——划清中国特色社会主义民主同西方资本主义民主的界限》，《求是》2010年第18期。

65．俞国斌：《中国特色社会主义制度：历史成就、伟大创新与根本保障》，《当代世界与社会主义》2012年第1期。

66．王宜秋：《关于当代社会主义与资本主义关系的思考》，《马克思主义研究》2003年第3期。

67．严书翰：《正确认识当代资本主义的新变化》，《中共中央党校》2001年第3期。

68．张西山：《中国特色社会主义的制度文化分析》，博士学位论文，湖南师范大学，2011年。

69．姜淑兰：《世界视阈中的中国特色社会主义道路研究与模式比较》，博士学位论文，东北师范大学，2010年。

70. 李冰：《当代中国政治社会化中的公民认同研究》，博士学位论文，河北师范大学，2012 年。

71. 方旭光：《政治认同的基础理论研究》，博士学位论文，复旦大学，2006 年。

72. 田炳信：《论美国妖魔化中国》，博士学位论文，暨南大学，2003 年。

73. 耿百峰：《中国特色社会主义政党制度研究》，博士学位论文，山东师范大学，2011 年。

74. 韩健鹏：《当代西方意识形态新变化对中国意识形态安全的影响与对策》，博士学位论文，吉林大学，2012 年。

75. 刘国普：《当代中国马克思主义意识形态话语权建设研究》，博士学位论文，华南理工大学，2014 年。

76. 吴立斌：《中国媒体的国际传播及影响力研究》，博士学位论文，中共中央党校，2011 年。

77. 刘宇兰：《"同一性思维"的意识形态批判——阿尔都塞意识形态理论的批判性向度研究》，博士学位论文，吉林大学，2009 年。

78. 范勇鹏：《欧洲认同的形成：功利选择与制度建构》，博士学位论文，中国社会科学院，2008 年。

79. 谷耀宝：《中国特色社会主义制度价值简论》，博士学位论文，中共中央党校，2014 年。

80. 张艳娥：《中国特色社会主义制度创新研究》，博士学位论文，陕西师范大学，2014 年。

81. 李后东：《中国特色社会主义与经典科学社会主义同异比较研究》，博士学位论文，山东大学，2014 年。

82. 高卫东：《邓小平的社会主义理论创造》，博士学位论文，中共中央党校，1996 年。

五 报刊类

1. 习近平：《携手追寻民族复兴之梦——在印度世界事务委员会的演讲》，《人民日报》2014 年 9 月 19 日第 3 版。

2. 宦佳：《中美经济人均份额差距悬殊》，《人民日报（海外版)》2014年10月11日第2版。

3. 陈一鸣等:《美炮制"中国顶尖黑客小组"》,《环球时报》2014年10月30日第1版。

4. 陆政平:《决不任由"占中者"闹"颜色革命"》,《环球时报》2014年8月1日第14版。

5. 张维为:《"中国模式"成功的制度原因》,《人民日报》2014年9月22日第6版。

6. 国务院新闻办公室:《中国的政党制度》,《人民日报》2007年11月16日第15版。

7. 习近平:《在庆祝中国人民政治协商会议成立65周年大会上的讲话》,《人民日报》2014年9月22日第2版。

8. 《中国崛起搅动西方舆论的叛逆声》,《环球时报》2014年10月28日第14版。

9. 《依法治国不是去中共化 西方很失望》,《环球时报》2014年10月30日第15版。

10. 周方银:《中国发展需要跃过"独特性陷阱"》,《环球时报》2014年11月1日第7版。

11. 《正确看待改革开放前后两个历史时期——学习习近平总书记关于"两个不能否定"的重要论述》,《人民日报》2013年11月8日第6版。

12. 张维为:《民本主义是个好东西》,《环球时报》2014年9月19日第14版。

13. 《中国改革 领跑世界竞赛》,《人民日报》2014年9月22日第23版。

14. 王义桅:《中国模式既发展中国又造福世界》,《人民日报》2014年11月11日第7版。

15. 宁骚:《比较中西制度,方知中国道路魅力》,《环球时报》2014年4月11日第14版。

六 英文参考文献

1. Habermas, *The Inclusion of the Other*, *Studies in Political Theory*,

edited by Ciaran Cronin and Pablo De Greiff, Cambridge, Mass.: MIT-Press, 1998.

2. Gleason P., *Identifying Identity, A Semantic History*, The Journal of American History, 1983.

3. Otten S., Mummendey A., *To Our Benefit or at Your Expense Justiceconsiderations in Intergroup Allocations of Positive and Negative Resources Social Justice Research*, 1999.

4. Tajfel H., *Differentiation between Social Groups: Studies in the Social Psychology of Intergroup Relations*, London: Academic Press, 1978.

5. R. B. K. Howe, "The Cognitive Nature of Desire", *The Southern Journal of Philosophy*, 1994.

后　记

　　本书是在我博士论文基础上修改而成的，它的顺利出版得到很多人的帮助。首先，博士论文的顺利完成得益于母校的良好的学术氛围和导师们给予的悉心指导和帮助。在母校三年的学习过程中有幸体验了尊敬的骆郁廷教授、沈壮海教授、佘双好教授、倪愫懹教授、熊建生教授、项久雨教授等各具特色的教学风格，聆听了他们极富启迪的专业学术思想及对论文给予的有益指导，其间也多次感受了来校讲学的郑永廷老先生等学术前辈的思想魅力，这一学习经历对我的影响是深刻的，也是长远的，本书的很多思想火花就来自于学术前辈思想启迪，在此，表达诚挚的谢意！母校是我成长的沃土，感恩武汉大学，感恩马克思主义学院，母校将永远是我心中学术的圣殿！

　　在此，我要特别感谢我的导师骆郁廷教授。骆老师为人极其随和，他温和淡定，博学风趣，跟学生在一起，脸上始终是亲切的笑容。骆老师平时行政事务非常繁忙，但对学生的成长与关怀却并不会因此减少。骆老师对学生的影响行胜于言，老师在学术上非常勤奋，在他的世界里似乎没有休息的概念，老师勤奋、严谨的治学态度，经常令自己汗颜，同时也鞭策着自己努力向前。论著的顺利完成饱含了老师的辛苦和智慧，无论是文章的架构还是观点的凝练，他都不厌其烦地进行了悉心指导，使得自己每每都能从纠结中及时走出，在此深表感谢，并深知唯有更加努力才能回报师恩！

　　其次，本书作为南昌航空大学学术文库和江西省高校思想政治理论课教育教学研究中心成果，得到了南昌航空大学学术出版基金与江西省高校思想政治理论课教育教学研究中心的资助。此外，本书的付梓也离不开中国社会科学出版社朱华彬老师的辛苦付出，正是得益于朱老师过硬的专业能力和敬业精神，本书才能够如期顺利出版，在此一并感谢！

最后，感谢所有曾给予我力量和温暖的，爱我的以及我爱的家人、朋友，虽不一一列举，但已铭记在心。因为有你们的爱，才有我不停歇的追梦脚步！

郭　莉

2015 年 11 月于南昌